田中義昭
Tanaka Yoshiaki

開発と考古学

市ヶ尾横穴群・三殿台遺跡・稲荷前古墳群の時代

新泉社

開発と考古学　目次

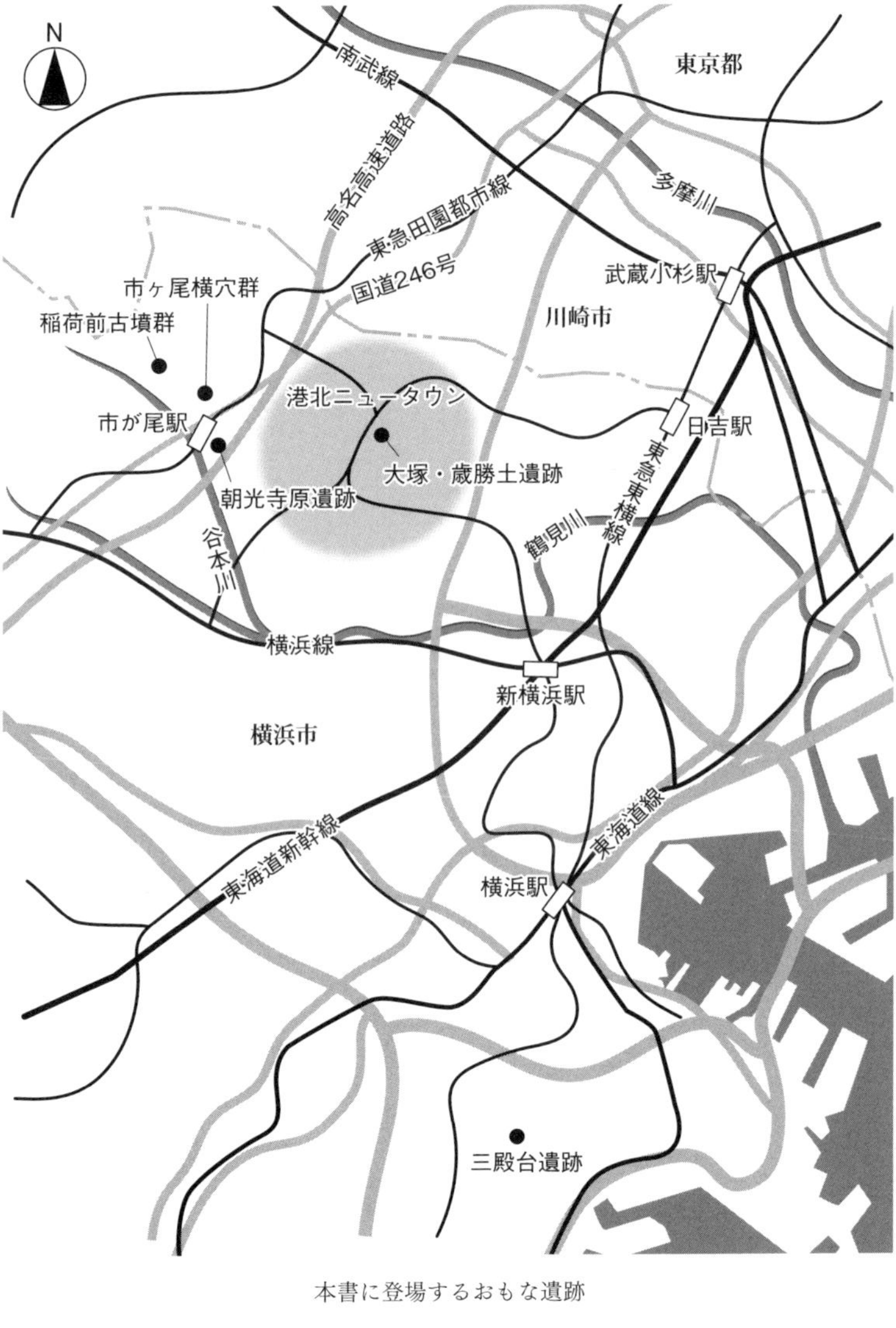

本書に登場するおもな遺跡

開発と考古学

市ヶ尾横穴群・三殿台遺跡・稲荷前古墳群の時代

序

学びのサトを訪ねる

再見、市ヶ尾横穴群

二〇一三年七月の某日のことである。この年も教え子たちの同期会に招かれ、はるばる島根の田舎から東京に出てきた。そして卒業生との愉快な交流をすませた翌日、かねてから念願していた横浜市北部地域を訪ねることにした。そのわけは、かつて私が考古学を学び、研究者として歩むきっかけとなった遺跡や、懸命に頑張った文化財保存運動の足跡がこの地域にまだ残されている、との捨てがたい想いにあった。

そして、それらの遺跡や地域が激しい都市化のなかでどれほど保たれているのか大いに気にもなっていた。そこでここはひとつ現地を訪ね、あり様をいま一度この目で確かめておきたい、と強く望んでの決行である。

加えて私にとって横浜の地は、考古学研究のフィールドのみならず一介の教師として、あるいは無名の市井人として家族・職場の仲間・友人と共に苦楽を味わいながら激動の人生を駆け抜けた自分史の一舞台である。積み重ねられた想い出は分厚く、第二の故郷ともいえる土地であって、そこで結ばれた多様な縁は堅く広く、いまもって断ちがたいものがある。

一日かけての旅の相棒は、遺跡の保存運動の同志であり、後に職場の同僚として長く付き合ってきた無二の親友の金井英三《ひでみつ》さん。彼は、横浜市青葉区（旧・港北区）大場町の出身で、北部地域の一帯は正真正銘の「ふるさと」である。待ち合わせは東急東横線武蔵小杉駅、午前十時と決めた。

約束どおり武蔵小杉駅に降り立つ。このところ毎年のことだが、今年の夏も猛暑で、朝から気温はぐんぐん上昇する。電車を降りると熱風が体をいっきに包む。思わず「暑い！」と声が出る。学校勤めの頃に通い慣れたはずのホームを歩いた。が、それは三十余年前のことである。駅はすっかり様変わり。周辺も高層ビルが林立して以前の面影はない。

改札口を通ったところで携帯が鳴る。「いま、どこにいるんだよ！」、金井さんの声だ。「改札を出たところだが……」、「じゃあ、すぐ前の道路脇に車を止めて待っているから」とせわしそうに告げられた。

駅前の風景もえらい変わりようだ。うろうろ、きょろきょろしながら金井さんの愛車トヨタRAV４を見つけて乗車する。「若者好みの車だねえ」と感心しながら。「ああ……、まあな。遠出するから、こんなのがいいんだ」と。

そういえば毎年秋には秋田・青森方面に出かけているとは聞いていたが、車でとは知らなかった。昨年も東北の被災地を訪問したらしい。地味だがじっくりと行動する金井さんらしい旅の仕方と納得する。

さて、今日の旅程だが、武蔵小杉から中原街道を下り、国道二四六号に出て西にむかう。まずは横浜市青葉区市ヶ尾《いちがお》町にある神奈川県指定史跡「市ヶ尾横穴《よこあな》古墳群」*1を訪ねる予定である。そして、時間が許せば同じ青葉区鉄《くろがね》町の「稲荷前古墳群」を見ておきたい。というのは、市ヶ尾横穴や付近の集落遺跡群、それに稲荷前古墳群は二人にとってはまことに因縁深い遺跡だからだ。

車は、梶ヶ谷《かじがや》から馬絹《まぎぬ》を抜けて鷺沼《さぎぬま》まで来た。この先からは四車線の幅広い道路となるのだが、なんと渋滞が始まった。あらためて道路の両側を見わたす。住宅で埋めつくされ、そこここにマンション風の高層建物が、まるで草原のつくしのように頭を突き出している。

「いやあ、これは驚いた!」と思わずつぶやいた。じつは一九七〇年頃に、当時の横浜市緑区(現・青葉区)荏田《えだ》町に住んだことがあった。二四六号の道路脇であったが、車の音もあまり気にならなかったし、建物は緑いっぱいの野山に囲まれていて、箱庭のような環境だった。それが、わずか半世紀のあいだに、こうも変わるとは!

やがて東名高速道路の橋下を潜り抜け、東急田園都市線の江田駅前を通過する。東名高速を疾駆する車の轟音、対向車線の車のエンジン音、通過する電車の音が響き合って頭がくらくらする。すぐに進行方向左手に低い丘が見てきた。長者原遺跡があったところだ。「あのへんに都筑《つづき》郡の郡役所があったんだよ」と指差しながら話しかける。彼は「ああ」と簡単に応える。心のなかでは大事な遺跡をむざむざ壊して、と悔しさが頭をもたげる。

金井さんにとって一帯は勝手知ったる土地ではあった。「長者原」というからには何かいわれのある場所とは見聞きしていたし、奈良時代頃の土器片が拾われていたということも片隅にあった。しかし、古代の郡役所跡とされるほどの屈指の遺跡であったとは、残念ながら知らなかった。

それもそのはず、郡役所跡の調査結果が判明したのは一九八〇年前後のことで、金井さんはすでに郷《さと》の地を離れて川崎に住み、私と同じ東京都世田谷区にある私立校に勤務していた。それ以上に、遺跡自体が一九六〇年代の終わり頃、東名高速道路で分断され、その後七〇年代になって土地区画整理により破壊消滅。しかも、遺跡に関する情報はわずかに専門家のあいだに伝えられていたに過ぎず、一般市民が知る由もなかった。

まもなく車は市ヶ尾の手前の峠にさしかかる。道路左には、私たちが一九六六年に発掘した長谷《ながやと》遺跡があるはずなのだが、倉庫風の建物がどかっと座っていて遺跡があった様子など毫もない。前方の市ヶ尾方面と背後の荏田方面を分けていた小高い山も丸裸になり、黄色い岩肌がむき出しになっている。

山の下にはトンネルがあり、西側出口近くに市ヶ尾駅がある。そこで右折して北西に進んだ。このあたりも以前は薄暗い竹藪であったが、いまはきちんとした舗装道の両側に住宅や商店が軒を連ねている。もう、ここまでになると完全に浦島太郎だ。

あきれ顔になっていると、目指す市ヶ尾小学校前に出た。「市ヶ尾遺跡公園」は学校裏手の小山斜面にある。このあたりからは見覚えのある景観だ。ゆっくりと公園のなかに足を運ぶ。汗がじっと出てくる。木々の生い茂る山陰で風通しが悪く、なんとも蒸し暑い。

比較的広い園内は、桜の老木が枝葉を目いっぱい広げていて太陽の光をさえぎり、薄暗く湿っぽい。見れば、ビニール袋などのごみが散乱して不潔な感じを抱かせる。置かれたベンチは傷み、人が休憩した気配もなさそうだ。「うーん、これでは!」とうなる。

市ヶ尾横穴群は一九三三年に発見され、横穴が多くまとまっていて出土品に優れたものがあることから注目され、一九五六年の現地調査直後に神奈川県の史跡に指定されて長くその姿を保ってきていた。ところが、高度成長時代になって田園都市線が開通し道路網が整備されてくると、いわゆる東京のベッドタウン化が始まり、駅の周辺から急速に市街地が形成されるようになる。車窓から見えたあの風景ができ上がってきたのである。

横穴群の周辺にも住宅が密集し、大きな小学校が遺跡脇に陣どることになった。一変した環境のなかで横穴自体の傷みが目立つようになる。ことに背後の丘陵が大規模に削り取られ、宅地造成されたことで地下水脈が断たれたため、横穴のうがたれた岩盤が適度な湿度を失って乾燥し、もろくなった。その結果、穴の入り口や内部の天井・壁が崩落する危険が生じてきたのである。

話は三十年ほど前にさかのぼる。一九八二年のことである。このような事態を憂慮した横浜市教育委員会は、横穴群とわずかばかり残っていた周囲の自然環境を取り込んで整備し、史跡公園として保護し、活用することにした。当時としては、局地的に残された遺跡と周囲の環境を保護する措置として、ある程度評価できる対策ではあった。

私は、一九五六年の市ヶ尾遺跡群（市ヶ尾町・大場町にある横穴群や集落遺跡をまとめた呼び名）の調査に参加し、その後も引きつづいて横浜市北部地域の調査と研究に携わっていた関係で、保存整備事業検討委員会の委員となり、事業の推進に一役買うことになった。

市ヶ尾横穴群は全部で十九基（古墳は一基、二基と数える）ある。これらは公園の奥手にある一群（A群）と右側に並ぶ一群（B群）に分かれている。一部の横穴を除いて大部分が見学路に沿って観察できる。まずはA群から見る。ただ、穴の内部まで見られるのは二基のみで残りは入り口が封鎖されている。

じつはこの横穴群の保存整備で一番の難題は公開の仕方であった。墓の遺跡だから内部の遺体を収めた部屋の状態がわからないと是非を判断しようがない。部屋の形にはいろいろなものがあるから、なかに入って比較観察することで面白さも湧いてくる。

となるとすべての横穴の公開が前提になる。問題は、それで横穴が長期間保全できるのかということだ。千数百年ものあいだ、本来の姿をほぼ保ってきた遺跡がこのままでは崩壊する、そういう瀬戸際に立たされているのだ。現在の人々にむけて公開することと将来の市民の見学も可能なかぎり保障しなければならない。判断を下すことは容易でなかった。

結論的には、部屋の造りに目立った特徴があり、保存状態が良好な横穴を少数選んで、それを公開し、ほかは穴の入り口を補強し、看板を立てて内部の説明をすることになった。入り口閉鎖と同時に内部には土のうを詰めて崩壊防止に備えた。

と述べると、ことは簡単にすんだように聞こえるが、この入り口整備にもたいへんな苦労をした。なんといっても岩盤そのものがもろくなっている。岩肌を強化しないと入り口の形を整えることはできない。コンクリートをなでつけて「はい終わり！」では実物感が失われるだけでなく、遺跡の品位を下げることにもなる。整備工事を請け負った建設会社の研究所が強化素材を工夫し実験を重ねて仕上げたのが、現在の姿。

横穴の前に立つと、秋の長雨のなかで補足調査と工事の進捗状態とを調整しながら苦戦したことが思い出される。岩肌が濡れて補強の実験ができない。調査もとどこおる。予算と期間を心配した現場の責任者に詰め寄られた。「適当にして先に進めてくれ」と怒鳴り声。こちらもそう簡単に譲れるかとばかりににらみ返す。一触即発であった。

あらためて公園奥のA群を一巡しながら考えさせられる。公開された一つの横穴をのぞくと、壁面が乾燥して白っぽくなり、部屋の床に造られていた間仕切り石などが壊れている。入り口も補強材面が剝離しはじめている。公開の難しさを想わずにはいられない。そして、

市ヶ尾横穴 A 群の現況（2019 年）

市ヶ尾横穴 B 群の現況（2019 年）

心配したことが現実になっていて心が重くもなる。

A群から右手のB群に足を運ぶ。この群は一九八三年に整備された。公開の仕方はA群の場合と同じで、一部の横穴のみ内部の見学ができるようになっている。だが、樹木と雑草が生い茂って気持ちよく見学とはとてもいかない。

階段を下りて公園の庭に戻った。庭端には大きな案内板がある。板面は汚れ、隅のほうが剝がれたままになっていた。念のため案内文を読んだ。案文作成には私も関わり、練り上げたが、こうして読み直してみると、やはり「難しいなあ」との想いをぬぐうことはできない。公園の西側は鉄柵と植樹で仕切られている。整備工事のときには、遺跡の景観を感じとってもらうために丈の低い樹木を植えることにした。しかし、手入れが行き届かないために木は高くなり、枝葉も茂って眺望できにくい状態になっている。あえて鉄柵越しに顔を出す。見渡すかぎり人家の屋根が夏の陽光でぎらぎら光っていた。「丹沢も富士山も見えたのに」と気落ちしてしまう。

小一時間かけて巡検を終えた。「これはかなりひどいねえ」と話す。「ああ!」と返事は相変わらずそっけないが、中学生のときに発掘調査を手伝った彼にも思うところはあるだろう。それが互いに言わず語らずに伝わり合った。住宅に囲まれた史跡公園のこのあり様に出会い、「こんなはずではなかったのに……」と心のなかで愚痴る。

だからといって行政の管理の不行き届きや市民の関心のなさだけに原因を帰するわけには

いかない。研究者も含めて社会の底によどむ歴史や文化に対する価値観の乏しさや貧しさに大本があるのだと、自らに言い聞かせる。そして、もっともっと日常的に歴史や地域のあり方を考え、学習する機会を増やすことの必要性を痛く感じながら公園を後にした。

稲荷前一六号墳の上に立つ

少々打ちひしがれた気分を引きずりながらつぎの見学地へと車を走らせる。むかう先は神奈川県指定史跡「稲荷前古墳群」である。この史跡も二人にとっては忘れがたい古戦場だ。短期間ではあったが、古墳群の全面的な保存を求めて市民運動に果敢に取り組み、まことに不本意ではあったが、三基の古墳を残すことで終わった。残った古墳のあり様を拝見しようというわけである。

学生時代、発掘調査のおりに宿舎と遺跡のあいだを行き来した小路を通る。車一台が精一杯の道幅だが、金井さんは慣れたもの。巧みなハンドルさばきで人家のあいだを通り抜ける。彼の生家の脇を通り、「弥生の丘」に登っていく。私には、元からあった道と新しく造られた道の区別がまったくつかない。

しかし、彼は勝手知ったる土地とばかりに、右に左にハンドルを切りながら建て込んだ住宅街の坂道を走り抜けて古墳群への登り口に着いた。看板の先に車一台分のスペースがあり、駐車する。古墳のある山側は、住宅団地造成で高さ約二〇メートルの崖になり、コンクリートで固められている。その面のほとんどが蔦蔓でおおい隠されていた。

下車してコンクリートの急な階段をふうふう言いながら登り、古墳の脇に出た。「稲荷前一六号墳」と名づけられたこの古墳は前方後方墳とされている。低い前方部の斜面をゆっくり上がって頂きに立ち、古墳全体を眺める。二つの四角い墳丘をつなぎ合わせたような形をしている。前方後方墳といえば、前方後円墳の後円部が方形になっている古墳で、多くの例は大きくて高い後方部に長い三角形状の前方部がついている。そういうことからすれば、これはかなり風変わりな形の古墳ということになるだろうか。

もちろん、前方後方墳であることは発掘調査で確かめられていることで、見かけ上の判断ではない。また、墳丘の裾部分からは、あらかじめ意図的に底に穴を空けて製作された儀式用の大きな壺などの土器が多数掘り出されていて、この古墳の主を埋葬する際に儀式が行われたことが判明している。土器の形から四世紀後半に造られた古墳ということもまちがいなさそうだ。

私たちが強く希望したのは、この一六号墳の北側にあった見事な形の前方後円墳の稲荷前一号墳（一六号墳につづいて造られた四世紀末の古墳）の完全保存であった。合わせて丘陵上に並ぶ円墳・方墳、それに古墳群のある尾根の斜面にある横穴群も一体にして「古墳の博物館」として保全・活用できるようにしてもらいたい、と保存運動を起こしたのであった。

稲荷前16号墳の墳頂と開発された住宅地（2019年）

丘陵下の駐車スペースにある解説板（2019年）

稲荷前古墳群のなかで一六号前方後方墳が初代の首長墓であることがわかったのは、発掘調査の最終段階であった。古墳群のある丘陵を壊して住宅地を造成したいと強硬に主張する開発会社や地権者の勢いに押された横浜市は、急遽、開発区域の端で発見された一六号墳とその周辺を残すことで開発のゴーサインを出し、後に県指定史跡として整備したというわけだ。

一号墳等の調査進行中に訪れた「革新市長」の飛鳥田一雄氏が帰途につぶやいた「イワシの頭まで残せといってもねえ……」という言葉は、いまも耳から離れない。新しく移住してきた住民が遺跡のあったところだというので団地名を「弥生の丘」としたのも、市民感覚のありようを伝えていて、割り切れない妙な想いが交錯する。

古墳群の保存をめぐって苦労を分かち合った者同士、思い出深い古墳に立って、あらためて一帯を見わたす。整備当時は墳丘に芝生を敷きつめて表面を保護し、まわりは転落防止のために鉄柵で囲っていた。しかし、頂上は芝生が剝げて地面がむきだしになり、ごていねいに犬の糞が落ちていた。人が登ってきていることはこれで証明される。とは言えだ。「散歩に上がって来る人がいるんだ」と金井さんは言いながら、そこらから木の切れ端しを探してきてそっと片づけた。

たしかに登り口に説明板はある。読めば、「古墳か」ぐらいわかるはず、と考える。だが、多くの来訪者は、ここが古代にこの地方を治めた首長が永遠の眠りについている墓だと理解していくのだろうか。答えは目の前の犬の糞である。古墳のまわりの草木も高く茂り、遠望は利かない。市ヶ尾横穴群と同じように、かつては遠くに丹沢の山々や富士山が見えたのだ。「なんにも見えないねえ」、「そうだな、川むこうのほうまでよく見えたがなあ」と語り合う。

しばし見まわり、「ここもそうか」と頭を抱えながら階段を下りて車に戻る。重くなった腰でシートにどっかりと座り込み、大きく息を吸い込んだ。あきもせず文化財の利用と活用の大切さや意義を説き、訴えつづけて半世紀。そこへ痛烈な応答を見せつけられては心がしぼむ。

ここまで来たのだ。時間もあるので旧鉄《くろがね》小学校に行ってみようということになる。金井さんの母校で、私も発掘調査の宿舎として二度ほど借り受け、お世話になった。調査した古墳から発見された数体の人骨を廊下に並べたこともあった。雨の激しく降る夜中、薄暗い電灯を頼りに遺体の脇を通ってトイレに行くときの怖かったことが忘れられない。残飯あさりに侵入してきた野良犬にも驚かされた。いろいろと思い出が詰まっている。しかし、この樹林や竹林を背にした村里の学校も都市化にともなって生徒が増えたため校地を移転、新しい鉄筋コンクリート造りの鉄小学校が川沿いの平地に建てられている。

かねて通い慣れた道を通り、校庭脇に車を入れる。雰囲気のあった木造校舎はすでに撤去されて花壇になり、敷地の一隅には「くろがね青少年野外活動センター」の看板がかかった小さな建物があった。一変した景観に驚きながら校庭の縁をゆっくりと歩く。校門側の石造りの高い門柱と大きくなった桜の木だけがありし日を伝えてくれる。「えらい変わりようだなあ」、「そうだなあ」と二言三言。

過ぎ去った時の厚さが二人の脳裏に重くのしかかる。学校や神社、寺の存在は地域の生命力のバロメーターである。そういえば、わが故郷の母校が廃校になるとの旧友の話を思い出した。慣れ親しんだ学舎がなくなるのも残念だが、廃校となるといっそうつらい。

ここではたと思いついた。小学校の近くには詩人で作家の佐藤春夫の仮寓があったと聞いていたので、金井さんにたずねる。「うん、その先だ。行ってみるか」となった。佐藤は、一九一六（大正五）年から約十年間、神奈川県都筑郡中里村大字鉄の借家に住み、小説『田園の憂鬱』を書いている。詩作から小説家に転じた記念の作品として知られている。また、佐藤は、私の出身校島根県立益田高校校歌の作詞者でもあった。そんなこんなで、臨場感と親近感がごっちゃになって湧き出し、行ってみることになったのである。

校庭から出て数百メートル行ったところの道路の山側脇に大きな石碑が立っていた。「田園の憂鬱由縁の地」と凛とした文字が刻まれている。一九八二年に建ったと記されていた。碑の建立を発願したのは小説中にも登場する地元の女性らしい。ついでながら、小説中に出てくる「校長先生」は、実在の鉄小学校長と教えられた。

だが、そのことよりも驚いたことがある。じつはこの石碑の材料を遠く秩父に発注して巨石（緑泥片岩）を手に入れ、加工し、書家に依頼してえた揮毫を石面に刻み、手ごろな台石に据えて碑石とした人物が、誰あろう金井さんの父親というのだから目が丸くなる。説明を聴きながら「そうかあ！」と感嘆する。彼も笑顔で「まあ、な」と相槌を打つ。台石も含めた高さ二メートル近い石碑がいっそう偉大に感じられた。

また、小説中には、住家の前に用水路があって、きれいな水が流れゆく様を情緒たっぷりと描写している部分がある。合宿していたときは、そのままの清い流れが見られたが、現在はコンクリート板で蓋をされていて見ることはできない。

石碑から少し坂道を上ったところに古そうな石垣が築かれた屋敷があり、「このあたりに住んでいたらしい」との説明を受けながら、振り返って遠景を眺める。佐藤が独特の繊細な感性を発揮して描いた自然景観はほとんど失せていた。

元鉄小学校の前方、旧横浜上麻生道路と川沿いの新道のあいだには大きな観光農園が開業している。ここも見ておこうと足を運んだ。梨を栽培して来園者にもぎ取りをさせているらしい。多くの農家が都市化の波におされて耕地を手放し、農業を止めていくなかで、こんな形で対応するケースもあるということだ。もちろん、資金等に恵まれた数少ない農業者のことだがとも、金井さんは付け加える。かつて、このような観光農業を夢見た農家はあったのだろうか。私が初めてこの地域をフィールドワークした頃にはとても想像のつかなかったことである。

大塚遺跡と横浜市歴史博物館

鉄町見学を終えたところで昼になった。「うまい蕎麦屋があるんだよ」と連れて行かれたのは市ヶ尾横穴群前方の旧大山街道沿いにある蕎麦屋だった。「へー！　こんな店ができたんだ」と、また感心してしまう。横穴群調査のおりに、このあたりを真夏の太陽に照らされながら、てくてく歩いて遺跡と宿舎のあいだを往復したものである。石ころと土ぼこりの道だった。

そこで昼食しながら午後の行先を相談する。あれこれの候補地は思いあたらず、港北ニュータウン北駅近くにある横浜市歴史博物館を訪ねることに話がまとまる。二人にとって「港北ニュータウン」もまた遺跡保存の古戦場だった。あれからどんな具合に地域が変わったのか見ておきたいというのは共通した想いでもある。

田園都市線市ヶ尾駅から南下する。思わず「どこへ行くんだ」と聞くと、「近道するから」という。私の予想では国道二四六号を引き返し、江田駅の先で右折して綱島街道を走るとばかり思い込んでいたのだ。しかし、金井さんはニュータウン内を通って博物館を目指していた。いつしか車は完成間もない整備された道を走り抜ける。両側には新しい家並みがつづいてすっかり市街化されていた。「おお！」と小さく声をあげる。「まあ、こんなもんだな」の一声が帰ってきた。

一九六〇年代後半、横浜市が六大事業の一つとして計画した「港北ニュータウン」建設がいよいよ実施段階に入り、計画地内の遺跡や歴史民俗遺産等の事前調査が始まった。開港百年を記念して編纂された『横浜市史』の「原始・古代編」作成以来、広く、この地域を研究フィールドとしてきた私たちは、遺跡をはじめとするさまざまな歴史遺産の分布調査を買って出て、研究者、学生、生徒、歴史好きの市民等でいくつかのチームをつくり、手分けして主に土日を使いながら山野を調べまわった。みんな手弁当で交通費もほとんど自弁、それで文句を言う者は誰もいなかった。

晩春から初夏にかけて遺跡探しに歩いた。多摩丘陵の山丘のあいだを谷本《やもと》川や早渕川が南東にむかって流れ、その先は鶴見川の本流になっている。そこへ小川が細長い谷《やと》をつくりながら流れ出て谷本・早渕両河川に注いでいる。地図で見るとまるで枝葉を広げた大木、または一枚の葉脈のような感じを受ける。

そして、広く見渡すと高いところは林になり、斜面は畑、小川沿いの低地は谷田《やとだ》になっている。田んぼと畑、林のあいだには数軒の農家が屋敷を構えていた。小規模な谷田を営む農民の集落である。小学生の頃、「蓮華が咲いて　菜の花散って　柿の若葉に陽の照るころは矢車からから鯉のぼり　村のわら屋の庭に立つ」という詩を教わったが、まさにそんな風景が展開していた。

このような地域にすっぽりと重ねるかたちでニュータウンをつくるというのだ。高度経済成長が進んできて首都圏への人口集中が問題になっていた。当時、横浜市は年間十万人単位で人口が増え、乱開発や都市機能の整備が喫緊の課題として持ち上がり、その解決策の一つとして港北ニュータウンを建設することになったのである。

建設計画地は面積約二・五万ヘクタール、計画初人口は二十二万人、完成時三十万人と見込まれた。そして、基本理念として「乱開発防止」、「都市農業確立」、「住民参加」、「多機能複合のまち」を掲げ、「緑の自然環境を最大限に保存」、「〝ふるさと〟をしのばせるまち」、「安全」「高水準のサービス」といった「まちづくり」についての基本方針が並べられた。

当初、私たちは「自然環境の最大限保存」、「〝ふるさと〟をしのばせる」、「住民参加」というような謳い文句に注目し、まずは「革新市政」の大都市づくりのお手並み拝見といった感じで受け止めていたのである。

建設事業の推進を先導したのは「港北ニュータウン開発対策協議会」であった。この協議会には、住民参加を保障する役割が期待されたのであったが、実態は地元有力者の利益や行政の施策との調整機関的存在で、真に住民の声を汲み上げるための民主的まちづくり機関とはほど遠いものであった。このことは、ニュータウン建設反対の農民の会や強制的な土地取り上げに反対する「小規模宅地者の会」などが結成され、それぞれに運動を繰り広げたことにあらわれている。

私たちは計画地内をくまなく探索して約三百カ所の埋蔵文化財のあることをつかみ、それらが「緑の自然環境」を「最大限に保存する」とか地域の歴史を尊重するといった「まちづくり」に生かされることを切に願った。しかし、期待は完全に裏切られた。公表された都市計画図のなかに残った遺跡は約十カ所、それも保全される斜面緑地内に含まれて、偶然残ることになったに過ぎなかった。結果的には遺跡はほぼ全滅状態、どう見ても文化財への配慮などほとんど感じられない「まちづくり」になろうとしていた。

掲げられた理念や基本方針と実際との乖離があまりにも大きい「まちづくり」である。ある新聞は「広い土地をコンクリートで蓋をするようなまちづくり」と批判している。革新市政の大都市計画も、とどのつまりは山を削り、谷を埋め、自然が長い年月をかけてつくりあげた環境を人の手で一気につくり変えてしまう、従来型で、利便・効率第一主義の手法を超えることはできなかった。私たちも立ち上がらなければならないときがやって来つつあった。

金井車はほぼ東西方向の幹線道路を走行しているらしい。ゆるいアップダウンは山丘と谷間の旧地形の痕跡でもある。やがて前方にセンター北駅付近の高層建物群が見えてきた。「こんなところへ出たのか」と、やっと居所がつかめた。右手の丘の上が大塚・歳勝土《さいかちど》遺跡で、丘麓の少し風変わりな建物が横浜市歴史博物館である。私たちは、約三十年間にわたり横浜市内の遺跡調査に関わってきたが、そのつど市立のしっかりした展示施設をつくるよう市に要望してきた。とくに港北ニュータウンの文化財については、調査に携わる研究者も保存運動に取り組んだ人びとも、こぞって歴史博物館建設を強く要求してきた。目前の歴史博物館は、求めた内容を存分に実現したとはとてもいえないが、研究者・市民の声に応えたものであることは確かであり、その限りでは評価されるべきであろう。

駐車場に車を入れ、博物館に入る。一階の広いホールは、おりから著名な音楽家の演奏会が開かれていて、大勢の聴衆で埋めつくされていた。二階の常設展示室では、鶴見川流域の市北部地域を中心にした旧石器時代から近世に至る歴史を解説している。やや狭いスペースを有効に使い分け、展示物を見ながら地域の歴史像の移り変わりを立体的に読みとれるような工夫がなされていて好感がもたれた。

私たちは、港北ニュータウンの文化財調査において「遺跡群研究」ということを掲げ、このテーマに沿って調査・研究を進めてきた。一地域をまるごと調べあげるためには個々の遺跡を単独の個体としてだけではなく、共同体を構成する一個の分子として捉える、あるいは地域を居住集団（古代家族や親族）の共同・協働活動の場として理解し、その成果を現在、未来の地域に還元していくことを目指して取り組んできた。そういった調査研究の方法と実践の成果も展示のなかに見てとることができたようにも思う。

館では学芸員が中心となって市民の野外学習行事も熱心に進められているらしい。こうして市民との距離を近づけていく努力が地域理解を深め、市民に愛される施設としての発展を約束することになるのであろう。

大塚・歳勝土遺跡は博物館裏手の丘陵上にある。最初に発見されたのは歳勝土遺跡で、当時としてはきわめてめずらしい弥生時代中期の方形周溝墓が群集する墓地と判明した。一九七三年のことである。港北ニュータウンの遺跡群については、遺跡保存を求める側からどのようにむき合い、どんな訴え方をして運動を広げていったらいいのか思案していたときだったので、弥生時代の方形周溝墓群か、とみんな色めき立った。

歳勝土遺跡の調査が進行中に北隣りの平地の調査も始まった。ここからは、なんと歳勝土遺跡と同時期の環壕集落が顔を出した。大塚遺跡だ。そして両遺跡は弥生時代中期の環壕集落と方形周溝墓群がセットをなす稀に見る重要な遺跡群と判明したのである。やがて両遺跡の全体の姿があらわれてくると、これはもうどこにも類例のない「すごい歴史遺産だ」となり、誰言うとなく「保存すべし」となってくる。

私たちは、両遺跡の完全保存を主眼にニュータウン内遺跡の徹底した調査と保全対策を求める会を結成することとし、準備に走りまわった。会の名称、代表は誰に頼むか、事務局をどこに置くか、役員はどうするか等々について秘策を練った。そして、準備なり、『港北』の文化遺産と自然を守る会」を立ち上げて運動を繰り広げたのであった。

結果は、周知のように歳勝土遺跡は全域完全保存と決まるも、大塚遺跡はその三分の二を失うことになってしまった。この決定を受けて「もっと早くわかっていたらなあ」と一同切歯扼腕。しかし、この地区はニュータウン計画当初から中核街区にあてられていたので、開発側からは「計画変更などとんでもない。もし両遺跡全面保存となれば計画を一からやり直しだ」と強硬に反対され、たっての要請も拒否されてしまったのである。

こうして地下鉄や首都圏の私鉄が合流し、ビルが林立する街の様子を見ると、「貴重な文化財がある」と主張して大都市建設計画のなかに遺跡を取り込ませるには、はなはだ力不足であったことを痛感させられる。ましてや事業が始まり、土木建築用の重機がうなりをあげるようになった段階においておや、である。

だが私たちは夢中であった。毎週金井さん宅に「港北」の守る会の有志が集まって運動の進め方を相談し、隔月単位で現地見学会を開き、横浜駅頭で署名を集め、学習会・講演会もたびたび開いた。併行してニュータウンの調査団有志は弥生時代中頃の集落と墓地の研究に取り組み、その成果を「港北」の守る会に随時提供して共同戦線を張ってくれた。全国からも個人・団体の無数の応援があった。とにかく精一杯やったが、およばなかった。運動の最終段階では、都市計画審議会の会場に手書きの長文の要望書を持参し、入り口に座り込み、必死の訴えをしたが、一笑に付された。忘れえぬ思い出になっている。

見学を終えて博物館を出る。しばし無言。半世紀前には、いまはなき田園地帯を懸命に駆けめぐり、自然と人間の織りなす土地景観に浸り、そのなかで遺跡の真実を求めて行動してきた。そこでは地域とおのれとがなんらの矛盾もなく溶け合えていた。

しかし、いまこうして新都市のただ中に立つと、身を圧するような孤独感に襲われる。同時に、これを進歩とか発展といった見方、捉え方で終わらせていいのか、と思えてくる。

金井さんは何も語らない。だが、眼前の風景を静かに見詰めながらも、万感せまるものがあるにちがいない。胸中を推しはかりながら、彼とて諸手をあげて讃えるなどとうていできないのではないか、そんなふうに想像してみる。聞けば「うん、そうだなあ」との答が返ってきそうで無理に問うのはやめにした。真夏の「ふるさとめぐり」はこうして終わった。

複雑な思いを抱いて綱島街道を走り、帰途に着く。あらためて、わがままに付き合ってくれた金井英三さんに、半世紀にわたる熱い友情と恩義も含めて心より感謝しながら、中身の濃い一日を閉じた。

私は一九三五年十月三十日にこの世に生を受けた。いまは八十歳の大台を越え、後期高齢者晩期の真最中にある。「おいくつですか」と聞かれるのがはなはだ鬱陶しいが、ここまで生きてこられた幸運への感謝の気持ちも日増しに強くなっている。この人生が跡形もなく消え失せるのは何とも残念無念に思われて仕方がない。

私の愚にも付かないような足取り、傍から見ればそこらに転がっている一市井人の人生に過ぎないだろう。だが、わが身にとっては掛け替えのない命の歴史である。兼ねてから、印象深い過ぎし日の生き様をきちんと書き残しておきたいと念願していた。ようやく喜寿を過ぎてから発奮し、筆を起こした。

私には三つの「ふるさと」がある。それは島根県益田、神奈川県横浜、島根県松江で、一つ目は生い立ちの故郷、二つ目は自立自活の故郷、三つ目は回帰する故郷である。この三者は系譜的な関係にあると同時に重層してもいる。すべたは「忘れがたき故郷」の芯で結ばれている。

わけても第二の故郷は、第一と第三の故郷を分かち難く繋ぐ中身の濃い、堅牢な関門となっている。「ふるさと」を語り、書き残すうえで第二の故郷を俎上にのせることが一番いい方法だし、「私は何者か」への答えも出せるかな、と考えるに至った。

第二の故郷は、時期としては一九五三年から一九八一年までの二十八年間になる。中身としては大学で考古学を学び、社会人（教師）となり、一人前の研究者として仕事に研究に励んだ。生きた主な場は、鄙から突如大都会になった横浜の郊外地域である。

また、このあいだに結婚して人並みに親ともなった。子育ての労苦、先生稼業の難しさを嫌というほど味わった。考古学では染みついた遺跡への愛着から文化財保存運動にのめり込み、われを忘れて飛びまわった。わが人生は、いつしか生い立ちの故郷から学問と人生自活の故郷に移動していた。本書には、この青息吐息のがたがた行路をあてたいと思う。

第1章

考古学への旅立ち

1 歴史学徒の一員に

学ぶなら歴史だ

時は一九五三年、今年も秋が深まり、例年のように裏庭の柿が赤みを帯びてきた。縁側に腰掛けてぼんやりと眺めるわが身はいささか落ち着かない。島根県立益田高校の栄えある一期生も残すところ半年弱で終わろうとしているのに……。学校では、級友たちが「俺、一ツ橋ねらうよ」とか「九大にするか」などなど大口を叩いている。「ふん、たいして実力もないくせに」と心中あざ笑いながら、「じゃあ、お前はどうするんだ」と問われても何にも答えられない自分がそこにある。「進学適性検査」と銘打った全国一斉進学テストの終わった直後のことだった。

担任の岡崎三郎先生からは「志望大学と学部を早く決めなさい」と言われる。しかし、適性検査の結果を待つまでもなく数学は大の苦手、それに肝心の英語もからっきしできないでは大学進学そのものが危うい。とわかってはいるのだが、大学へは行きたいと思う。だから就職するか家業の百姓を手伝うか、そんな選択肢はまったく浮かんでこない。

数日後いよいよ追い詰められたところで決めた。「私立だ。文学部に行って好きな歴史を勉強しよう」と。入学試験が国語・社会・英語の三科目だから頑張れば運よくということもある。落ちたら浪人する覚悟だった。だが、決断はしたものの、親にはなかなか言えない。父親は、私が高校生になった頃から理工系の大学に進むことを期待し、おりに触れてそのことを話していた。

いつも母親が「お父さんは機械道楽だから」とこぼすほどに農作業の機械化に熱中。自家製製粉機の開発にのめり込み、村で最初に耕耘機を買い込むというような力の入れよう。その農機具の購入も私が下校中に益田の町内を試運転中の耕耘機を見て、様子を話したことがきっかけだった。

翌日、すぐ農機具屋に赴き商談し、夕方にはトラックに耕耘機を載せて帰り、わが家の畑で実演してみるという早業。めずらしい機械だというので近隣の人々が大勢見物にやって来る。父は得意満面でピカピカの耕耘機を操作していた。高価な買い物だったから母親は「また、お父さん大借金して……」と嘆いた。どうやら金策のために田畑を少し手放したらしい。

といったわけで、父は広島大学工学部の受験を盛んに勧めていた。国立なら学費が安い、ということも大きな理由だった。だが、私の想いはかけ離れたところにある。機械いじりは嫌いではないが、歴史を学ぶ面白さにはとうていかなわない。高校生活三年間で成績がまあまあだったのは世界史や日本史だけだったし、部活も考古部で通した。大学に行くなら「歴史の勉強をする」は、わが心の自然のなりゆきであり、動かしがたいことだった。意を決し、そのことを父親に打ち明けた。少しがっかりしたような風だったが、「お前がそうしたいのならそれで頑張れ！」と許してくれた。

年内に岡崎先生と父親が面談し、そこで「息子は早稲田の文学部を受けたい、と言っていますが、どんなもんでしょうか」とたずねたらしい。先生は「はあー、それは？」と返事を濁していたようだった。無理とわかっていても生徒や親の想いを断ち切らないのがこの先生らしい。「まあ、やってみなさい」が結論だった。

年はあらたまって一月去り、二月が逃げて、桃の節句も過ぎた翌々日、東京へ行くことになる。いよいよ大学受験か、と思うと暗雲のなかに突っ込むような気になる。それ以上に見たこともない大都会に行く不安に包まれてなんともやり切れない。そんな想いを引きずりながら郷関を出た。

出立の朝、母は「東京では電車の戸が独りで閉まるそうだから用心するように」と念を押す。うわの空で「うん、うん」とうなずきながら黒煙を上げて到着した列車の車中に収まった。そして、浜田から快速、出雲今市からは急行出雲に乗り換え、延々二十三時間かけて東京に着く。当時はＳＬ全盛時代で、山陰線―福知山線を貴婦人Ｃ57が疾駆し、東海道線はＣ

60系の大形ＳＬに変わる。京都を出て東山・逢坂山とつづく長いトンネルを通過したとき、車内は窓の隙間から入ってくる煤煙で薄暗くなり、息苦しくなったことがいまもって忘れられない。浜松からは電気機関車が牽引した。その鮮やかな速度感には魅せられたが、硬い座席に座ったまま一睡もできない苦行の旅だった。

在京中は母方の親戚が青山に住んでいたのでそこで世話になり、いよいよ受験となる。ようやく慣れた都電に乗って早稲田へ。第一文学部の試験日は曇りで寒く、緊張感も手伝って体が小刻みにがたがた震えていた。こう浮足立った状態ではうまくはいかない。日本史のできはまずまずだったが、他の二科目は手こずった。「これは駄目だな」の諦めは結果に正直に出る。アウト！

一週間の間をおいて第二文学部を受験する。春らしい天気の良い日だった。試験場の席に着くと、前に白線二本の学帽を被った君がいる。勇気を出して「もしや、島根県から」とたずねると、彼も驚いて「そう、大田高校です」と言う。にっこりして、自分の二本白線帽を座席からつかみ出しながら「わし、益田高校です。頑張りましょう」と握手した。これですっかり安堵、「矢でも鉄砲でも来い」の気分になる。最初の国語では習い覚えた漢詩の「春望」が問題に出ている。「しめしめ」で調子づく。日本史も楽勝だったが、英語は相変わらずの苦戦。だが、手応えは感じられた。終了後には大田高校生の君と「また、お会いしましょう」の挨拶を交わして別れた。

合格発表の日も好天だった。また、都電を乗り継いで早稲田へ。図書館脇の掲示板前は人だかり。人垣をかき分けて前に出て掲示された受験番号を確かめる。「164番、あった!」。足が宙に浮いた。人だかりを離れてそっと受験票を取り出して確認する。まちがいない、と思ったが、念のためと掲示板をもう一度見直し、「よし」のかけ声を出して手続きに行った。帰り際に赤坂電報電話局に立ち寄り、わが家に打電する。電報を受け取った母は「まあ、通ったと!」と大声で叫び、配達員をびっくりさせた、と後で聞いた。「落ちたら予備校に行って入校の手続きをして帰れ」とたびたび言っていたから……。

しかし、これで入学が許されたわけではない。数日後には二次試験があった。面接試験だ。眼鏡をかけた小柄の眼光鋭い面接官。この先生が京口元吉《もときち》教授と知ったのは、もちろん入学後のことである。そこで言われた。「君、英語が駄目だなあ。まあ入ったら高田馬場の予備校に行って勉強しなさい」と。覚悟のうえのこと、「はい、やります」と反射的に答えた。

かくて二次試験も無事クリアし、合格本決まりになる。すべてが完了になったところでちょっと考え込んだ。第二文学部は夜間開校である。昼間働きながら夜間に学びたいという好学の士を集めて教えるところではないか。自分はさしあたり日中働く予定はない。ここは浪人して昼間の学部を受験し直すか、とも思う。だが、ちょっと待てよ、だ。浪人したとしても翌年合格できる保証はない。それに妹や弟が後に控えてもいる。両親は入学手続きをすませて帰るようにと伝えてくる。暫時あって考え直し、「まっ、入るか」と腹をくくり、五万円の大金を添えて第二文学部史学科日本史専修に登録する。これで万事ＯＫになった。

こうして春三月、三週間余の東京滞在は終わった。ことがことだけに退屈することはなかったが、毎日がよそゆきの生活で少々息が詰まる。「居候、三杯目にはそっと出し」では食べ盛りはつらい。ときどき田舎の麦飯が恋しくもなった。

そんなある日だった。野球狂いの私は、何としても国電水道橋駅から後楽園へ足を運びたいと念願していた。野球雑誌で毎度読み知ったコースである。「よし、今日行ってみよう」と思い立って青山から信濃町駅に歩いて行き、そこから水道橋駅にむかった。ホームに降り立つと駅舎の壁に毎日オリオンズ対近鉄パールスのオープン戦開催中とある。心せわしく改札口を出て後楽園球場を目指した。

大きな球場に近づくと、よれよれのコート着た男が寄ってきて「兄ちゃん、安い切符があるよ」と話しかけてくる。言葉につられて一枚の入場券を買った。何しろ早く見たいという気持ちと不案内でうろうろしたくはなく、言われるままの出来事である。後で伯父からは「それダフ屋と言うんだ。気をつけろ」と注意されたが……。

座席は三塁側内野席だった。まずは球場の見事さに圧倒される。グラウンドには本物の関根潤三が投げているし、別の場所では土井垣武がプロテクターを着けてセカンド送球の練習をしている。心が躍り立った。関根は法政大学のエースとして活躍し、近鉄入りしている。土井垣は米子中学校出身で長く大阪タイガースの捕手を務め、毎日オリオンズに移籍。強打が売り物だった。試合の結果は毎日球団が勝ったと思うが、定かでない。ただただ興奮のままに半日を過ごして引きあげる。大きな土産話ができて満足このうえなし。

土産話と言えば、ラジオドラマ「君の名は」で有名になった数寄屋橋も見物に行った。姉妹から「ぜひ見て来て」と頼まれていた。たしかに橋は年季物だが、流れる水は茶色でごみだらけ。その汚さには失望する。これが都会というものだ、と自分に言い聞かせて後にした。

大仕事を片づけたぞ、とばかり大手をふって帰郷する。もうすぐ桜が咲く頃だった。しばしの休み期間に故郷を堪能する。その味は格別であるが、のんびりする暇もない。いよいよ歴史の勉強が本格的になるのだ、と気負う。新生活にはやる心と不安が片隅で入り混じるが、三月初めの受験を控えたときとはぜんぜんちがう。「いざ、出陣」といった感じだった。

日本史の専修生に

四月初旬ふたたび急行出雲で上京する。身の納まるところがあるので長旅も苦にならない。入学式の日が来た。晴れて大学の門をくぐることになる。といっても早稲田には正門を感じさせるような厳めしい構造物は見あたらない。道路をはさんで一方に大隈講堂があり、その反対側が幅広い階段になっており、左右には低い四角の門柱が立っている。ここからが構内となるらしい。物々しい門構えのないのは受験のときから不思議に思えた。そういえば学舎群を取り囲むような目立った塀や柵も見あたらない。「わざとそうしたのだ」とも耳にした。開かれた大学とでもいうのであろうか。

式典は大隈講堂で開かれた。開式前に集合して校歌「都の西北」を練習する。早慶戦のラジオ放送などで聞いていたから正調になるのに時間はかからない。全体もそんな風だった。式が始まり、島田孝一総長等から祝辞と訓示があった。その詳細な記憶はとっくに失せてはいるものの、「野人精神こそ」の語りには鼓舞されたように、かすかだが覚えている。

いよいよ新学期開始になる。うわっ調子のお上り一年生は、門前の洋服屋で話題の座布団帽子を買って坊主頭に被り、ぴかぴかの詰襟の学生服にだぶだぶのズボンをはいて登場だ。自身なんとも不相応な出で立ちで気が引ける。当今ならさしずめ応援団か右翼学生とまちがえられそうな外見だろう。

ぼんやり生は授業開始前の受講届提出でもつまずく。必須科目体育の種目選択だった。この科目は全学共通となっているので受付の方法が学部の場合とは異なっていた。その要領は、掲示板で確認していたのだが、受講者数に制限があるとは知らず、指定されたとおり午前八時頃に受付場の大隈講堂前に駆けつける。希望種目は野球だった。

講堂の前には体育種目を表示した立札が数本並び、各札の脇に置かれた長机には詰襟学生服を着て腕に腕章を巻いた学生が二、三人立っている。立札をゆっくり見まわすが、野球と書いたものはない。「おや」と思いながら一本一本と入念に見直したが、やっぱり野球はない。目の前の学生にたずねると「野球！　とっくに終わったよ」の答えだ。「しまった」と思ったが後の祭り。

聞けば、野球や卓球等の人気種目には夜明けの五時頃から受講希望者が並び、受付開始時には定員をはるかに超える人数になって登録はごく短時間ですんだらしい。そう言われてみると受付場はがらんとしており、受講希望者らしい学生の姿はまばらだった。

しばらくは落胆してその場を離れることができない。喉から手が出るほど欲しかった革製のグローブを買って準備は万端だったのにと悔やむ。しかし、体育科目を次年度送りすると他の科目の選択に不都合が生じるかもしれない。パスしては駄目だと思い直し、あらためて残った立札を見た。相撲、レスリング等体力的に厳しい種目しかない。また考え込む。思いあぐねた挙げ句にしぶしぶ相撲と決めた。

ガキの頃のことだが、寒い季節によく相撲をとって遊んだ。土俵になったのは近くの山の斜面にある擂鉢状の穴だった。これは戦時中に飛行機の燃料をえるために松の根を掘り出した跡である。*1 大きな根っ子を取り出した大穴で、壁や底は凸凹、これをみんなで調整し、製材所からもらった大鋸屑《おがくず》を運び上げて土俵をつくり、ほぼ連日熱戦を繰り広げた。こうして野球ができないときは相撲を楽しんだ。そんな経験がここにきて誘いの水になったのかもしれない。

いよいよ授業が始まった。どの教室も簡単な長机と長椅子が並ぶ簡素な部屋だ。しかし、

晴れて大学生に（1954年5月頃）

高校時代とは明らかなちがいがあった。先生と授業の中身である。高校では教える、教えられるの関係だった。しかし、大学では先生が語り、あるいは論じる。学生は聴きとり、会得することが求められるのだ、と思った。

講義はそれぞれの先生が己の研究から選び出した題目を教材にしている。国文学の授業は、近世文学の先生が西鶴の「世間胸算用」をテキストに、熱を込めて語っていた。面白かったのはつぎの一節である。

大晦日の夕方のことである。ある町人夫婦の喧嘩風景。気の強い女房が亭主に「持って御座っしゃったは褌《ふんどし》一つ、何も損の参らぬこと、外の明るいうちに、とっとと出ていかっしゃい」と荒い言葉を投げつける場面。先生は、「みくだりはん」よろしく一方的に離縁を強制する侍社会のまわりには女権健在を思わせるような世界もあったのだ、と解説していたように思う。ともすれば、封建的なしきたりが世の中を完全に支配していたように考えがちだが、そうとも限らない。物事は広く多面的に見ることが肝要だ、と受け止めた。

一般教養科目は昼間に開講している。政治・社会・人文の三分野からそれぞれ選択する。政治学はイギリス政治思想家のジョン・ロックやトマス・ホッブズの紹介だったが、これがじつに面白くない。講義は大教室でいつも満員。といっても真剣に聴いている学生はあまり見かけなかったし、出席カードの回収が終わると出ていく輩も相当いた。かくいう私も何度か退却させてもらった。

歴史学は一も二もなく選択する。担当は西洋史の松崎功先生だった。講義は当時評判の高いA・J・トインビーやE・H・カーの歴史論の解説である。記憶に残るのは、トインビーの「作用と反作用」論を批判し、人間の歴史世界が自然界を律する物理的現象によって説明できるのか疑問だと語っていたことである。「うーん」と肯いたものだが……。先生はよく休講され、講義中もつらそうに咳払いされていたが、若くして亡くなられたようだ。

語学は英語とドイツ語。こちらは辞書引きに苦労した。共通専門科目には興味深い授業があった。日本社会史と日本文化史である。担当は、前者が洞《ほら》富雄先生、後者が受験の際面接官だった京口先生だった。

洞先生の講義は、考古学者藤森栄一の縄文農耕論や中世種子島への鉄砲伝来をめぐる論説あるいは南京大虐殺事件等々、原始・古代から近現代に至る日本史上の重要な事象を取り上げ、独自の見解を加えながらそれぞれの歴史的意義を解説していた。

なかでも藤森の縄文農耕論は当時としては画期的な問題提起だったようで、考古学に多少の関心もあり興味深く拝聴した。また後のことだが、日中戦争における南京事件について詳論したのは洞氏が初めてと聞いて感服する。いつも教卓の両端に手のひらを置き、目をつむって語りかけるように講義していたのが印象に残っている。

京口先生はベテランらしく学生を惹きつけるような話題の数々について巧みに解説していた。数冊の参考図書を小脇に抱えて入室。それを開いて見せながらポイントは黒板に書きつける。ときには身ぶり手ぶりで説明する。寺院建築や絵画等日本美術史の見方や近世の町人文化の話はいまも鮮明に覚えている。

この先生、おりからの左翼運動を批判して学生をたしなめるような場面もあったようだ。あるとき「君たちの祖国ソビエトは……」とやったことで学生の猛反発を食った、と聞いた。先生自身は、一九四〇（昭和十五）年に助教授になったが、講義の内容が自由主義的だとして翌年、退職させられ、敗戦後の一九四六年に復職している。いわば筋金入りの経歴の持ち主であった。不屈の精神を貫いた先生としては、学生の一時の熱情に浮かされたような言動が気になり、やんわりと忠告したのかもしれない。

さて、問題の体育の相撲はどうなったか。毎週二時間相撲部の道場に行き、そこで部員たちの練習風景を見学する。実技としては二度ばかり回しを締めて四股踏みと鉄砲の練習をさせられた。部員の汗と泥が染みついたような回しを下着の上から巻きつけられ、それだけでよろけるほど重く感じる。ガキ相撲とはえらいちがいだ。

指導にあたるのはもっぱら下級生の部員だったが、これが途方もなく強い。押しても押してもびくともしない。まったく歯が立たないのだ。こんな具合だと大相撲の横綱の強さなど計り知れないものだと痛感させられた。

ところで、高校時代の部活経験から、入学したら歴史関係のクラブに加わりたい、と考えていた。学内のいたるところに新入部員募集のポスターが貼り出されている。いくつかの候補を見定めたうえで「歴史学研究会」なるクラブに入部することにした。授業開始前の夕方、四号館地下にあった部室を訪ねる。秘密の隠れ小屋のような薄暗くて雑然とした小さな部屋に数人の先輩がたむろしていた。そこで入部の意志を伝え簡単な手続きをして退室する。

研究会内は古代・中世・近現代の部会に分かれて活動していた。当然のように古代史部会に参加する。研究のテーマは古代天皇制に関わるものだった。テキストとして『立命館文学』八八号（一九五二年）を渡され、収められている林屋辰三郎「継体・欽明朝内乱の史的分析」を読むように指示される。毎週開かれる部会では論の要旨、問題点の検討、関連論文の紹介が行われていた。

かすかな記憶をたどると、いきなりのハイレベルな論文で理解の程度は怪しいが、万世一系の天皇制を疑問の余地なく叩き込まれていたから、論の核心になる「皇統の分裂と対立」等ということは意外に思えた。ただ、筑紫国造磐井が反乱を起こした話は新鮮で、その磐井の墓が福岡県にある大きな前方後円墳の岩戸山古墳だとわかり、少々興奮もした。「磐井の反乱」は本当にあったのだ、と思えたからである。

「都の西北」余録

大学生活に少し慣れたところで研究会の新入生歓迎会に出席した。会場は高田馬場駅近くの蕎麦屋だったと思う。おそるおそる会席に出ると、猛者ぞろいの先輩が居並び、豪快に話している。アルコールがまわってくるとますます饒舌になり、佳境に入って目が丸くなるほどの武勇伝が飛び出した。分けても、いわゆる第二次早大事件（一九五三年五月）の生々しい話は、ぽっと出の田舎者にはたいへん衝撃的だった。

語りのおおよその中身はつぎのようだった。二人の私服警官が大学側の許可なく学内に立ち入り、情報探索活動をしていた。どうも怪しい人物とにらんだ先輩が当の警官に、わざと「演博はどこですか」とたずねた、という。鎌をかけて相手の素性を探ろうとしたのだ。このあたりから話しぶりには熱がこもる。

聞き入りながら機転の利いた問いかけにうなずく。そもそも早稲田の大学関係者なら学内にある演劇博物館を「演博」と呼び、どこにあるかぐらいほとんどが知っている。知らないのは学外者となるのだ。問答しているあいだに警官の身分が明らかになって身柄を大学当局に預け、厳格に措置するよう求めたらしい。

つづいて官憲の不法入構を糾弾する抗議集会が開かれた。そこへ仲間の警官救出のために大学前に集結していた千人を超す警察機動隊が、これまた大学の了解なく学内に突入し、集会に参加していた学生に襲いかかった、と。

学生は無抵抗のまま警官の暴圧に抗議、多数の重軽傷者が出る。ことの解決にあたっていた教官や職員も負傷したようだった。集会の場にいた先輩は、目前の凄惨な様子を事細かに、生き生きと語る。圧巻だった。その姿はいまもって忘れられない。入学まもない頃ながら、「学の独立」など口で言うほど生やさしいことではない、と思い知る機会にもなった。

先輩はさらに語る。聞くとその前年（一九五二年）に起きた皇居前広場でのメーデー事件が背景をなしているようだった。官憲側は、この事件に関わった「犯人」捜索のために学内に潜り込み、情報収集していたのだ、という。想うに、朝鮮戦争が終わってから民主日本の行く手には暗雲が立ちはじめつつあったが、この事件もそんな世の動きを映し出していたのかもしれない。

この歓迎会以後は学内の様子を見る目も少し変わってきた。そういえば、何となく緊迫したような雰囲気が感じられる。大きな立て看板がそこかしこにあり、建物の壁にはさまざまなポスター類がところ狭しとばかりに貼り出され、血気盛んな左翼壮士風の学生が闊歩している。早稲田は地方出の学生が多く、「ばんから」大学だという評判があり、そのことが少しばかり気に入っていたが、聞くと見るとではだいぶちがっていて戸惑った。

こんなこともあった。講義中に一人の学生が突然ドアを開けて飛び入り、興奮してまくし立てた。「いま、馬場下署に○○君が連行された！　これから抗議に行くのでみんな来てくれ！」と。先生も学生もあっ気にとられているあいだに、何人かが「すわっ！」とばかりに立ち上がって教室から出て行った。驚き、唖然とする。室内には一瞬「何事か」といったような雰囲気が流れたが、すぐにおさまって講義はつづいた。後日この出来事は「馬場下事件」として学内に広がっている。どうやら、大学全体が時勢に敏感になっている様子を、肌で感じる機会がだんだん増えてくるようだった。

さて、「都の西北」の「聳《そび》ゆる甍」群の周辺は早稲田の城下町のような風情を呈していた。まだ、あちこちに戦災の爪痕が残っていたが、通りに面して食べもの屋、本屋、床屋、下宿屋等が立ち並び、活況を呈していた。みんな学生相手の商売屋である。私も入学の年の秋口からこの早稲田界隈の住人になった。

学年当初は江戸川区小岩の民家に下宿していたが、なにぶん通学に時間がかかる。早く大学近くに移住したいと考えていた矢先のことだった。益田高校時代の同期生三人が早稲田南町に住んでおり、彼らから「俺たちの下宿に空き部屋があるからすぐ引っ越して来い」との誘いを受ける。渡りに船とばかり急遽、当の下宿を訪ねた。

迎えに出てきた法大生のT君の案内でその部屋を拝見する。ベニヤ板で囲った安普請の京間三畳の部屋。しかも一畳分の空間は上方に布団入れの吊戸棚があって立ち歩きはできない。この狭さに机や本立てを置いたら寝るのも窮屈になりそうな感じがする。おまけに床が落ちて畳が傾いているではないか。「うーん、これでは」と難色を示す。T君は、なお「大丈夫、大家さんにすぐ直させるから」と親切に同意を促してはくれた。しかし、下宿料も二食付で月六千五百円と聞かされると、勇む気持ちは完全に消えた。結論は「もっと他をあたってみるから」だった。

そこでひと思案して考えつく。大学生協に下宿斡旋所があったのでそこへ相談に行くことにする。組合員登録は入学時にすませている。斡旋所窓口の事務員は親切だった。こちらの条件を聞きながら台帳から候補部屋を探し、一軒を提示してくれた。さっそく紹介状をもって大学脇の下宿屋に行ったが、はなはだ陰気くさくて得心がいかない。引き返して再度紹介を受ける。今度は早稲田鶴巻町の二階建て長屋だった。即、訪問。

建物は古そうだったが、小奇麗に整備されていて抵抗感は湧かない。家主のおばさんに案内され二階の一室を見た。ベニヤ板壁の六畳間に一畳分の押入れがある。二人相部屋が条件だが、相棒が来るまでは独りで使っていい、と言う。下宿料もあの三畳間と同じ二食付の六千五百円。住み心地もまずまずといったところで、即断して世話になることにした。同宿人は五人である。

この下宿、大学が近いので大隈講堂の鐘が鳴ってから飛び出してもだいたい授業開始に間に合う。問題はなんといっても食事である。朝晩の二食は御飯、味噌汁におかずが二品程度。贅沢は言えないにしても量の少ないのが悩みの種だった。米は毎月益田の実家から送ってもらい、着きしだい賄い方のおばさんに渡した。[*2] しかし、出るのはほとんど油臭いぼろぼろの外米御飯で、美味しい田舎米の御飯にありつくことは稀。同じ境遇の下宿人のあいだでは不満の声も上がったが、食事仕度の実権を握るおばさんには届かないまま過ぎた。

二十歳前の食べ盛り世代、集まると誰言うとなく「腹減ったなあ」が対話の始まりになる。

ある雨降りの夜のことだった。いつものように早稲田南町のT君の下宿部屋にたむろする。そこでT君が「おい、飯を炊いて食おうか。米はあるぞ」と言う。するとみんな異口同音に「どうやって炊くんだ」と返した。T君は「洗面器はどうだ」とつづける。三人は、一瞬この突拍子もない提案に驚き訝《いぶか》ったが、空腹には勝てない。「やってみよう」となり、洗い場からアルミ製の洗面器を持ち込み、火鉢の炭火の火勢を上げて「炊く」ことになった。

問題はそれからだった。まず「米をどうやってとぐのだ」で頭を抱える。炊事場でとげば簡単だが、下宿のおばさんがうるさい。無断で御飯でも作ろうものなら追い出されかねない、と言う。ここで今度は明治大生のH君が奇策を思いつく。「外に出して雨垂れの下に置けば自然にとげるんじゃない?」、そして「頃を見計らって最後に洗い場で仕上げたらいいのでは」だった。こうして前代未聞の飯炊きになった。

いよいよ実行だ。外の雨脚はかなり激しく、洗面器に落ち込む雨垂れの音も高い。具合よしとなったところで、「おかずはどうするんだ」と私と同学で商学部に入学したB君が問う。計画者のT君は落ち着いていた。「みな十円出せ!」と命令口調で言う。大事な小遣い銭、十円出すのもしぶしぶだが、ここまできて引き返すことはできない。集まったお金は四十円そこそこ。T君は「これで福神漬けを買って食おう」と雨夜のなかを買い出しに走った。

そのあいだにH君は洗面器を取り込み、抜き足忍び足で洗い場に行き、大きな音を発てないように水道水で注意深くとぎ上げて部屋に運び、炭火にかけた。ところがにわか炊飯器には蓋がない。かなり時間が経ち、そろそろ御飯になるはずの米の塊はようやく中央部分が盛り上がってきたものの全体の水気がなくなり、底のほうは焦げてくる。万一、その臭いでも広がろうものならおばさんが嗅ぎつけて飛び込んでくる恐れもあった。

情況を見計らったT君、「もういいだろう。食おうぜ！」と言いながら紙の上に買ってきた福神漬けを出す。飯を盛る茶碗は弁当箱やコップで代用することになったが、肝心の箸が二人分しかない。するとB君が「待てまて、いい方法があるぞ」と言って自分の部屋からペン軸を数本持ち出し、これを箸替わりに。こうして奇妙奇天烈な夜食会の開始となった。

半煮えの御飯に福神漬けを載せながら「結構いけるぞ！」のやせ我慢食い。ふと習い立てのドイツ語の諺にあった〝Hunger ist der beste Koch〟が頭に浮かんだ。そして、食べながらいつも母が作る麦飯と自家製味噌の大根汁にこれまた自家製沢庵の食卓が思い出される。故郷がわけもなく恋しいひと時だった。

さてもさても洗面器の飯炊きなど空前絶後の話。いま思っても「よくもまあ！」の一言を発するにつきる。しかし、記憶はまことに鮮明で四人で交わした会話も昨夜のことのようによみがえる。貧しい学生生活ながら互いに心を温め合える故郷益田高校の同期生が集う。声を潜めながら石見弁で語り合える格別な世界がそこにつくり出されていた。

2

大学の考古学研究室

畏友中村嘉男君

たしか学部生活を終えた頃だったと思う。「おーい中村君」という歌が流行った。調べてみると、歌手は若原一郎といい、レコードは一九五八年に発売され、約五〇万枚も売れたという。明るく調子のよい歌でよく口ずさんだ。

それより四年前に私の前にあらわれて、考古人生の登山口に誘った人物が「中村君」だった。といってもこの歌となんらかの因果関係があるわけではまったくない。ただ、私を考古学の道に導き入れる切っかけをつくったのが学友の中村嘉男君だったので、彼のことを語るときにはこの歌が聞こえてくるような気になり、ふと口にしては彼のことを思い出す。二人の交友関係は彼が亡くなるまで（二〇〇七年）つづいた。

出会いはこんなふうだった。入学まもない教養課程の授業の時間である。彼は東洋史専修だが、教養科目は史学科共通だったから、たまたま同席することになったのだ。横長の机に四人がけのベンチのような椅子に隣り合って座った。彼のほうから「君、どこから来たの」と親しそうに話しかけてきた。まだ同期生の誰とも口を利いていなかった頃で、こちらも少し嬉しくなり、「島根県から」と答える。すると彼は矢継ぎ早に話しかけてくる。「何を専攻するの？」と切り込まれた。とっさのことだったからどう答えていいか迷う。日本史を勉強することまでは心に決め、現に専修生になっていたが、その先のことはほとんど考えていなかった。

「うーん」と唸りながら、とりあえず「百姓一揆でもやろうかな？」とか、あいまいに答えたと思う。家業は百姓だし、文字どおりの農村で育った。物心ついた頃から自然と農民を軽く見るような世間の風潮にはいつも反発心をいだいてきた。そんなことが百姓一揆という言葉になって出たのであった。

この言葉を聞いてか聞かないでか、彼は「そう、でも、考古学をやる気はない」と、さらに畳みかける。「えっ、考古学！」、突然、意表を突くまさかの言葉に心が素早く反応したのだから不思議だ。というのは、母校に考古部があり、一年生から部員になっていた。そして、三年時は部長として顧問の先生の発掘を手伝い、出土品を整理し、苦労して部報も刊行した。そうした経験から中村君の誘導に見事に乗せられてしまったのだが、それにしても心の奥に仕舞い込んでいた考古学がいきなり、表に出たのである。無意識の意識化とでもいう以外には、この場の自分を説明できる言葉は見あたらない。

一息おいて「やってもいいけど」と答えながら、あらためて高校時代の経験を告げた。すると、彼は「八号館の地下に考古学の研究室があるから行ってみない。僕が案内するから」と誘いの手を緩めない。そこで何のためらいもなく考古学研究室訪問が決まった。というよりも、ここで私の人生列車が本線上を走りはじめたのだ。

顧みると、中村君との会話に要した時間はほんの数分、ことは己の生き様を決めるほどの大事な選択というのに、いとも簡単に片づけてしまったのだ。その粗忽《そこつ》ぶりにわれながらあきれつつも、これが縁というものだと、自分を納得させる。

数日後に彼に連れられて薄暗い地下の研究室を訪れる。鉄筋コンクリートの壁が剝き出しの室内は、ひんやりした空気だが、何か土臭い。なかほどの通路をはさみ壁側には山と積まれた木製リンゴ箱があり、手前のほうには○○遺跡と記されたコンテナ様の整理箱が重なっていた。窓側にはL字状に高い本棚が並び、それを背にした机には白衣を着た人物が数人座って仕事をしている。中央の大きなテーブルを囲んで四、五人の学生が話し合っていた。

中村君が来たのを知って、みんな「やあ、やあ」と声をかける。中村君が私を簡単に紹介した。すると、本棚の陰から大きくごつい体形のおじさん風の人物が顔を出した。即座に「どこから来たの」と聞かれ、つづいて学部や専攻などをたずねられた。何か飛び込んできた獲物を待ち受けていたような感じだ。

そして「君、いい時に来てくれた。これを頼むよ」と奥のほうにあった整理箱を重そうに抱えて持って来た。見ると、真っ黒い土のついたねずみ色の土器片が重なり合った状態で収まっている。一見して「これは須恵器だ」とわかったが、「えっ、これをどうするのだ」と尻込みする。

じつは、故郷のわが家の近くに須恵器を焼いた窯跡があり、手前の人家の脇には破片がたくさん散らばっていた。腕白仲間が「これ、大昔の焼物だぞ」と教えてくれたのを思い出す。たしか国民学校四年生の頃だった。そんな想いをたどりながら整理箱のなかの土器を見直す。窯跡から出た炭や灰が混ざって黒くなった皿状の須恵器が重なり合っていた。

さて、この土器整理を頼んだ御仁は大川清さん。当時は教育学部副手だと言っていた。親分は滝口宏先生（教育学部教授）と聞かされる。本棚で仕切られた部屋の奥をそっとのぞくと、窓際の明るい場所に眼鏡をかけた難しそうな顔つきの人物が陣取り、読書している。西村正衛助教授（教育学部）だった。中村君が「縄文土器の研究家だ」と教えてくれる。このエリアには滝口先生と大川さんの席も置かれていた。

と、そこへ重い部屋の扉を勢いよく押し分けて、せわしなく飛び込んできたのは玉口時雄さんだった。大川さんと同じく副手（文学部）だそうで席も大川さんの隣り。いつも「土師器、土師器！」が口癖の研究者だった。ほかにも中央テーブル近くに二、三の事務机があり、「これとこれは大学院生の久保哲三さん（古墳研究者）と川村喜一さん（オリエント考古学研究者）の席」とのことである。

　さらに、反対の北隅には白衣を着て眼鏡をかけた助手風の人がいた。写真のフィルムを電気の明かりに翳《かざ》して何かつぶやいている。後にこの人は金子浩昌さんと知ったが、彼がどんな資格でそこに席を設けていたのか、いまだにわからない。獣や魚の骨などの自然遺物を研究している人で、直良《なおら》信夫先生の弟子のような研究者だと、これも中村君からの話である。

　翌日も研究室に行った。いよいよ土器洗いが始まる。大川さんは、ブリキのバケツと歯ブラシを持ち出し、水道はむこうにあるからと手短に指示して忙しそうに奥へ引っ込んでしまった。言われたように水道水をバケツに入れ、中央テーブルの端で空の整理箱をひっくり返して椅子代わりにし土器洗いにかかる。「これは根気がいるなあ」が最初の日の感想だった。

　それから研究室通いが始まったが、来る日も来る日も土器洗いでは飽きがくる。どの土器も何の変哲もない薄い皿の破片で面白くない。それについた泥が炭・灰だから水がすぐ真っ黒に濁り、土器がなかなかきれいにならない。水替えもたいへんだったし、寒い日は冷えた部屋での「水仕事」はこたえる。「これじゃあ、考古学の丁稚奉公だ」と思ったが、みんなこうして一人前になるのだろうと考えながら、我慢して洗いつづけた。

　ことの前後関係ははっきりしないが、これも入学間もない頃だったと思う。あるとき、中村君が「君、うちへ来ない」と切り出した。出会ってからそれほど時間が経っているわけでもない。だが、彼が考古学に相当のめり込んでいることは薄々わかってきていた。そこで、彼の勉強の本丸を見せてもらうのも悪くないと二つ返事で行くことにした。数日後に大学構内で落ち合い、歩いて彼の家にむかう。中村君はいつも徒歩で大学に通っていたのだ。少年時代からずいぶんと遺跡を訪ね歩いていたらしく、足取りは軽快である。

ゆるい坂道を上り、太平洋戦争時の空襲にあって焼け残ったコンクリートの建物が点在する戸山町を通り、「抜弁天」近くの中村家に着いた。その頃はまだ都電が近くを走っていた、と記憶する。そして、家に招き入れられると和服盛装のお母さんが出てきて、ていねいな挨拶をするので戸惑った。後日、中村家はその昔、大久保村の名主を務めた家柄だったと知り、「道理で」と納得したが。

さて、「中村研究室」は母屋の脇に別棟で建てられていた。案内されてなかに入ると壁際に本が並び、窓側には机が置かれていた。壁は未完成らしく、新聞の紙型を貼り詰めたままになっている。大都会でもまだ建築資材が不足しているのだな、と感じながら、あらためて部屋中を見わたす。リンゴ箱を重ねてその上に板を並べ、ござを敷き、隅に畳んだ布団がある。どうやらベッドらしい。彼は、このベッドの板を外し、見えたリンゴ箱のなかを指しながら、「これは○○貝塚の土器だよ」と言う。

驚いた。どうやら土器の詰まったリンゴ箱を並べ重ねてそのうえで彼は寝起きしているのだ。そこに所蔵されている土器は縄文土器が多く、その説明をいろいろ聞かされたが、覚えがない。予備知識がまったくなかったからだ。しかし、「考古学に相当のめり込んでいる」という予測は見事に的中したわけである。度胆を抜かれるような訪問であった。

うろたえる新参者

こうするうちに初めての前期試験が終わり、早稲田鶴巻町に移った頃だった、と思う。しばらく途絶していた研究室行きを再開したところで部屋の入り口に張り紙があるのに気づく。書かれた内容は、「東京人類学会七〇周年記念事業」として明治・慶応・早稲田の三大学が近々共同で、千葉県市川市にある堀之内貝塚を調査する、とあった。発掘調査の告知だ。

そして、事情を知る中村君から参加希望者を募集している、と聞かされる。ただし、私のような新参者は、研究室所属の正規の調査員としてではなく、志願の一兵卒として扱われるようだった。駆け出しの土器洗い作業員に過ぎないのだから当然といえば当然だ。しかし、そんな事情はともかく、見たこともない貝塚に好奇心は湧くし、発掘を経験するだけでも楽しいだろうと、行くことにした。

決められた日、総武線に乗り、市川駅で下車してバスで現地にむかう。中村君は大学の正規の調査員だから研究室仲間とともに発掘道具等を持って先発したらしい。バスを降りるとリュクサックの口からシャベルの柄をのぞかせた女性が作業服を着た調査員風の男性と談笑しながら歩いていた。

「この人たちについていけば貝塚に行ける」とふんで田んぼのなかの小路を急ぐ。先行くリュックを背負った人は数少ない女性考古学者の中山淳子さん、このスタイルが女史の専売ものである、と後に教わる。名前は河出書房刊行の『日本考古学講座』で知ってはいたものの、まさかこんなところで後姿を拝することになろうとは……。

しばらくして急ぎ足の前方に低い丘が見えてきた。道には貝殻が一面に散らばり、しだいにその白さが増してくる。足元がばりばりと音をたてる。堀之内貝塚に立つことができたのだ。むこうのほうでは測量隊数人が大きな声を出し合いながら作業を進めている。近づくと明治大学の調査員たちで、なかに頑強そうな人が果敢に陣頭指揮していた。この人が誰あろう岡本勇氏だったということも後日明らかになったが、なにしろ目がまわるほどのどでかい貝塚だ。貝殻がまるで積もった雪のようにかなりの範囲に広がっている。しばらくは、その威容に心を奪われて周囲の状況などに気配りする余裕はなかった。[*3]

一兵卒の私は、早稲田大学の作業員ということでトレンチ掘りを手伝うことになった。積もった貝殻の厚さは一メートル近くに達している。「壁はできるだけ垂直にしなさい」と言われて移植ゴテをあてると、貝殻がザラザラと音を立てて崩れ、壁面は凹状になった。巡視でやって来た指導員風の明大生から「タヌキ掘りをしては駄目だ」と叱られる。ときどき玉口副手も偵察に来て「しっかりやれ」と気合を入れる。緊張の連続だったが、えらい経験をしたなと満足感が身を浸し、遺跡に触れる喜びや楽しみがいっそう大きくなってきた。

その後も研究室へは定期的に通い、相変わらずの土器洗いがつづいた。先輩たちは土器の拓本をとったり、その頃話題になっていた関東ローム層から出土する打製石器のことを語り合っている。そんなおり、私にも縄文土器（横浜市宮ノ原貝塚出土）の拓本をとるようにと初めて指示が出た。喜び勇んでとは大げさだが、はやる気持ちを抑えながら見よう見真似でやってみる。ところがなかなか上手にはとれない。用紙を土器面に貼りつけ、乾き具合を見計らって墨のついたタンポを押しつける。そのタイミングの取り方が難しい。苦労の末、やっと数枚をとり終えて新聞紙にはさみ、乾燥するようにして置いた。

ところが、数日後に研究室に行くと、その拓本が無残にもゴミ箱に捨てられているではないか。「やっぱり駄目か」とかなりのショックを受け、研究室への足もしばらくは遠のき加減になってしまった。先輩からは、一度や二度で使い物になる拓本はできないよと、後々教えられたし、実際にそうだと納得できるようになるには時間と経験が必要だった。

こうして土器洗いや拓本打ちなどでは何か満たされない想いが頭をもたげて来る。そんな矢先だったと思う。研究室に集まってくる学生でサークルをつくり、きちんと考古学の勉強をしよう、ということになる。誰が言い出したのか新参の私にはわからなかったが、ボスの大川副手も「それはいいことだ」と後押しし、テキストは小林行雄著『日本考古学概説』（創元社）が適切ではないか、と助言もしてくれた。ほどなく学習会が定期的に開かれることになった。

そのうちに、サークルの機関誌を出そう、ということになり、これも話はまとまった。題名は『金鈴《きんれい》』。研究室が千葉県で発掘した「金鈴塚」という古墳の名称からとられたらしい。題字は、大川さんが「滝口先生に頼んで揮毫《きごう》してもらったんだ」と自慢そうに話していたのを覚えている。

話はとんとん拍子に進んだが、いざ刊行となると資金のことが問題になる。大半が貧乏学生だからとても印刷屋に発注する財力はない。結局、自分たちでガリ版印刷しようということで収まった。だが、誰が原版作りのガリ切り（筆耕）をするのかで行き止まりになる。中村君は早くも投稿論文を書いていた。たしか「紐線文土器について云々」という縄文土器に関するものであった、と記憶しているが。

ことはめぐりめぐって私が筆耕する破目になってしまった。どう転んでそうなったのか、いまだにはっきりしない。自ら名乗り出た記憶はまったくないし、三下部員で小さくなっていたのだから、とてもこんな大仕事は引き受けられるはずもない。だのに、だ。

あれこれ想像して思いあたるのは、高校時代に同人誌を出していたこと。それも謄写印刷道具一式をもらい受けて自分たちの手作りでやっていたことを、どこかで何の気なしに中村君に話していたのでは……と。そのことを彼がサークル幹部に紹介し、ご指名となったのかもしれない。

いずれにしてもガリ版筆耕者となることは決まった。経験のないことではあったにせよ、かりにも研究誌である。粗末な素人文字ではサークルの恥になる、と独りで力む。あれこれ考えた挙げ句に、一度その道のプロの指導を受けてみよう、と決心した。幸い、大学近くの牛込柳町に菅野清人という筆耕屋さんが住んでいることを知り、さっそく手紙で弟子入りを頼んだ。折り返し手書きの地図を添えた達筆の返事が来る。目を通すと中身はかなり厳しそうだった。詳細は忘れたが、要するに「覚悟して来い」ということだ。

秋たけなわの好天の日、外苑東通りを歩いて菅野氏宅にむかう。牛込柳町一帯は、谷間のような地形になっていて、幹線道路の交差点があり、通行量が多く、以前から自動車の排気ガス公害で話題になったところだ。

目あての家は少し高台に建つ古い和風の建物であった。空襲の被害をまぬがれたのであろう。門札には「暗穴・菅野清人」と書かれていた。おずおずと玄関の戸を開けて来訪を告げると、二階から「上がれ！」の大きな声がした。そして、二間つづきの広い畳部屋に通される。奥様が座布団を勧める。もじもじしていると「ほら、座らんか。座布団を使わんと畳が汚れるんだ！」ときた。これには参った。

つづいて「迷わず来たか？」と聞かれ、「はい！」と答えたら「君は頭がワルイな」と、いきなりの挨拶である。「えー、何で」と思ったが、黙っていると「頭のイイ者は地図をいろいろと解釈して迷うんだ。頭のワルイ奴は地図どおりに来るから、大丈夫！」というわけ。

こんな初対面で拍子抜けしたものの、以後は型破りのわいわい調子でガリ切りの手ほどきを受けた。肝要なことは、「自分らしくやれ！」ということのようだった。

しかし、心のなかでは早く上手になって見栄えのいい研究誌にしたいと、想いは急《せ》く。だが、菅野先生は「簡単にいい字が書けるのなら誰でもやる。本物になりたいならゆっくりだ」と言って、一から叩き込まれた。そのうちに、「当面は研究誌のことも大事だが、ここで筆耕技術をきちんと学んでおけば後で役に立つこともあろう」と考え直して、真剣に教えを受けつづけた。

菅野先生はいつも多忙、ピカピカに磨かれた鋼鉄製のガリ板を使って手際よく原版を仕上げる。その見事さを横で見詰めながら手ほどきを受けた。なにぶん当時は謄写印刷大はやりの頃で、筆耕屋は繁盛していた。水道橋駅近くには昭和堂という謄写印刷器具専門店があり、市中からの注文で印刷も引き受けていた。でき上がった冊子は活字印刷とは一味ちがう見事な印刷物だった。大学の生協にもガリ版印刷部があり、後には私自身が菅野教室で得た腕前を認められ、アルバイターとして採用されてもいる。

さて通い詰めるうちに、「この先生、ただの筆耕屋ではなさそうだ」と気づく。しばしば「原稿を模写するだけが筆耕ではない。文面を理解しながら書く。そうすると筆（鉄筆）もスムーズになる。魂を込めろ」などと諭される。自らも江戸趣味をモットーに該博な知識とユーモアたっぷりの機知をたびたび発揮してみせた。ガリ切りもさることながら、ものの見方、考え方についても影響を受けた。

こんなこともあった。初冬の鎌倉見学である。「歴史学徒なら鎌倉の寺社・史跡ぐらい見ておけ」と先生一家のお供をして出かけた。鶴岡八幡宮、長谷観音、露座の大仏と見て歩いたが、その場その場での先生の解説に感動しながら聞き入ったことを思い出す。先生からは何かにつけて「お前は、真面目だが、頭に〇〇がつく。これを捨てろ」と言われつづけた。しかし、親譲りの所為か、このことだけは簡単に脱皮できなかった。

こうして菅野邸に通いながら少し腕の上がったところで研究誌作りにいそしむ。文字は習い立ての明朝風にした。滝口先生が書かれたという題字の「金鈴」の文字も、財布をはたいて買った新品の粗目ガリ板（鑢《やすり》）を使い、上手く書き出すことに成功した。刷りと製本はサークルの学生が手分けして取り組み、待望の研究誌『金鈴』創刊号ができる。大川さん以下、研究室の仲間は完成品を手にして喜んだ。

遠見の考古学

一仕事したな、というところで年末試験になる。テストは教養科目が多く、思考力より記憶力の勝負だったのでわりと楽に乗り切った。そして「頭に〇〇がつく」ほど勉強したことも幸いして転部試験資格を獲得（一専修二名、試験により内一名が転部できる仕組み）、口頭試問と面接を難なくこなしてめでたく合格、新年度を第一文学部（一文）史学科国史専修生として迎えることになった。

結果はとにかく、転部を意識して勉強していたわけでもなく、終わってみたら資格があるというので応募したに過ぎない。面接官だった荻野三七彦《みなひこ》教授からは「君は、成績が二番だから難しいだろう」とも言われていたので発表も見に行かず、友人の知らせで合格を知ったのだが、判明してみれば「こりゃ、春から縁起がいいわい」の感慨がじわりと体を包む。

ただ、親しくした中村君とは別々の学部・学科に属することになり、また、二年目で専門科目が少し増えてきて、私は一文の国史専修、彼は二文の東洋史専修と受ける授業がちがってきたこともあって、会える機会が少なくなる。わずかに共通専門科目の先史地理学と歴史地理学は二人とも受講できたので、週二回程度は会うことができた。

先史地理学は直良信夫先生が担当していた。講義はヨーロッパの後期旧石器時代についてだ。先生の講義ぶりは、じつにていねい。ときどきエピソードを交えたり、参考になる雑誌や本を紹介するなど受講していて退屈しない。したがって、学生の評判が高く、中規模の教室にはいつも百人を超す受講生が詰めかけて満杯状態だった。先生は時間どおりに教室に来て入り口で入室する一人ひとりの学生に挨拶し、終了時にも同じように入り口で「ご苦労様でした」と声をかけられる。これにはまったく恐れ入った。

それに成績評価も大学ではめずらしく、講義を聞き取ったノートの提出を求め、それを採点対象にした。還って来たノートの最後には赤鉛筆で「よくまとめられました。図書館には参考になる本がたくさんあります。紐解いてみて下さい」と書かれているではないか。いたく感激してしまった。

直良先生は、かの「明石原人」の発見者として著名な考古学者であり、島根県とも馴染が深い（奥様の実家が出雲市にあり、晩年はそこで生活している）。また、松本清張作「石の骨」の主人公は直良先生がモデルとされている。大学では長く講師の身分で勤め、私が入学した年に『日本舊石器時代の研究』という大著を早稲田大学考古学研究室報告第二冊として出版した。中村君から勧められ、大枚千円をはたいて買ったが、月の小遣い三千円くらいだったからそうとうこたえた。また、その内容も中村君の解説で目を通してはみたものの理解の程度は怪しい。

その後、先生は一九五六年に『日本古代農業発達史』（さえら書房）を刊行している。この論著で早稲田大学から文学博士の称号を授与され、四年後にようやく教授に昇任された。先生五十八歳の時だった。学歴重視の学問社会では長く不遇な立場に置かれていたわけだが、不屈の学究精神で乗り越えられたのだ。もって銘とすべしだろう。

中村君はたいへんな直良ファンで、商学部の一階にあった先生の研究室によく行っていたらしい。彼は、関東ローム層出土の打製石器について、これを旧石器時代の産物とすることに批判的だった。その理由として「共伴する化石動物相とか植物相が不明だから、いきなりヨーロッパの旧石器と比較するのは問題だ」とよく言っていた。おそらく、直良先生との対話などから学んでいたのではないだろうか。

そんなあるとき、明治大学考古学陳列室に私を連れて行き、ガラスケースのなかに展示されている岩宿遺跡出土の大型打製石器を指差しながら「ほら、先端が磨いてあるだろう」と話してくれたこともある。それが何を意味するのか即座には判断できなかったが、局部磨製石器だと言いたかったのかもしれない。いまでは古くなった話だが。

そういえば直良先生は講義中に、ヨーロッパでは旧人類のネアンデルタール人とクロマニオン人等の新人類とは直接的にはつながらない、と説明していた。その後のネアンデルタール人研究のなりゆきを考えると、押えるべきところを見据えていたのだなと、思い起こしてみる。

歴史地理学は中島健一助教授の講義であった。アジアの水田稲作経営とヨーロッパの畑作経営を比較しながら、異なる近代化への道筋を解き明かそうとしていた。当時としては斬新な研究で興味深いものがあり、中村君も熱心に受講し、ときどき感想を聞かせてくれた。どうやら中島先生の本音は、アジアの有畜水田耕作とヨーロッパの牧畜畑作における経営形態のちがいが前近代共同体の温存か解体かの差異を生むのだ、とすることにあるようだった。

有益だったのは、論証の過程でいわゆる四大文明の考古学的知見を取り上げて解説していたことである。メソポタミアの粘土板文書の話などには惹きつけられた。また、先生お得意の弁証法的なものの見方や考え方の重要性も、この講義で教えられたような気がする。

ところで、この授業の終了後だったと思う。中村君が、いきなり「君、カンパしてくれない」という。そして署名用紙を差し出しながら「大阪のイタスケ古墳という大型前方後円墳が土取り業者に買い取られて壊されそうなんだ。みんなで買い戻そうということになってカンパを集めているところだ」と説明した。[*4]

「えっ、何で壊されるの？」と思ったが、彼の言うことにまちがいはないと即断して百円を出し、サインした。だいぶ後になってだが、古墳は破壊をまぬがれたと聞き、「少しは役に立ったかな」と心の膨らみを覚えた。なにしろ文化財保存運動なるものに与《くみ》する第一歩だったから忘れられない。

さて、学部二年目は急ぎ足に過ぎた。研究室へ赴く機会も少なくなった。意識してサボったわけではない。受講科目が多く、そのうえに苦手の語学が週四コマもある。こなすのが精いっぱいで空き時間がほとんどない。気持ちのもちようもあるのだが、何か忙しい。のんびり土器洗いすることなどは忘れかけていた。

やがて授業が後期に移り、少し余裕も感じられるようになった中秋の頃、久しぶりに研究室を訪ねた。室内では西村先生が見慣れない学生に指示している。大川さん、玉口さんも何事か言い合いながら忙しそうだ。どうやら新宿区の落合遺跡を発掘するというので、その準備が慌ただしく進められているところだった。

入り口の扉には例によって「参加者募集」とある。折角の機会だと思って名乗りでようとしたが、今回も、一般参加者としてなら発掘に加わってもいい、とのこと。滝口・西村両先生の授業を受けている学生は調査員として、参加すれば授業への出席扱いになる。一般参加者とは要するに、私のように研究室に出入りしていても未熟者は調査員にはなれません、という話だ。また、新参者かと少し恨めしくも思ったが、数少ないチャンスである。受講生ではなくても「許されるのなら行ってみるか」となった。

西武新宿線の中井駅から歩く。遺跡は目白学園という女学校の敷地内で、発掘場所は校庭の脇にあった。中村君たち調査員は地形測量や平板測量に従事する。笑顔で雑談しながら調査を楽しんでいるふうだった。

私は「考古学の何たるか」にほとんど関心もなさそうな男子学生と一緒にトレンチ掘り。ときおり土器が見つかると考古学サークルの幹部を呼ぶ。やって来た幹部殿は、「どれどれ」と言いながらしゃがみ込んで移植ゴテで細かく土を取り除き、土器の周囲を広く平らにしていく。やがて黒ずんだ土層があらわれた。幹部殿が「住居址だ！」と声を上げると他の幹部も慌てて集まって来た。もちろん中村君も。

そして告げる。「みなさんは、ここはもういいですから別のところを掘ってください」と追い払う。しばらくしてそっと引き返してみると、何人かで住居の床を掘り出していた。どうやら縄文時代の円形住居が検出されたようだった。せっかく面白くなってきたというのに、トレンチの荒掘りが終わると土木作業員の仕事はなくなるか、と無念の想いで立ちつくす。幹部諸君は住居址の測量に余念がない。「あの測量機械に一度は触ってみたいもんだ」とうらやましい気持ちを抱きながら遺跡から引き揚げた。

かくて久しく離れていた肉体労働で疲れる。下宿の畳に横たわり今日の作業を思い返す。考古学を勉強したいとは考えるが、先は見通せない。直良先生や中島先生の話も遠い彼方にある。何かを発掘して掘り出したものをこの手とこの頭を使って探究することは想像するのも難しい。いまの自分は「好古」学生に過ぎないのではないか、根無し草の考古学生ではないか等々考えているうちに眠ってしまった。

3

和島誠一先生との出会い

地下研究室から追放される

頃はもう晩秋だった。不遇をかこちながらも研究室へはときどき顔を出していた。そこでまた大川さんにつかまる。「田中君、東京で考古学講座を開設している大学が集まって、親善の野球大会をやることになった。ついてはメンバーを集めて準備してくれ」のお達しだ。突然のことで「はあ……?」だったが、逆らえない。考古学は駄目でも他に役に立つ仕事があるならそれでもいい、となかば観念して引き受ける。大の野球好きでもあったから。

急いでチームの編成を考える。大川さんからは、氏の眼鏡にかなった数人の教育学部生の紹介を受けた。そして、「君、ピッチャーがいないんだ。探してよ」と付け加えられる。この命令には素直に従った。というのは、同じ国史専修クラスにお目あての候補がいることを知っていたからだ。

その投手候補の名前はＫ君。群馬県伊勢崎市の出身で、見るからに精悍なスポーツマンタイプの身体つきの御仁だった。実家が米問屋を営んでいるというから、手伝いで体が鍛えられたのだろうか。空き時間にクラス仲間とキャッチボールやソフトボールをしていたが、投げ方も堂に入ったものだった。

さっそく交渉に入る。事情を話して「昼飯を出すから投げてくれないか」と頼んだ。すると「飯食わせるのか、いいよ」の二つ返事で快諾してくれた。先述の洗面器飯の話ではないが、下宿生の多くが空腹を抱えている。Ｋ君も同じだった。捕手は私がやると決めていたのでバッテリーはそろう。それからは研究室脇の空地で少し練習して大会に備えた。だが、九人そろって実戦形式の練習はできなかった。メンバーがそろわないし、場所もない。親善野球だから勝ち負けにこだわらなくてもと最初から諦めの心境だ。

寒さが身にこたえはじめた晩秋の日曜日、一同は大川さんを先頭にあり合せの道具を持ち、運動着姿で会場の明治大学和泉校舎のグラウンドへ出かけた。すでに主催者役の明大考古学関係者が集まって設営にいそしんでいる。たしかそのリーダーは大塚初重さん（当時は助手）だったと記憶する。

開会式につづいて一回戦が始まる。わが早大軍は明大チームと当たることになった。ここで目が丸くなった。なんと相手投手は飯田長姫《おさひめ》高校のエースだった坂本明美だ。ビシッとユニホームに身を固めた本格的な出で立ちである。飯田長姫といえば一九五四年春、選抜高校野球大会で準優勝している。投手の光沢毅は小さな大投手として評判になった。坂本はこの大投手の後学年でマウンドに立っていたと言う。

果たせるかな球は速いし、変化球も鋭い。ほとんどが草野球育ちのわがチームは三振の山を築くほかはなかった。K君が長打を一本見舞って何とか一点は取った。しかし、明治のほうが二枚も三枚も上手。二点先行され、さらにはスクイズも許し、三対一の敗戦となった。

雇い投手のK君は不満だった。彼の球も伸びのある重いもので、明治の諸君は打ちあぐんでいたが、にわか仕立てのど素人守備陣がエラーを頻発する。これでは試合にならないのだ。「すまん、すまん」と謝りながら機嫌を取り直してもらい、約束どおり京王線明大前駅近くの蕎麦屋で昼食をとった。参加学生全員が食事にあずかったので、胴元の大川さんの財布はさぞや軽くなったことだろう。[*5]

それからしばらくしてからだった。突然、たいへんな事態が起こる。私にはまったく寝耳に水だったが、考古学サークルの存亡に関わるような大事だった。全員集合の声がかかり、八号館地下研究室に出入りする者のほとんどが顔をそろえる。久保、川村の両院生も同席した。

話し合いの初っ端から、大川さんが怒りの形相で「学生のサークルは解散だ！　文学部の諸君は出て行け」といった意味の言葉を発した。文学部の先輩幹部が理由を糾しても、「駄目だ！」と受け付けない。それでもサークルは学生が自主的につくり、運営してきたのだから、いくら大川副手が研究室の管理責任者だとしても、独断で「解散せよ」などと言うのはおかしい。撤回してほしいと必死に食い下がったが、そこまでだった。

ここで中村君がめずらしく怒る。「このなかには山内清男《やまのうちすがお》先生に、（自分が「左翼学生」だなどと）告げ口した者がいる。卑怯ではないか！」と、初めて聞く激しい言葉。どうやら怒りの鉾先は西村助教授らしかったが、当人はぷいと横をむいたままの素知らぬ風。

中村君の口から出た山内清男先生といえば、音に聞こえた縄文土器研究の大御所。東大理学部人類学教室に居座り、複雑多様な縄文土器研究の大道を開拓して名声を馳せていた。その教えを乞うために、多数の縄文土器研究者が訪れていたようだ。中村君もその一人であった。しかし、この大先生は「アナーキスト」だったので右翼も左翼も大嫌い。おまけに相当気短かな性格だったらしく、中村君のように破門宣告を受け、出入りを禁止された研究者も少なくない、と聞いた。

さて中村君の怒りはともかくとして、いったい全体、何が原因でこうなったのか、駆け出し者にはさっぱりわからない。場の雰囲気は、どうやら文学部の左翼学生はごめんだ、ということらしい。もともと八号館地下のこの研究室は教育学部教授滝口宏氏が中心となって開設したもののようで、言ってみれば大川副手は部屋を預かる番頭役だった。そこへ文学部の考古学志望者がお世話になるというような形だったのかもしれない。

当時、滝口教授は学生部長の要職にあり、いわゆる左翼学生と対峙する関係にあった。何かの集会に誘われて参加した際、友人が「後ろに滝口がいる。気をつけろ」と言っていたことも記憶にある。学内では文学部は左翼の巣窟とみなされてもいた。大川さんも滝口先生の片腕よろしく、確信的な左翼嫌いで、そのことは日頃の言動からも察せられていた。

ときおり、つぶやくように「久保哲と川村が扇動しているのだ」と言っているのを小耳にはさんだことがあった。久保哲三氏と川村喜一氏のことである。「大事」の背景にそうした対立のあることはある程度理解できてはいたが、直接のきっかけが何事であるかはわからず仕舞い。ただ、夏休み以後、研究室で中村君やサークル幹部の文学部先輩と出会うことがほとんどなくなっていた。私自身はときどきの出入りだったのでとくに疑問も感じなかったが、私の知らないところで思いもよらないことが起こっていたのだった。

ともあれ先鋭化した政治上の対立の動きが大学の研究室のあり方にまで影響する、そんな世相だったのである。しかし、おのれが左翼学生というような自覚はさらさらない。と思いつつも、私とて一介の文学部生だ。同じ穴のむじなと見られても仕方のない立ち位置にあることは否定できない。結局、われわれ文学部生は八号館地下研究室から追放される身となってしまう。なりゆきで中村君とは疎遠になる。考古学をもっと勉強しようとはしたが、まだまだ経験が浅く熱の込め方も半端ではいかんともしがたい。

あらためてここで本気度をしっかり高めて考古学の道を進むことも考える。しかし文学部には考古学の講座も専門科目もない。頼りの中村君に会える機会も乏しい。やっぱり無理かなあと思うと、またまた志は近世農民研究に移りそうな形勢に傾いてくる。二年生も終わりが近づいている、というのに。

逡巡しながらもはたと思いつくことがあった。そうだ、哲学の樫山欽四郎先生（女優樫山文枝さんの尊父）が言っていた。「哲学を三〇年研究してきた。それで、『何がわかったか』というと『何もわからない』ということがわかった」と。もってまわったような語りだが、ピンとくるものがある。

何事かがどこまで理解できるようになったか、詰めて考えると何もない。考古学もはるか彼方に遠ざかり、虚ろになりかける。止めるか、と思案もするが、いやいやつづけたほうがいいという気持ちもぬぐい切れない。ふと気がつくと外は春めいていた。

和島誠一先生を訪ねて

大学の春休みは長い。出かけるあてもなく下宿でごろごろしていても始まらないし、無駄な出費にもなる。さっさと帰郷するが得策だ、とばかりに部屋の片づけを始めた。つぎに汚れ物を洗濯すれば「これでよし！」、後は学割を発行してもらって帰りの切符を買うことに決める。ばたばたと部屋を掃き、洗い場で冷たい水道水に悩まされながら洗濯していたときだった。玄関の戸ががらっと開いて、「田中君はいますか」の聞き慣れた声が響く。中村君だった。

思いも寄らぬ来訪に驚きながら、「やあ、久しぶり」と応じるも、例によって彼は無愛想に立っている。「これやってしまうから、部屋に入っていてくれる」と洗濯をつづけた。そして、急ぎすすぎして絞り、洗面器に詰め込んで部屋に運ぶ。「待たせてすまない」と言いながら腰を下ろした。すると彼がいきなり切り出した。「君、考古学をやるならいい先生を紹介するから出かけないか」と。

これは二度目の考古学勧誘だったが、今度は決定的な声かけになる。このとき、彼が「いい先生」についてどんな説明をしたのかは覚えていない。しかし、腹を固めて「田中君を連れ出すのだ」と意気込んでやって来たことは十分察せられた。考古学への未練を懐にしたままで、気分転換とばかり帰郷にむけて走り出していたわが心は安直ながら一転する。中村君の情熱と友情が、私をまたまた考古学の軌道に引き戻すことになったのである。

急ぎ支度をして下宿を出る。春先の冷たい風が吹きまくり、街路の柳が大きく揺れていた。戸塚通りを西に歩き、高田馬場駅前のガードを抜けたところで左折して山手線沿いを南へむかう。にわかづくりの道路は砂利敷きで、線路の反対側は関東ローム層の赤土面が剝き出しになっていた。台地上は広い更地になり、吹き付ける風で黄色の土埃が一面に舞い上がり、太陽が薄茶色に照る。手で顔をおおいながら前かがみで進む。

いつもながら中村君の足は速い。息を切らせながら後を追う。しばらく歩いてバラックのような平屋の都営住宅のなかを通り抜ける。前方に森が見えてきた。近づくと頑丈な鉄柵があり、通路の部分も鉄製の門扉になっていた。押し開けてなかに入る。鬱蒼とした木々のあいだにいくつかの建物が道路左手に通りに直交して並んでいた。

真ん中の建物はコンクリートの三階建てだが、他は長屋風の平屋である。聞けばそこにはいくつかの研究室が置かれているとのこと。建物全体はもともと帝国陸軍の毒ガス研究所だったというから何やら不気味な感じもする。中央の高い建物の玄関脇壁に「資源科学研究所」（資源研）と明示した薄黒い表札が目に止まる。研究所の本館らしい。館内の通路を通り、抜けて裏に出る。目の前に平屋の建物があり、この一角に「いい先生」の研究室があった。和島誠一先生の部屋だった。

さて、ここまで「いい先生」とだけ聞いてきたのだが、その人物が和島誠一だと、どの時点で知りえたのかは、いまとなってははっきりしない。下宿での話の際にすでに紹介されていたのか、研究所に着いたときに教えられたのかは定かでないのだ。ただ、これまでに考古学者和島誠一を知る機会はあった。その機会の一つは、入学した年の学園祭で映画『月の輪古墳』を鑑賞したことだ。

古墳発掘の映画だから見ておかねばと思ったのは無論だ。そのうえ、この映画の推薦を時の文部大臣大達茂雄が拒否したということも気になっていたので、万難を排して会場の大隈講堂に駆けつけた。大達大臣は戦後にA級戦犯に指定されたほどの超保守政治家であった。

出身地は島根県浜田市だ。そのことを知り、「わが郷土出身の大臣が名画拒否とはなんたることか」と、心中の怒りも手伝って上映に参じたのであった。

見終えてうわさどおりの感動的な映画だったことはいうまでもない。だが、映画に和島先生が出演しているとは知らないままだった。とすると、考えられるのは河出書房から出版された『日本考古学講座1　考古学研究法』である。

この本は、中村君から紹介されて生協の図書部で買い、読み込んではいた。そして、「集落址」の項を執筆した人物が和島誠一だということはわかってはいた。しかし、経歴等についての知識はほとんど持ち合わせていなかったし、関心も薄かった。そんな状態のままに和島誠一先生の研究室を訪ねるのだと言う。中村君のこの誘いになんのためらいもなく従ったことはまぎれもない事実だが、和島先生の学問や研究姿勢に憧れてのことでなかったことはたしかだった。無知を恥じるばかりだが……。

乾いたコンクリートの廊下を進む。「ここだよ」と中村君が扉を指した。塗装の剝げた扉の下のほうに小さく「OPEN」と書いてある。開けると奥のほうから白衣姿で眼鏡をかけた禿げ頭のおじさんが出てきて、「やあ、いらっしゃい」の軽いかけ声。中村君は「田中君です」と簡単に紹介した。

私は一瞬ためらった。学者先生だから背広、ネクタイに口髭でも生やし、厳とした風格のある姿で書物を読んでいる、そんな風景を想像していたのだ。だからこの禿げ頭のおじさんは古参の助手か手伝いの研究者だろう、本物の和島先生は別のところにいるのではないかとも思ったが、あに図らんやだ。目の前の禿げおじさんこそ和島誠一先生その人であったから驚く。権威主義的な学者イメージがまったく感じられない。どう見ても愛想のいい一市井人としか見えなかったのだ。じつはこの人柄こそが先生の真骨頂であることは、以後だんだんにわかっていく。

腰かけるように言われ、おそるおそる粗末な長椅子に座った。先生からは「田中君は何を勉強したいのかね」とたずねられる。大先生に御目通りできておたおたしているときに不意を衝かれた。もぞもぞしながら心に浮かび出たのは故郷益田の古墳である。とっさに「古墳でも」と自信なさそうに答えた。すると先生は古びた本のぎっしり詰まった棚を指差し、「あそこに古墳関係の本があるから、調べてみたまえ」、「そうだな、斎藤忠さんの本がいいかな」と中村君に同意を求められる。

「そうですね」と中村君が応じた。どうやら私のことは彼を通じてかなりのことが伝わっているらしい様子だ。「あの上のほうにある本だよ」と中村君に促され、踏み台に上って斎藤忠著『日本古墳文化資料綜覧』二分冊（吉川弘文館）を取り出した。文献編と遺跡編の二冊だったと思う。開くとガリ刷りの小さい文字がぎっしり。圧倒されてしまった。

中村君は「そのなかの島根県のところを出してみたら」と教えてくれる。教示にしたがって二冊の本から必要な情報を取り出し、メモした。出雲の古墳については分量が多い。書き

和島誠一先生（資源科学研究所の研究室にて、1960 年代中頃）

取っていくと後のほうには益田の古墳のことも載っていてしだいに心が弾んだ。

それにしても、あの八号館地下室で経験した土器洗い修行からの入門とはえらいちがいだった。ただ、落ち着いて考えてみて「これだ」と言えるような、はっきりとした気づきがあるわけでもないのに、どうやら考古学の第二の扉を開いたのかなといった感じになっていた。

こうして和島研究室に半日ばかり在室して失礼する。外は少し長くなった陽も暮れかかり、研究所前の通りは木々の陰で薄暗くなっていた。ふたたび歩いて鶴巻町の下宿を目指したが、何か初々しい気分で足どりは軽かった。

千客万来、「考古梁山泊」

学部三年目を迎える。妹が大学に入学したので、引っ越して板橋で一緒に間借り生活をすることになった。通学は、赤羽線板橋駅から池袋乗り換えで山手線高田馬場駅へ、そこから徒歩かバスを利用する。大学から資源科学研究所（資源研）の和島研究室へは、中村君に連れられて行ったあの道を通って行った。直接行くときは山手線新大久保駅から歩いた。

研究室では和島先生と教え子で助手役を務める岩本義雄さんが常駐していた。そこへじつにさまざまな人たちがやって来る。私もその一人だったわけだが、ここでも相変わらずの新参者だった。しかし決定的にちがうことがあった。それは未熟者ではあっても考古学を志す一個の人格保持者として扱われたことだ。

まずは研究室を本拠にして活動する「武蔵地方史研究会（武研）」へ入会する。主力メンバーは岡本勇、甘粕健、岡田清子の各氏、中村君も常連の会員だった。さらには、早大文学部の先輩たちが加わっていた。前年に行われた横浜市南堀貝塚の発掘に参加していたことも聞かされる。このことが八号館の追放劇に直結していることは後に知ったが、とにかく革新的な雰囲気に包まれた研究団体に属していることがばれたら、あの左翼嫌いの大川副手が理屈抜きで怒るのも、当否は別にしてやむをえないだろう、と思われた。

武研の代表者と目されるのは岡本勇さんだ。堀之内貝塚の調査において明治大学考古学徒の先頭に立ち、貝塚の全体測量図を作成するなど旺盛な指導的役割を果たしていた。南堀貝塚の発掘でも和島先生を助けて調査団のリーダーとして成功に導いた、と教えられる。あの堀之内貝塚で勇姿を拝見したことが思い出された。

また、ときおりのっそりとあらわれる市原壽文さんは、和島先生が東洋大学で教えていた頃の一番弟子のようだった。縄文時代の研究者として研鑽を積み、岡本さん同様、南堀貝塚で活躍した人だと聞く。すでに静岡大学に赴任していて、しょっちゅう見かけることはなかった。

参加当時の武研では、二つのことをテーマにして毎週勉強会を開いていた。その一つは武蔵国の範囲を対象にした古墳時代研究であった。武研の事務局をあずかる甘粕さんや岡田さんがリードしていた。

もう一つは時代区分に関するものだった。ソビエトの古代史家M・O・コスベンの「原始歴史の時代区分を論ずる」という文献を読みながらの討論である。岡田さんが邦訳をきれいにガリ切りしてレジュメをつくり、中村君と岩本さんが解説し、討論のまとめ役を果たしていた。二人は、当時世界の歴史研究に強い影響をおよぼしつつあったソビエト史学界の考古学に強い関心をもち、ロシア語を学びながら刊行物を熱心に読み込んでいた。

私はいきなりの参加だから、要領がつかめないばかりか話の内容すらもわからないことが多い。討論中に奴隷制という言葉がしばしば行き交っていたことは少し覚えてはいる。それでも、とにかくレジュメをよく読み、几帳面にメモを取りながら研究仲間としての位置を保てるよう努力しつづけた。

勉強会にはときどき和島先生が加わり、とくに時代区分論の討議の際、あれこれと抽象的な発言に終始するような雰囲気になった場合に、「それは日本の事実に照らして判断したほうがいいのではないか」と、たしなめるように言っていたのが印象に残っている。

甘粕さんを中心とする武蔵地方の古墳時代研究は、どうやら多摩川下流域の古墳と埼玉県の埼玉古墳群や荒川上流の川越・松山方面の古墳のあり方を比較検討しているようであった。後には、『日本書紀』「安閑紀」に出てくる「武蔵国の国造争い」物語と関連づけて考えることができる、という結論に行き着いたようで、そのあたりに話題が集中していた。

そんな関係からあるとき、明治大学の考古学研究室が田園調布の古墳群を発掘していると の情報に接し、甘粕さんのお供をして現地を訪ねる。横穴式石室の古墳を梅澤重昭さんが調査しており、師の後藤守一先生が背広姿で墳丘の上に立って指導していた。現《うつ》し身の後藤先生の姿に接したのはこのときが初めてだったのでいまでも忘れられない。

調査中の古墳のすぐ脇には亀甲山《きっこうやま》古墳があり、ついでに見学する。この古墳は東横線の電車の窓からも見える大型前方後円墳で、これより少し西にあった蓬莱山古墳（前方後円墳）とともに荏原《えばら》古墳群の主要な古墳と教えられていた。また、古墳群中の観音塚古墳（小型の前方後円墳、横穴式石室）は和島先生が市原さんらと調査している。*6 石室の奥の右隅に鉄製の刀が立てかけてあり、先生から「これは鬼門のお祓いだ」との説明を受けた。あるいはめずらしい玉纏大刀《たままきのたち》の埴輪が出土した話も記憶にある。小型ながら内容豊富な古墳だった。

居並ぶ古墳群の丘に立って広い多摩川デルタの対岸を見詰めながら、甘粕さんの説明に耳を傾ける。むこうの慶応大学のある日吉《ひよし》台地には観音松古墳や白山古墳といった大型の前方後円墳があり、これらは荏原《えばら》古墳群とともに四世紀後半から五世紀にかけて多摩川下流域一帯を広く治めていた国造小熊《おくま》一族の奥津城だろうとのことだ。遺跡を目のあたりにしながら考古学で古代史を語るのか、と興味津々になる。

さて、研究室でこんなことがあった。めずらしく背広を着込み、ネクタイを締めた岡本勇さんが部屋に入ってきた。見ると小脇に長く太い巻物を抱えている。先生と簡単な挨拶を交わすと「できました」と言って、テーブルの上に巻物を解いて広げた。見事にトレースされた南堀貝塚の住居址の図面だった。

先生は「おう！」といって感歎する。私も「凄いなあ」と驚き見入った。いつか、こんな具合に書けるようになるのだろうか、と思う。製図用具の烏口や丸ペンを上手に使って浄書していた時代である。図面に記された事象の理解もさることながら手先の器用さが問われるような仕事であった。

岡山大学の近藤義郎氏が「わしの弟子」だ、と言っていた今井堯《たかし》さんも武研の有力メンバーだった。なんでも和島先生を頼って上京し、東大生協の食堂で働きながら考古学を勉強したのだと聞いた。思い出すのは、その今井さんが故郷岡山のある町の教育委員会に就職することになり、研究室で送別会が開かれたときのことである。

アルコールがまわってそれぞれが離別を惜しみながら歌いだす。今井さんは北朝鮮の若者の歌「イムジン河」を、心を込めて歌った。そして、終わりに「東京に来てこんな経験はなかったが」としみじみ語った。花の東京に出て、苦労して考古学を学んだ。しかし、恋人の一人もできずに去る無念さが伝わる。破天荒な人だったなあ、と思い返す。

とにかく、和島研究室にはさまざまな人が出入りしていた。大川副手から「考古学研究室の左翼頭目」とレッテルを貼られていた久保さんがあらわれたり、明治大学の戸沢充則さんにも出会った。そう、結成間もない下総考古学研究会の高橋良治さんや塚田光さんらともよく顔を合わせた。塚田さんは家業の印刷屋を手伝っていた。そのつてで購入した印刷用の極細の籤《ひご》材を使ってマーコ（真弧ともいう。出土品の形をとる道具）を作ったこともある。塚田さんは文化財保存についても一家言あり、よく議論したことが忘れられない。

それ以上にびっくりしたのは、先の野球大会で明治チームと対戦したとき、スクイズで一点を失ったのだが、その際、三塁走者になっていて猛烈な勢いで本塁に滑り込んで来たのが塚田さんだった、と本人から聞かされたことである。タイミングはアウトだったのに、私が落球してセーフとなり、加点を許す結果になった。話していくうちに「そうだったのか」と互いにうなずき合う。親近感が急に増した。

さらに、こんなこともいく度かあった。東京で日本考古学協会の総会開催のおりなどに、「えっ！」と思うような人も顔を出す。森浩一氏が来室して氏独自の保存運動論をぶちまけたのもその一コマである。森氏は、市民が参加する遺跡保存運動にはあまり期待を寄せず、もっぱら研究者主体の活動の重要性と意義を力説していたように記憶する。「あんたら、市民、市民というけれど、一人やないか」と吐き捨てるように言い放っていた。

大阪の第二阪和道建設による池上曽根遺跡等の保存運動を批判した言辞である。「一人」の市民というのは長くこの遺跡の重要性を訴えつづけてきた南繁則翁のことらしかった。建設省は、大阪万博に間に合わせようと道路開通を急ぎ、呼応した大阪府教育員会は遺跡の事前調査に踏み切ろうとしていた。平城宮跡以後の重要な遺跡保存問題として考古学の諸学会が関与を模索していたが、事態は急を告げつつあり、和島先生、武研有志も緊張した雰囲気の最中であった、と思い返す。

ところで、珍客といっては失礼かもしれないが、こんなこともあった。和島先生はめずらしく懸命に原稿用紙とむき合い何か急ぎの原稿を書いている。私は古びた達磨ストーブに石炭を投げ込みながら中村君とだべっていた。ストーブの上に置かれた金網には餅が数個のっていて焼けるいい匂いが立ち込めてくる、そのときだった。入り口の戸ががたがたと音を立てた。来客だ、二人とも腰を浮かせた。

「ごめんください」と少々甲高い声で入室の挨拶だ。見ると三笠宮が女性の秘書をともなってあらわれた。一瞬、直立、不動はどうだったか忘れたが、とにかく驚いた。和島先生は、とくに慌てた様子もなく、「よくいらっしゃいました。まだ、できていないんですよ」と普通に挨拶する。

その先どんな会話があったかは、残念ながら記憶にないけれども、どうやら宮様は原稿を受け取りに来訪したことは理解できた。そして、脇で聞いていると光文社のカッパブックスの一冊として『日本のあけぼの』という本を出版することになり、和島先生は「考古学からみた日本のあけぼの」と題して一文を書く約束になっていたようである。

宮様と秘書の女性は、われわれと同じ長椅子に座って話している。その内容の大筋では、来る二月十一日の建国記念の日までに刊行したいらしく、たいへん急いでいる風だった。それにしても、旧「紀元節」の復活には批判的な三笠宮が編集者で、右翼の脅しにも屈せず、科学的な古代史研究の成果を一般むけの本として出すというのだから敬服する。

話が行き交うあいだに餅が焼き上がり、大きく膨らんでくる。宮様の前で、中村君とむしゃむしゃ食べるのもはばかるので、「おひとついかがですか」と声をかけた。すると、また頭の先から飛び出るような声で「いや、いや」とていねいに断られる。困った！　そのうち餅は真っ黒に焼け焦げて口にすることはできなかった。

しばらくして、宮様は原稿持ち帰りが無理とわかったらしく、先生に早く書き上げてくれるよう言い残してご退出。緊張した。なにしろ「天皇陛下万歳」一辺倒の時代を過ごしたわれわれだった。宮様など、遠い世界の人だと信じ切っていたのだ。実質の滞在時間は二十分程度であったかもしれないが、かなり長く感じられたひと時ではあった。

和島先生と早稲田大学時代の同級生だった井上晃先生もよく訪れられた。母校早稲田で東洋史の教授を務められていた。独特な話しぶりもさることながら、関東大震災の時に倒壊した自宅建物の下敷きになり危うく一命を失うところだったとか、大学時代の同輩に俳優森繁の奥さんになった女性がいて、「もじゃ子」という渾名《あだな》で呼んでいたとか、思わず聞き耳を立てたくなるような話を懐かしそうに語っていたことを思い出す。

とにかく、いろんな人が頻繁に出入りする。いうなれば千客万来の考古梁山泊とでも言える、そんな研究室だった。ここでも新参者の私は、こうした雰囲気から考古学の問題状況とか社会の動きなどに触れる機会が多くなり、いわゆる耳学問が身につく。しだいに考古学の本当の面白さがわかってくるようでもあった。

第2章

本番の舞台に立つ

1

考古学への瀬踏み

いざ見参！　王子亀山遺跡

こうして和島研究室に顔を出す機会がしだいに増える。自然と考古学に関する情報がさまざま耳に入るようになった。その情報の一つとして、北区にある王子亀山遺跡が発掘されていることを甘粕さんから教えられ、参加を勧められる。「東大の後輩の田村晃一君が掘っている。君が住んでいる板橋からは遠くないから行ってみたら」と。そして「田村君は坊主頭だからすぐわかるよ」とも付け加えた。[*1]

さっそく出かけた。板橋の家から下駄ばき姿で遺跡を目指す。手には筆記用具と運動靴を持ち、赤羽線の踏切を越え、滝野川から荒川低地を見下ろす台地の崖面近くまで歩いた。やがて道の左側に、甘粕さん手書きの地図に記された中学校があらわれ、その反対側の空き地にはぽこぽことした盛り土の小山が見える。「ここだな」と確認してなかに入った。

するとむこうのほうでタオルを鉢巻にした坊主頭の人がのそりのそりと動いている。空色の作業服にサンダルを履き、一人で測量しているのだ。甘粕さんの教えどおりで、田村晃一さんとすぐわかる。挨拶したら「君が田中君か、いいところに来てくれた」と歓迎され、言い終わるや「君ね、悪いけどこの赤白棒をしるしのあるところに立ててくれない。そしてね、巻尺の端を棒の下のほうにくっつけてよ」と指示をやさしく下した。

ゆっくり見渡すと円みのある竪穴住居址の壁の上の角に釘のようなものが等間隔に打ち込まれている。測量のポイントだ。田村さんは平板測量を一人で進めていたのだ。アリダート(平板測量器)をのぞいては釘の位置を捉え、巻尺の端をその釘に引っかけて平板下の原点杭までテープを延ばし距離を読む、これを繰り返していたわけだ。

そのように何とも手間のかかることをやっていたので私が訪れたことを大いに喜んだ様子だった。それからは私がポールという赤白の棒を巻尺にそえて釘の上に立てる。田村さんは測点を見定めると「いいよ」の合図をしながら距離を測った。こうして作業は一気にはかどる。「君、助かったよ」と感謝される。一度は経験してみたいと願望していたことがいとも簡単に実現して拍子抜けした。

一息ついたところで田村さんから住居址の年代や出土した土器のことなどもうかがう。あまり仕事をしたとも思われぬうちに昼になり、「食事に行こう」と誘われた。蕎麦屋に入る。田村さんは常連らしく慣れたかけ声で冷麦《ひやむぎ》を注文した。私もつられて冷麦を頼む。「へい、おまち！」とテーブルに置かれた膳には、氷水に浸された白い細めの麺入りのどんぶりとたれを入れた猪口《ちょこ》、それに薬味皿が載っていた。

田村さんはゆっくり麺をたれにつけながら、「僕はこれが大好きなんだよ」と美味しそうに食べる。うなずきながら私も箸を動かした。たしかに美味しい。白い麺のなかに赤いさくらんぼが一個浮かんでいたのが印象的だった。それにしても、考古学の先輩とこのような形で親しく食事ができる。想像もしていなかっただけに感動ものである。

午後になると「田中君、アリダートをのぞいてくれる」と言われた。一瞬、「えっ！」になる。ポール持ちから一挙に測量器を扱うのだ。びっくりだった。そこで図の書き方や三角スケールの使い方をていねいに教わる。これまた念願達成で心中満たされるものがあった。田村さんはポールと巻尺を持って急ぎ足で移動しながらわかりやすい口調で指示を出す。こうして夕方までには一棟の住居址の平面図ができあがった。「やったぞ」と達成感が湧き、気分は上々。「やればできる」のだと感じた。

王子亀山遺跡には何日も通う。日曜日になると見学者や考古学研究者がやって来た。私はトレンチ掘りを頼まれて懸命に移植ゴテを動かす。落合遺跡のときとはちがって遺構を調べるのだ。さくさくした黒い土のなかから焼け土の塊が出る。炉跡かな、と考えたが、まわりの土は軟らかく火熱のおよんだ形跡はない。焼土塊の混入と判断してさらに掘り下げていきつつあったときだった。

東京教育大生の西野元さんが飛び込んできて「これ張り床だよ」と叫び、「市原さん、見てくださいよ」と懇願するような声を張り上げた。顔を上げるとコートを羽織った市原さんがトレンチ脇に立っている。そして、ゆっくり腰を低くしてトレンチ内をのぞき、問題の焼土を見つめた。西野さんは何か指摘して欲しそうだったが、市原さんは無言のまま別の場所に移動していった。

西野さんはぶつぶつ言いながら私を押し退けて移植ゴテで焼土の周囲を探る。とすぐに諦めて退散し、遺跡からも早々に引き揚げたらしく姿が見えなくなる。私は確信していた。「住居の床面、それも炉の付近だとすればもっと硬いはずだし、光沢もある」と。脳裏には益田の家の土間を思い浮かべていた。黒褐色の面は人の頻繁な出入りで堅く締まり、滑りやすいのでときどき削って凸凹にする。そんなものだと思い込んでいたのだ。

昼前には和島先生がやって来てトレンチに入り、自ら移植ゴテを手にして焼土塊と張り床なるものを確かめる。そして、「炉跡なら周囲がもう少し変色するだろう」と言い残し、流行の労働歌を口ずさみながら他の住居址の巡見に行ってしまった。先生は、王子亀山遺跡調査の責任者になっていたので、調査全体を点検する必要があったのだろう。

西野さんのこだわりはこの遺跡から出土する古式土師器《はじき》にあった。その頃、南関東地方では弥生土器の最新型式は前野町式土器とされ、つづく古墳時代の土器すなわち土師器の最古型式は和泉式土器とする見方が広がっていた。いずれも杉原荘介明大教授が提唱した土器編年によるものである。私も『日本考古学講座5　古墳文化』（河出書房、一九五五年）を読み、多少のことは頭のなかにあった。

ところが、研究が進むにつれて弥生土器としての前野町式と土師器の和泉式のあいだには、さらに土師器の一型式の存在することが知られるようになり、これをプレ和泉式とか五領式と呼ぶ研究者が増えつつあった。彼もこの型式の土器を探究し、卒業論文に仕立てるために資料を渉猟していたのだ。

そして、王子亀山遺跡からはプレ和泉式が発見されていたので、その出土状態を確かめるために熱心に通っていたらしい。私が担当していたトレンチでは、さくさくの黒土の下層に前野町式土器をともなう住居址があったようで、問題の黒土と焼土塊が張り床の炉跡と定まれば、前野町期かそれ以後の住居址が存在したことになるし、その住居址から万一プレ和泉式が発見されたら層位的に古墳時代初期の土器型式としての位置が確定して、万々歳となる。それだけに期待は大きかったのだろう。

だから、内心は「こんな張り床もわからんような奴に掘らせて」と、怒っていたのかもしれない。しかし、私とて初心者ではあっても土間の手応えや火熱の残り方ぐらいは判断できるぞ、と負けん気が湧く。それに、ここに何日も通って来ているのだ、という自負もあった。後に市原さんと先生がどう思ったかは聞いてはいない。問うまでもないことだ、まちがっていないのだから、と自分に言い聞かせていた。

ちなみに、西野さんも武研の会員だった。一九五七年二月頃の研究会で卒論に取り上げたプレ和泉式ないし五領式土器についてまとめた結果を発表している。氏は、言われるところの土器群が一型式として成り立つことには自信を示していたが、前後の型式との関係や層位学的な把握には苦労していたように記憶する。

歴史学と考古学の風

こうして発掘が面白くなると授業のほうは手抜きがちになる。三年目で専門科目が急に多くなり、語学の授業もある。下調べしないと安心して授業に出られない。そうは考えながらも予習なしで出席したのが仇になった。国史演習Ｉという授業のことである。テキストは九条兼実《かねざね》の日記『玉葉《ぎよくよう》』。源頼朝の鎌倉政権に関わる重要文書で、これを訓み下して解説することがレポーターに課されていた。

じつはこの課題がなかなか手強い。指名されることを心配しながら無防備で受講したのだが運のつきだった。見事に指名されて右往左往の汗顔。担当の荻野三七彦教授から、ぼろ糞に言われて面目丸つぶれになる。以後は再履修の恐怖を感じながら予習し、真面目に出席して最低評価ながらかろうじて単位はもらった。

かりにも歴史学の専攻生だし、こんな様で日本史学を学んだというにはあまりにも恥ずかしい。そこで最終学年ではあったが、四年次に共通専門科目の古文書学を履修することにした。担当の荻野教授へのリベンジの気持ちがなかったといえば嘘になるだろう。

この授業でも写真撮影の中世文書で鍛えられる。今度は事前に一生懸命学習し、無欠席で通した。お陰で指名されても淀みなくこなしてお褒めをいただく。だが、授業としての面白味は感じられない。資料学だから読み解く技術がものをいうのだろう。醍醐味を味わうには相当の関心と時間・努力が求められることだ、と悟る。終わると「やれやれ」だった。

考古学と銘打った科目は、共通専門の考古学ただ一科目のみ。講義は東大の駒井和愛《かずちか》先生が担当されていた。水曜日の八時から二時間。朝早いので受講生は少ない。考古学を志す以上拝聴すべしと受講したが、感銘はあまり受けなかった。アラカルトの話でストーリー性がない。あえていえば、漢代楽浪郡の調査の解説と、小柄でいつも片手をポッケトに入れて白墨一本で講義されていた姿がはっきりと眼に残っている。

国史演習もそうだが、三年次には専門科目として水野祐《ゆう》先生の日本古代史、小笠原長和《ながかず》先生の日本中世史、京口元吉先生の日本近世史と時代別通史風の科目が並んだが、特殊講義に近い内容だったと思い返す。水野先生は、お得意の古代王朝交代論で天皇万世一系説否定が旗印だったし、小笠原先生は中世武士団の話をされていたと思う。肥前松浦党とか紀伊湯浅党等の言葉がいまだ耳に染みついている。京口先生は朱子学等近世思想について講義されていたな、ということ以外に覚えなし。

何にしても、出席して講義を聴くだけではあまり興味は湧かず、日々発掘の面白さが先に立って、どの科目も勉強不足だった。歴史学徒としては落第ものだろう。もう少し基礎的な勉強をしっかりしないとただの考古好きで終わってしまう。学校でも研究室でもそんなことを強く感じるようになった。

そんなおり、級友のKT君から学生の歴史学研究会古代史部会に参加することを要請された。彼は私が考古学に関心をもち、和島先生の指導を受けていることを知っていた。そこで部会のテキストに『日本歴史教程』（一九三六〜三七年、白楊社）を使用しよう、と提案してくれる。異存はない。すぐに戸塚通りの古書店文献堂に行き、かねてからねらいをつけていた同書第一冊、第二冊を買った。筆者の一人の三澤章は和島先生のペンネームである。

部会は毎週開かれた。場所は高田牧舎の隣りに新しく建てられた学生会館である。部室の鍵の管理について大学当局と学生のあいだでやりとりがあり、しばらく使えなかったが、ようやく学生の自主管理要求が玉虫色ながら認められて開館となった。四号館地下の部室とは打って変わって綺麗な明るい部室で気分よく共同学習をすることができた。

さて、古代史部会での勉強が始まってまもなくだったと思う。一九五六年の歴史学研究会の大会が早稲田で開かれることを知らされ、部員にも基調報告のレジュメが配られた。報告者は安良城盛昭《あらきもりあき》という新進の歴史学研究者で、題目は「律令制の本質と解体」とある。KT君は、これは画期的な報告だ、と静かに言う。それ以上に大騒ぎしていたのは中世や近世部会の部員だった。彼らは、安良城氏が発表していた論文「太閤検地の歴史的前提」（『歴史学研究』一六三・一六四・一六七、一九五三年）を事前に読んで学習していたのかもしれない。

各人の口からは「今度、安良城さんが爆弾発言をする」の驚嘆の声が出る。少していねいな言い方をする者は「日本の古代奴隷制社会は豊臣秀吉の太閤検地によって終焉した」のだ、と報告を先どりするような説明をしていた。耳にする私には何のことだか察しがつかない。

周囲の雰囲気に煽られて大会初日の安良城報告を拝聴するために大隈講堂に駆けつけた。会場は満員、檀上では演台の椅子にどっかり腰を下ろし、自信に満ちた風で報告する安良城氏の姿があった。

私はその「驚くべき新説」を聞き漏らしてなるものかと、必死でレジュメに傍線を引き、メモを取った。証拠の黄ばんだB6版の印刷物は手元に残っている。傍線と書き込みが随所にあって理解しようと苦闘した様子が偲ばれる。しかし、正直何がどう問題なのか難しくてよくわからなかったようだ。

その日の夕方、和島先生の研究室にうかがう。しばらくして松本新八郎先生が来室され、開口一番「安良城なんちゅう奴が馬鹿なことを言いよって……」と興奮気味に話された。安良城報告を聴いてきた和島先生はとくに驚いた様子は見せず、黙ったまま松本先生の安良城批判に耳を傾ける。岡田さんや中村君も歴研大会から研究室に直行して同席し、松本先生の話を真剣に聞いていた。

私にはここにきてようやくことの重大さが見えてくる。どうやら松本先生の掲げる南北朝内乱＝封建革命説を安良城氏が否定したことに対する反批判をえんえんと語っているのだった。あるいはまた先生にしてみれば、戦前戦中の厳しい思想統制のなかでマルクス主義史学を護りぬき、中世封建制社会論を築き上げてきた事績への冒瀆ともいえる、そんな出来事と受け止められたようである。

この後、「安良城旋風」は歴史学会を吹き抜け、しばらく安良城氏を相手にした論争が繰り広げられたようだ。ことの核心は、それぞれの時代における歴史主体の性格づけとそこに連動する時期の区切り方にある。武研でM・O・コスベン論文を取り上げて学習していたのも、このあたりの事情を考慮してのことらしい。

さて、浅学者は「歴史にも法則がある」と言われると、直感的には「えっ、そんなこと……?」になる。だが人類も究極的には地球上の生き物だから生物世界を貫く法則の埒外にある、と考えることはできない。問題は、人類社会においてその法則なるものがどのようなあり方で貫徹されているのかの見きわめにある。

このことに関連して、松本先生はときどき「和島君は、何かちゅうと事実が大事、事実が大事と言うからねえ」とこぼしていた。一方、和島先生はことあるごとに「物を離れて考古学はない。事実のなかに法則がどのように存在するのか、そこを読み取ることが大事だ」と言い、うるさいぐらい「事実をよく見なさい」と訓示していた。

両先生の話をうかがいながら、これは難しいことばかり深入りを諦めたくもなるのだが、お二人とも戦前から唯物史観に立って歴史法則の解明に命を懸け、皇国史観の跳梁にかんぜんと挑んできたのだ。そのことの意味は重く、決しておろそかにしたり、忘れ去ったりしてはならないことと肝に銘じる。

こうして和島先生の研究室に出入りするようになって三カ月がまたたく間に過ぎた。ようやく歴史学と考古学の世界でどんなことが話題になり、研究者がどう動いているのかが少しずつわかりかけてくる。入学からの二年間では味わえなかった充実感がそこにあった。そんななか、流行のマルクス主義史学をめぐって何か変化が起こりつつあるようにも思えた。

ちなみに現代史年表に目をやると、いわゆる昭和史論争（一九五五年）が始まっている。続いて中野好夫「もはや『戦後』ではない」（『文藝春秋』、一九五六年二月）や古在由重《よししげ》・久野収・鶴見俊輔「座談会・マルクス主義はどう発展するか」（『中央公論』臨時号、一九五六年八月）等が発表されている。

ここであらためてふりかえる。二年生の年度末定期試験で「南北朝内乱の歴史的意義について述べよ」の出題に出くわした。西岡虎之助先生の国史綜論である。必須科目ながら講義は面白くない。先生は目をつむったままとうとうと語る。メモを取るだけで精一杯だった。だから南北朝内乱の説明など頭にはほとんど入っていない。

そこで問題を見て驚きながら知りえていることを洗いざらい書き出す。後醍醐天皇、護良《もりなが》親王、鎌倉幕府、楠木正成、足利尊氏等々の受験勉強程度の知識を総動員した。お陰で単位はいただいたが、出題のねらいはまさに内乱の評価をめぐる学問状況をどの程度理解しているかをはかりたかったのだろう。

西岡先生はマルクス主義史学とは離れたところで独自の民衆史を開拓していた。戦時中は東大史料編纂所に勤務しながらも皇国史観には与せず、古代・中世農民の日常の暮らしや文化の研究で一家をなしている。そうした経歴から中世を農奴制に立つ封建社会とする学説に対しても同意しない見地をとっていたようだ。知らぬが仏の私だった。

変わりはじめた学問の世界の外では経済の高度成長が走りはじめていた。推進の先頭に立つ池田勇人首相は蔵相時代に、「貧乏人は麦を食え」などと言い放ったとして、非難をあびた。あたかも格差社会の到来を予言するかのような発言だったが、自身はどこ吹く風。

やがて、あの就職列車が金の卵などとおだてられた学生服やセーラー服姿の中学卒業生を満杯にして、東京に運び込む。世は経済第一主義にむかって突き進み、人を勝ち組、負け組に仕分ける競争原理があらわになってきてもいた。

赤っ恥かきの土器拾い

五月も後半に入り、武研の活動は賑やかになってくる。大学や学会の本格的な始動に応じて考古学に関するさまざまな情報があちこちから研究室にもたらされ、研究会の出席者も増えくる。安良城騒ぎもその一コマであったと言える。さらに活況の要因は別のところにもあり、むしろこちらが主要な意味を持っていた。それというのは、和島先生が横浜市史の編纂に加わり、武研の有力メンバーとともに原始・古代の項の執筆を請け負っていたことに関わりがある。

横浜市は、開港百年記念事業として市史の刊行を計画して一九五四年から編纂事業を開始している。通史編第一巻は原始・古代から開港までが対象範囲で、一九五八年に刊行が予定されていた。先生は、縄文・弥生時代を岡本勇さん、古墳時代を甘粕健さんに、飛鳥時代以降の古代を岡田清子さんにそれぞれ執筆してもらい、自身は全体の総括役を担当することにしていた。

横浜市史の原始・古代の執筆は市民参加の地域史学習運動と一体で進められた。学校の先生や生徒、大学生、一般市民、考古学や歴史学研究者が協力して市内遺跡の徹底的な分布調査に取り組んだ。第1章で触れた南堀貝塚の発掘は、この分布調査の結果をふまえて、原始時代の集落の構造の解明を目的に研究者と各層の市民の協同による調査であった。*2

さらにこの年には古代国家成立期の東国農村探究に焦点をあてて横浜地方の古代の村の様子をつかむ計画だった。分布調査の結果などから、鶴見川支流の谷本川筋にある市ヶ尾付近の遺跡群を選び、これらを対象に発掘調査を実施することが決まった。武研の幹部は、調査をどのような態勢とスケジュールで行うかについて、話を詰めていたのである。

そんなおりだった。岡本、甘粕、岡田の三氏と数人の武研幹部が一枚の地図（国土地理院発行の二万五千分の一地形図「荏田《えだ》」）を見ながら相談事をしている。脇からちょっとのぞくと、たしか岡本さんだったと思うが、指先で地図をなでながら「このあたりがまだ空白だよ」と言い、「発掘までに歩く必要がある」と提言した。甘粕さんが「そうだね」とすかさず同意して「誰かフィールドワークしてもらえないかな」とつづける。だが名乗り出る者がいない。新年度が始まってひと月、みんなそれぞれ予定したことがあってか動けないらしい。

一瞬しらけた空気が流れた直後だった。甘粕、岡田両人から「田中さんはどう」と突然のご指名。「えっ、私がですか」と戸惑う。何も知識がないのにできるんだろうか、ともぞもぞしていると「頼むよ」と詰められる。岡田さんからは二万五千分の一地形図と遺跡カードに布製の採集袋を渡された。不安半分だが「やってみるか」と決意した。指示されたフィールド範囲は谷本川中流の右岸一帯だった。

五月晴れの某日、小田急線に乗って柿生《かきお》駅で下車。そこからしばらく南下して谷本川右岸に出た。川沿いに台地や低い丘陵がのび、あちこちに小さな谷が入り組む。緊張しながら畑地を歩く。麦や露地物の野菜が植えられて元気よく育っていた。目を凝らしながら地面を見る。土器の破片と思われるものが点々と散らばっているのはわかるが、畑のなかに足を踏み入れるのは躊躇する。根が百姓育ちだ。それに作物ドロボーとまちがえられても困る。

幸いなるかな、思案しながら畑のまわりを歩いていると、一角に土器・石器を積み上げた小山を見つけた。農家の方が耕作の際に出てきた遺物は邪魔になるので拾い出して畑の隅にまとめて置いたのだ。「これは、これは！」とばかり、小躍りして大型品を採集袋に詰める。故郷の島根益田ではこんな大きな土器片など見たことがない。せいぜい名刺大の摩耗した薄い土器片を、それも目を皿のようにして探しまわってやっと出くわす程度だった。それとくらべて、こちらは驚くばかりの大きな破片が山のように積んである。なんということだ。興奮気味にいそいそと大きな破片を選んで拾い上げる。打製石器も数本手に入れた。

そこで採集し終わると急いで隣りの畑地に移動する。ここにも土器片の山がある。「大収穫だ！」と満足しながら歩き、採集場所を地図にマークしてカードに地形の略図を書き、土器片の広がっている範囲を目測で確認して記入する。畑仕事の人に地名などをたずねて書き留めることも試みた。

こうして緩い傾斜地や平坦な台地面の畑をくまなく歩きまわる。あっという間に正午になった。晴天で汗もかき喉が渇く。遠方に農家の屋根が見えるので飲み水を所望しようかと考えたが、かなり距離もある。ふと見やると台地脇の水田の隅には用水溜めがあり、きれいな水が湧き出しているではないか。「これだ！」と水溜に近づき、素手ですくってたっぷり飲んだ。癖のない美味しい水だった。

一息ついたところで小路の脇にどっかと腰を下ろして弁当を食べる。妹が早起きして作ってくれたおむすびに舌鼓を打つ。前方には清々しい田園風景が広がる。対岸の丘陵の濃い緑と苗を植え終えたばかりの平地の水田が見事なコントラストをなして映える。のどかだなあ。その一語につきた。

のんびりした昼食後、またせわしなく歩き、採集しつづける。中里学園裏の台地を抜けて大山街道近くまで来る。もうこれ以上拾っても持ち帰れない状態になった。時計を見ると午後三時をまわっている。今日はこれまでだと、ヤミ米の買出人よろしく、満杯のリュックを背負い、少し前屈みになって歩きながら市ヶ尾の辻停留所に出てバスに乗り、柿生駅に引き返した。

数日後、定例研究会の場に拾い集めた遺物を自信満々に持ち込んだ。ほかにも二、三の会員がフィールドワークで採集した遺物を持参し、出席者全員が見つめるなか、遺物の同定が始まる。見定めの主役は岡本さん。甘粕さんと中村君らが脇にいて助言役を務める。岡田さんはカードの点検と採集遺物の判定結果を書き込む仕事を受け持っていた。和島先生は自分の席で仕事をしながらときどき同定作業をのぞく。

私に順番がまわってきた。広げられた新聞紙の上に採集袋のなかから遺跡ごとに土器や石器が取り出される。同定の様子を後ろのほうでそっと見つめていると、「誰だ！　こんな役立たずの土器を拾ってきたのは」とお怒りの声だ。恐るおそる鑑定者のあいだに顔を出すと、喜び勇んで拾い集めた大きな土器片は、惨めにも無用の遺物群のなかに放り出されているではないか。そして、同定に耐えた数点の土器にみんなは集中しながら遺跡の時代と時期の判断をしている。私はびっくりし、かつ呆然となった。すると和島先生が慌てて割って入り、「田中君は初めてのフィールドワークだったんだ。勘弁してやってくれ」とその場をとりなしてくれたが、一瞬、事情がよく呑み込めなかった。

やや落ち着いてくると内心では「見事な土器片を一生懸命拾ってきたのに」との不満な気持ちが湧いてくる。だが、どうやら大きな破片であっても器のどの部分かがわからず、文様もなければ判定の仕様がないというわけだ。至極当然なことが理解できると恥ずかしさで顔が赤らんできた。「まっ、仕方がない」、「何事も経験、経験」と自分を慰めながら、それにしても横浜の遺跡の凄さが脳裏に焼きつき、同時に故郷益田の遺跡とのちがいがあらためて思いやられた。

こうして同定作業が一段落するとテーブルの上が片づけられ、遺跡カードの処理も終わって全員で市ヶ尾遺跡群周辺の遺跡分布のあり方や特徴について論議する。詳しい討議内容は記憶にないが、話し合いを通じて調査対象になった市ヶ尾横穴群や集落遺跡の位置づけがより明瞭になったことはまちがいない。終わりに近づくと話は自然と七月下旬からの発掘調査に移っていた。

2

試練の市ヶ尾遺跡群

発掘調査団に加わる

六月も中頃を過ぎると和島先生は研究室を空けることが多くなった。発掘の準備であちこち駆けまわっているらしかった。幹部の岡本さんは体調を崩して研究室にはあまり顔を見せない。甘粕さんは大学院の修士論文執筆で忙しくしている。部屋では岡田さんが独りで発掘の準備を進めていた。

蒸し暑さがひときわ感じられる下旬のある日だった。岡田さんから急に発掘調査に参加するようにとの声がかかる。周囲のあわただしさを横目にしながら、おのれも調査団に加えてもらえるかなの想いはあった。しかし確信はしていなかったので少し面喰らう。

岡田さんは、発掘の日程、持参する物（参加費と米など）、合宿する民家への道順等を、ガリ刷りの参加要項を示しながらていねいに教えてくれる。聞き入りながらしだいにやる気が湧いてきた。発掘開始は七月二十一日と念押しされる。大学は七月一日から夏休みに入るので、そのあいだいったん帰省して百姓仕事を手伝うことにした。

梅雨明け間近の故郷は稲田の草取りで忙しい。人手不足のわが家の田んぼはまだ一番草が終わっていなかった。さっそく、両親と田車を押して除草と中耕作業に精を出す。親父は「上農は草を生やさず、中農は草を見て草を取り、下農は草を見て草取らず」と格言めいたことを語ってみせる。「では、わが家はどうなんだ」とただすと「まあ、中の下というところかな」と答えた。

いつも田んぼの脇道を歩きながら感じていた。どう見ても周囲の田んぼより稲の生育は遅れているし、手入れ具合も比較にならない。母親は「大草だから手間がたいへんだ」としきりにこぼす。株間に草が生え放題になったわが家の田んぼは不名誉ながら「大黒屋（屋号）の田」で有名になっていた。

私が大学に進学する前は、家族全員が横並びになって草取りに励んだものだ。泥んこになり大汗をかく年中行事だったが、いまは長女が働きに出、次女は大学、三女は高校生、四女は中学校、末弟は小学校に通う。日中在宅しているのは両親だけ。これでは約一町もの田畑を家族労働で耕すなどとてもできない相談だ。人を雇う金もないので帰省しての手伝いは貴重だった。

連日麦飯を腹いっぱい食べ、太陽が照るあいだは田んぼに出て働き、夜はぐっすり寝込む。

こうして七月の二週間ばかりがあっという間に過ぎた。約束の七月二十一日が近くなる。あわただしく準備して再び上京した。

板橋の借間には同居の妹が居残っていた。妹は短大に通っていたが、四年制大学とくらべて授業密度が濃く、夏休みも少ないらしい。多忙な彼女の手を借りながら発掘用具（折り尺、クリノメーター）、筆記用具、着替え、米などを大きな登山用リュックサックに詰めて準備完了。七月二十一日の朝早く発って調査団の本部に出むくことにした。

山手線渋谷駅で東横線に、菊名駅で横浜線に乗り換える。三両編成の国電車両の一部には鮮魚を入れたブリキ缶を担いだおばさんたちが陣取っていた。三十分ぐらいで中山駅に着き、駅前に停車中の市営バスに乗り込む。

と、そのときだった。「お客さん、運賃を払って」と運転手の声。「えっ！」と振り返ると運転手が乗車口脇に置かれた小箱を指差し、「ここへお金を入れて。このバスはワンマンだから」と言う。言われるとおりに運賃を投函したが、何やら狐につままれたようでしっくりしない。ふと中央にあるドアを見やると「降車口」と大書してあった。そこでやっと納得した。「そうか、ワンマンか」。戦後、横浜市は臨海部と港湾施設を米軍に接収されて貿易港の機能を失い、その影響で市は窮乏財政を強いられていた。一九五〇年から埠頭の大部分が返還されたが、ただちに貿易収入の大幅向上とはならず財政危機はつづいていた。そのあおりで市営バスも車掌のいないワンマン運転だった。

定刻になり発車。バスは土煙を上げて川和街道（現、横浜上麻生道路）を北上する。谷本川沿いのくねくね曲がった丘陵裾の道を走ること小一時間、教えられた目的地の市ヶ尾の辻停留所に着いた。停留所付近は道路沿いに人家が並び、店舗も何軒かあってちょっとした街のような景観をなしている。

市ヶ尾は街道集落で古くから大山街道が東西に走り、当地で南北の川和街道と交差している。市営バスは右折して大山街道を東に進み、川崎市境の元石川まで運行されていた。もう一系統は川和街道をそのまま北上して鉄町《くろがね》で折り返していた。その他に小田急線柿生駅と市ヶ尾の辻停留所のあいだには小田急バスも営業している。分布調査のおりに乗ったバスだが、運行回数は極端に少なかった。

こうして一日に数本のバスが行き来し、交差する程度ではあったが、当時としては農村地帯の重要な交通の要衝になっていた。小さい街並みながら道路は舗装され、人影もそれなりに濃く、野良着のままの買い物客が万屋《よろずや》風の商店に出入りしている様子が見られた。停留所付近には郵便局や床屋があり、鍛冶屋さんも道路脇に仕事場を出している。自転車屋があって、そこで自転車の車輪を支える鋼鉄製のスポークを分けてもらったことがあった。測量作業の際にポイントの目印に立てる道具として使った。

発掘調査団の本部宿舎は、バス停から徒歩五分ばかりのところ。先述の万屋風商店の持ち家で、当主一家がバス停近くに店を構え、そちらに生活の場を移したので空き家になっていた。建物は平屋のしっかりした大きな造りで、部屋が四間（八畳、六畳）に六畳ほどの台所と風呂がつき、トイレは外にあった。コンクリートの玄関間は、大八車を二、三台横並べできるぐらいの広さがあり、外庭もだだっ広い。

いつもながら和島先生は調査団の規模や調査期間を考慮して巧みに宿舎を確保している。その腕前には感心させられたものだが、そういう想いはこの市ヶ尾遺跡群調査団の宿舎の選定から抱きはじめたことだ。ちなみに僚友金井英三さんの家は、この宿舎と道路をはさんだ斜めむかいにあり、石材屋を営んでいた。当時、金井さんは中学生で「石屋の英《ひで》ちゃん」と呼ばれていたという。

さて大学生二十数名に高校生が加わった大調査団である。女性の参加者も少なくない。とてもこの平屋だけでは収容仕切れず、近くの地蔵堂に五、六人が分宿することになった。本部宿舎から徒歩十分、林のなかの一軒家である。薄暗い電灯が灯る仏間での寝起きは不気味さも手伝って少し寒気がしたのを思い出す。

本陣となる宿舎もあふれるばかりの人数だ。五右衛門風呂一基では入浴もさばき切れない。和島先生は女性参加者を考慮して近くの町内会長宅の風呂を借りることにしたようだった。だが、風呂にも増してたいへんなのは三度の食事の世話である。これは町内の婦人会にお願いして会員の方々が交代で用意してくれた。

このような調査態勢は前年の南堀貝塚の発掘で試しずみではあったが、それにしても調査地近くに大勢が泊まり込む宿舎を用意し、食事作りから寝泊りの生活全般にわたる合宿態勢を整えて首尾よく調査目的を完遂するのは並大抵のことではない。

発掘調査団の店開きに少し遅れて、宿舎近くの民家に映画の撮影班が本拠を構えた。共同映画社のスタッフで、前年の南堀貝塚発掘を記録した『石器時代の村』の制作に関わっている。和島先生は、発掘調査を映像によって公開することの大事さを早くから認識し、自ら一六ミリ映写機を購入するなど意欲的・積極的に実現を目指していた。

市ヶ尾遺跡群でも当初から調査記録の映画化を計画し、準備を進めていたらしい。私は、映画の題名が『防人《さきもり》の村』と聞いたのは調査中のことだった。岡田さんらが提案したのかなと密かに思う。横浜の港北地域は古代に武蔵国都筑《つづき》郡に属し、郡内の村からは防人が召集され、出征する農民とその妻の詠んだ和歌が万葉集に収録されている。『防人の村』の題名はこのことにあやかっている。

ガタガタ揺れるワンマンバスを降り、昼前には宿舎に入る。甘粕さんたちが出迎えてくれた。明治大学、國學院大学、静岡大学、東京大学、早稲田大学等の学生十数名が顔をそろえる。それにお手伝いの近所の方々で家のなかはごった返していた。中村君はひとり大八車の上に寝そべっていたが、私の姿を見つけて「よおっ！」と手を上げる。

そこへ大きな声で「米を出してください」と叫ぶ人が。この人、後でわかったのだが、國學院大の佐藤善一さんだった。以後、佐藤さんとは武蔵工業大学付属中・高校の教員として苦楽を共にした。出会いは市ヶ尾遺跡群の調査、厳密にはその宿舎のこのときからである。

正午になり、初めての昼食。甘粕さんから午後の予定説明があり、午後一時より現地で行われる鍬入れ式に参加してほしい、と伝えられた。食事もそこそこに急ぎ支度して遺跡へ。宿舎から大山街道に出て東へ約百メートル、そこから北方向に深く入り込んだ谷の奥に市ヶ尾横穴群があった。谷底から二十メートル上がったところの丘陵斜面に横一列状に横穴が開口していた。

鍬入れ式は、横穴前の空き地で挙行され、すでに参加者が祭壇に玉串を捧げている。和島先生、内藤晃先生に横浜市史編纂委員の古島敏雄、石井孝、鈴木良一の諸先生、区役所の方に地元の有志が参加していた。なかでも白い夏帽子に紺色の上着、白っぽいズボン姿の老先生が立たれて挨拶される。一九三三（昭和八）年にこの横穴群を調査された石野瑛《あきら》氏（当時、神奈川県文化財専門委員）だった。しっかりとは聞き取れなかったが、二十余年も経て新しい観点から地域を総合的に調査することの意義、神奈川県としても共同、協力していくことを述べられた、という。

鍬入れ式が終了した後は、甘粕さんの案内で全員が横穴群全体を見学する。ブッシュが凄く、これはたいへんな調査になるぞ、と気を引き締める。さらに尾根の上に出て、車塚、双子塚等の古墳らしき高まり、少し離れた大場衛門谷《おおばえもんやと》の横穴群を見て歩き、宿舎へ引き返した。

測量班でしごかれる

宿舎では午後になってさらに参加者が増えたようだ。八畳間と六畳間をぶち抜きして二間いっぱいに細長い食卓が長方形に並べられ、お手伝いのおばさんや女性の参加者が食事をセットする。やがて「いただきます！」の声でいっせいに食べはじめた。すごい人数だ。

夕食後に最初のミーティングが開かれる。和島先生がこの発掘調査のねらいを説明する。つづいて自己紹介。その後に甘粕さんから調査全体のスケジュールや調査方法についての提案があり、大学単位で班をつくって各横穴を調べることになった。私は内藤先生率いる静岡大生の測量班に参加するよう命じられた。たぶん、考古学調査の経験が浅いことをおもんぱかって和島先生が内藤先生に指導を要請したのであろう。これがきつい体験になる。

静岡大生の測量部隊は前日から宿舎入りして機材の準備や遺跡の下見を終えていた。メンバーは渡邊秀三郎（のちの原秀三郎）、近藤正巳、青島喜七郎の三君。毎朝、他の調査員より三十分早く出かけて測量作業にかかるよう厳命されていた。遺跡に着くと平板やトランシットをセットする。作成するのは横穴群全体の平面・立面の分布図のようだった。

私は、どこをどのように測量するのかの説明を受けないまま、指示されたとおりに動かなければならない。まごつくことが多い。とくに平板とトランシットを移動し、この機器を傾斜面に水平に固定する作業には手を焼いた。聞けば静岡大の諸君は図作りの方法とその実際を大学構内で試し、さらに登呂遺跡近くの有度山《うどさん》に出かけ、そこにある横穴で実地訓練を積んだうえでの参加だったらしい。指揮にあたった内藤先生は自信をもっていた。

草木の生い茂るなかに横穴が口を開けている。トランシットをのぞいてもこれらの障害物で箱尺（高さを測る道具）やポールをとらえ切れない。汗だくで草を刈り、木を倒して目標のポールをキャッチする。二つの測量機器を操作して図を画く仕事と二種類の測量棒を持って測点に立てる仕事を交代で進めたが、測点を決めるのがたいへんだった。あやまって不適当な箇所に立てると内藤先生の怒号が飛ぶ。「あの機械に一度触ってみたい」と思った昔が懐かしくなった。[*3]

地元の小中学校が夏休みに入ると、生徒の応援隊が来てくれるようになった。彼らが草を刈り払ってくれたおかげで作業はずいぶんスムーズに進んだ。不慣れなこともあって一番苦労したのは市ヶ尾A群。その後のB群と大場衛門谷A・B群の平面と立面の全体図作りは、要領も呑み込めて比較的楽にできた。

かわって車塚の測量にむかう。こちらは測量の原理と方法が簡易でも、作業は手間暇を要した。市ヶ尾A群の背後の丘陵上にあった車塚は、当初古墳の墳丘と考えられていた。そこで円形をした小丘の最高部にトランシットと平板を据えて図を画くチームと、測量棒に巻尺を持って測点を決めながら移動するチームに分かれての作業である。等高線は一メートル間隔で画くことにした。

内藤先生は頂上にいて図画き作業と測点移動の様子を厳しく監視する。私は渡邊君と組んで測量棒を持ちながら斜面を歩きまわった。傾斜が急な円丘には松がぎっしりと植林されているので見通しがなかなか利かない。また、マイナス四メートルまでは箱尺で間に合ったが、それ以上は箱尺の長さの限度を超えるので別のやり方が必要になる。

内藤先生はこのことを予期していた。ここで長い竹竿を用意してそれに目盛を付け、さらに巻尺のゼロ点を固定できるように竿の先端に小さな滑車を取り付け、手先は届かなくても距離が測れるようにしている。これには驚いた。正確な平面図を作るためには巻尺を水平に張ることが大事になる。そのことを考慮しての工夫であった。

それでもなお障害物があると巻尺を直線状かつ水平に保つことは難しい。加えて円丘の裾に近くなると竹竿も太くて長いものを使うことになり、移動には苦労がつきまとう。渡邊君は竹竿を立てながら「俺ちょっと小便するからな」と言って、測地点でそのまま用を足してしまった。これがいけなかった。後でこってり絞られる破目に……。

車塚は、測量の結果、東西一七メートル、南北二〇メートル、高さ三・五メートルの楕円状小丘と判明したが、よくよくみると頂上の平坦面がせまく、斜面もふかふかした感じで古墳の墳丘とは思えない。後は発掘調査の結果を待つほかないと考えた。

こうしてともかく測り終えることができた。作業の途中夕立にも遭遇したが、内藤先生は

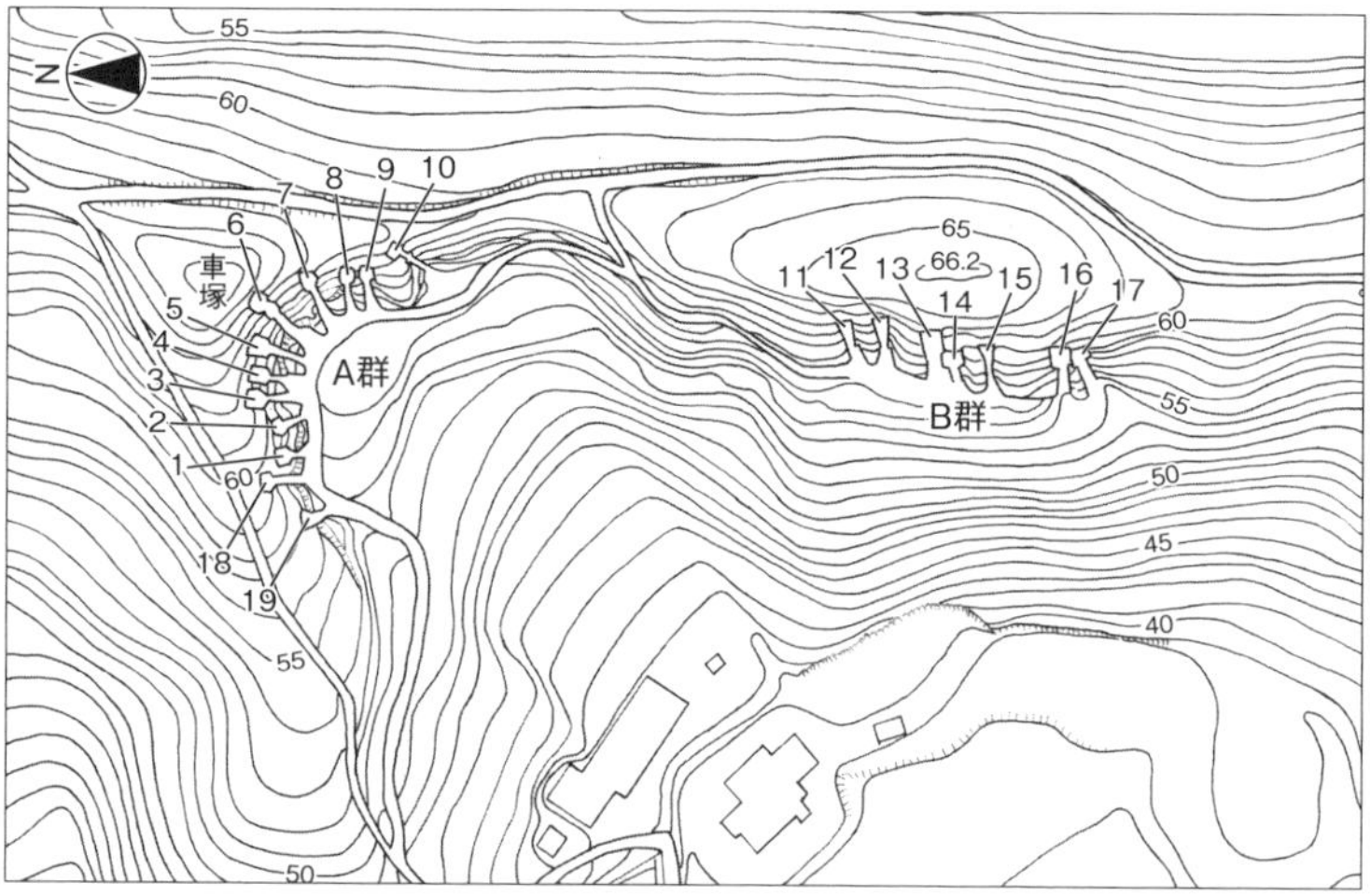

市ヶ尾横穴群の配置

発掘調査時の市ヶ尾横穴A群7・8・9号

撤退を指示しなかったのでびしょ濡れの作業着のまま測量機材を担いで宿舎に帰る。かなり疲れた。記録には七月二十八日と書き留めてある。明日からはB群13号・同14号横穴の内部の実測作業に入ることが告げられた。調査の全体状況は、A群の一部を残してB群の調べに移り、國學院大班が11号・12号・16号を、明大班が15号を担当し、稀代の難物17号を東大班が担当することに決まった。

翌朝起床すると、内藤先生が庭で何か木枠のようなものを作成していた。「おはようございます」と挨拶して作業をながめる。細い角材で一メートル四方の枠を組み、そのなかに水糸を張って一〇センチ方眼の升目を作っていたのだ。あっという間に二台完成した。「これで敷石を測るんだよ」と、自慢そうに一言。

そういえばA群の調査で横穴内部の床に敷きつめられた径一〇センチ大の円礫（河原石）の実測にはみんなが手を焼いていた。水糸を水平に一メートル四方に張り、そのなかの敷石をていねいに観察しながら図化していくのだが、測る目の位置で少しずつ狂いが生じる。正確を期すために同じ石を何度も見直さねばならない。内藤先生作成の木枠は、そんな苦労を省き、測点をきちんと見定めるうえでたいへん重宝することになった。先生はさらに、測点に立てる長さ三〇センチのピンポール先端にも水準器を取り付けて正確な図化作業に備えていた。

こうして13号と14号の横穴内部の測量は順調に進む。私は青島君と二人で13号を、内藤先生は渡邊君と組んで14号の実測作業を行った。ときどき先生が渡邊君に強い声で注意するのが聞こえてくる。なにしろ13号と14号は、あいだの壁が崩れて通り抜け状になっていた。先生はこの通り穴から13号にも顔を出して敷石の測り方を手取り足取りして指導される。緊張の連続であった。

調査開始から十日目の七月三十一日、調査参加者が交代する日でもあったので、午後の作業は中止になる。残留する調査員は昼食をすませて中山や町田に買い物、映画鑑賞に出かけた。しかし、測量班の静岡大生と私に対しては内藤先生から外出禁止命令が出る。そして、がらんとした宿舎の八畳間にこれまでの測量図を並べ、先生から細かい評価が下される。あまり褒められた記憶はなく、不十分さの指摘が耳に痛かった、と思い出す。

それは二時間ばかりの点検が終わった後のことだった。内藤先生のきつい説教だ。そもそも遺跡や遺構を実測するのは何のためか、から始まる。なぜ正確を期さねばならないのかと、こんこんと諭される。要するに歴史認識の基礎作業であり、文献史学でいえば古文書の読み解きにあたることだと話された。こちらも正座して先生の顔を見詰める。

そのときだった。「君らの測量態度はなっとらん！　いやしくも測量中に立ち小便をするとはなにごとだ」と厳しく叱責されたのである。渡邊君のあの用足し、私がそれを傍観していた状態をしっかり見ていたのだ。応えた。和島先生からも常に「ものを測るのは対象を客観化することだ。模写ではない」と言われつづけていたのに……。

後日談を付け加えよう。よく叱られた渡邊君は、豪放磊落《らいらく》な性格で京都大学大学院を出てからは古代史研究者として売り出し、母校静岡大学の教授になっている。近藤君はラグビーで有名だった東京の私立目黒高校に勤務。そこで学校側の不合理な管理体制に抗議して解雇されたが、裁判闘争に勝利して復職する、という劇的な人生を歩んだ。青島君は家業の米屋を継いだと聞いたが、かなり年月が過ぎて、逝去の報に接した。

一人前の発掘者を目指して

八月初旬、市ヶ尾B群13号・14号の調査が終わると、静岡大班は解散して静岡に帰った。私は大場衛門谷横穴群の調査に加わることになる。和島先生からようやく「発掘させてもよい」との許可が出たのであろう。勇み立った。衛門谷は車塚の北にのびる長い谷で、横穴群は南東むきの斜面に開口していた。和島先生や甘粕さんは、市ヶ尾横穴群では人骨等の残りが期待できない、代わりにこの衛門谷の手つかずの横穴を調べて遺体埋葬の様子をつかみたいと望んでいたようだった。

谷間にはA・B二群の横穴群がある。うちA群では九基の横穴が北むきに並んでいた。南東むき斜面の高手に掘り込まれた1号から4号までは横穴の入り口が露出し、下手の5号～9号は穴の天井部と壁の一部が崩れ落ちて本来の状態をほとんど留めていない。とくに6

号・7号・8号は全体がほぼすっぽり土中に埋まり、奥壁のみが崖面にわずかに顔を出すという代物だった。いってみれば横穴ではなく竪穴である。B群は単独一基だけが残っていた。

私が衛門谷に足を運んだときには、すでに市ヶ尾B群の調査を終えた明大班や國學院大班が調査に入り、他に中村君が新たに参加した町田公雄君（のちの鈴木公雄）らの高校生と組んで一班を編成して加わっていた。私はA群中もっとも小規模の8号を掘るように指示された。中村君の班はA群では最大規模の5号の調査に取り組んでいた。相棒の町田君は慶応大付属高校考古学クラブのリーダーであり、南堀貝塚の調査でも活躍していた。経験の浅い私などとはくらべものにならない、大学生顔負けのやり手で、現場やミーティングにおけるその鋭い観察力と的を射た指摘には舌を巻いた。

衛門谷横穴群の調査は、作業そのものは崩落した土砂や岩塊を取り除くのに時間はかかったが、横穴の形を露出させてからは作業が順調に進んでいった。私が担当になった8号には強力な慶応大付属高校生が応援に入り、地元中学生の連日の手伝いにも助けられてなんとか完了に漕ぎつける。

さいわいなるかな、8号は横穴全体が埋葬後間もなく崩壊したようで、内部は本来の状態が保たれていた。規模の小さいことに照応するかのように副葬品は存在しなかったが、穴入り口の左手から須恵器の壺が出てきて感激した。どうやら埋葬を終えてから入り口を閉じるときに脇にそっと据え置いたものらしい。同じような事実は市ヶ尾B群の15号と17号でも判明している。さらに、この壺には胴部に孔が空けられ、そこからなかへ鉄鏃が刺し込まれていた。

A群につづいてB群にも調査の手が入る。群といっても横穴一基のみ。しかもその規模はA群8号と同様に小さく、副葬品も見られなかった。担当したのは國學院大班。班長格の栗原文蔵氏は足にゲートルを巻き、戦時中の奉公袋に道具類を入れてさっそうと出かける。横穴のことよりもその姿のほうが印象に残っている。言葉使いもどことなく軍隊風だった。

私は8号につづいて2号の調査に移る。この横穴も早くから開口していて目ぼしいものは残っていなかったので、穴の形の計測が主な作業だった。それでもていねいに調べると、鉄鏃や歯等が敷石のあいだにはさまって残っており、取り上げに意外に時間を要した。結局、作業が終わったときに衛門谷には私たち以外に調査員の人影はなく、衛門谷横穴A・B群は2号の調査完了もってすべてが終了した。結果として、和島先生や甘粕さんが求めていた埋葬人骨の資料はわずかしかえられず、期待外れになってしまった。

ところで、私たちが衛門谷で頑張っていた頃、すでに測量し終えた車塚、そこから南へ三〇〇メートル先の双子塚の発掘が行われていた。また南西の丘陵上にあった月見塚と呼ばれる円丘の調査も進行していた。

これら丘陵尾根にある塚を発掘するねらいは、足下の斜面に掘られた横穴との関連を追究することにある。つまり丘陵上の塚は土地の豪族が葬られた墓すなわち古墳であり、斜面の

大場衛門谷横穴 A 群 8 号の調査風景（1956 年）

横穴は配下村民の集団墓とする仮説を確かめるための調査だった。この仮説が、両者を同時に発掘することによって証明されれば、六、七世紀の地域社会すなわち古代東国農村の階級的構成が一気に明るみに出るかもしれない、と踏んでいたのだ。

車塚の発掘は大塚初重氏率いる明大の精鋭がシャベルをふるう。後に同大学の教授になった小林三郎君らが元気のいいところを見せていた。調査の結果は「たしかに盛土した塚ではあるが、人を埋葬した気配はない」となり、古墳説は退けられた。だが塚の頂上からは市ヶ尾A・B横穴群とほぼ同時期の須恵器の甕が粉砕された状態で発見され、何か意味のある塚ということではあった。

南方の双子塚は、その名から前方後円墳の可能性が考えられ、赤星直忠《なおただ》氏指揮の下で神奈川県教育委員会の調査員らが発掘した。結果、この塚も地山の隆起部に少し盛土した人工の小山だが、埋葬遺構は見あたらず、少しばかりの須恵器の破片が発見されてお仕舞になり、車塚と似たような性質の塚ではないかとの結論に至る。なお、ここでも真下には横穴が一基あり、この穴と塚との関連が話題にされてはいた。

月見塚ははっきりとした小さな円丘で古墳の期待は高かった。この塚も赤星氏が調査した。発掘の結果、頂上の土中から常滑壺《とこなめ》が出土し、中世の経塚と判明する。またまた横穴とはまったく関係ないことが知れて期待した人たちはがっかり。

こうして残念ながら当初古墳と見られた塚はいずれも別物で、ここでも和島先生らの予測は崩れることになったわけである。考古学調査の非情さとでもいうほかはないのだが、近年の横穴の調査成果によると、横穴群の背後の丘陵上に塚が存在する例がかなりあり、それらは横穴群の後背墳丘と認識されている。古代家族の奥津城を表示する一種の信仰標識と考えるわけだ。車塚、双子塚がその標識的遺跡に該当する可能性が高いのでは、と考えてみる。

お盆が過ぎると天候が少し変わり、雨の日も何日かあって調査全体の進行がどうしても遅れがちになる。甘粕・岡田両人は市ヶ尾B群17号の調査に奮闘していたし、A群でも新たに見つかった西端の18号で西野元さんらの東京教育大班が大苦戦していた。

この横穴は砂に埋もれており、砂層から地下水が湧き出すという厄介物。入り口や天井を鉱山の坑道のように杭と板で補強して崩壊を避けながらの発掘である。称して西野鉱山。調査は崩れる危険が増してきたので途中で打ち切られた。しかし、奥壁の右隅（鬼門の方角）に立てかけられた直刀《ちょくとう》二振りともう一振りの直刀や刀子《とうす》が原位置を保った状況で発見された。市ヶ尾横穴群では唯一手つかずの未掘横穴調査であり、その成果は貴重というべきであろう。

また、史跡整備に関連した追加調査（一九八一年）では、この18号がA群で最初に掘られた横穴であることがわかり、その存在意義がいっそう高まっている。

八月二十一日、私は午前中に衛門谷を撤収し、宿舎で昼食（初めてピーマンを食べる。これ、唐辛子の化物《ばけもの》か）をとった。そして午後は鹿ヶ谷《かがや》の集落調査の見学にむかう。ちょうど佐藤善一さんが4号住居址をほぼ掘り上げ、発掘状況を説明してくれる。やや大型で竈《かまど》を備えた四本柱建てのしっかりした住居址だった。

小路を隔てて反対側では車塚の調査を終えた明大班が複雑に重なり合った住居の発掘を進めていた。柿の木など取り除けない障害物があって掘り進めず苦戦している様子だったが、どうやら4号とほぼ同時期の小さな住居址（2—b号）の発掘を終えるところだった。頭のなかでは、多数の住居址が群をなして掘り出されるのではないかと予想していたので、少々期待を裏切られた感じになる。こうしてひととおり集落調査の状況を拝見した後、三時頃のバスに乗り、市ヶ尾の街を後にした。

バスの座席に座り、あらためてわが身を見まわす。髪はぼさぼさ、シャツはよれよれ、土の付いたズボンに大きなリュックサックを背負い、おまけに下駄ばき姿ときた。参加時に履いていった新品の靴はぼろぼろになったので捨て、万屋で下駄を買っての帰還である。

この風貌たるやまるで山下清スタイル。電車も遠慮気味に乗り、板橋の借間に戻る。すでに妹は帰省していた。無精者にとって独居は苦手だったので、翌々日の八月二十三日、益田に帰ることにした。

さて、気がつけば財布には学割の汽車賃分と数百円しかなくて急行券も買えない。やむなく各駅停車での旅になる。東京駅発八時二十分の列車に乗り、のんびりもいいところ。静岡で昼になる。駅弁を買うと先がどうなるか心配で水を飲んで我慢だ。名古屋を過ぎ、米原から大津を過ぎた頃には外は真っ暗に。そして京都へ着く。ここで二十二時三十分発の下関行きに乗り換えて、さらにがったんごっとん。

途中、浜坂あたりまでは夜行列車だから小さな駅は通過する。やがて朝方の大山を眺めながら米子、松江に。もう少しの辛抱と頑張って正午前に鎌手駅にたどり着いた。二十八時間の汽車の旅となり、疲れと空腹でほとほと参った。だが、思い返すと中身の濃い考古学実習であったことはまちがいなく、人生は考古学軌道に乗って走り出していた。

3

探究、古代の東国農村

市ヶ尾秋の陣

八月も下旬となると陽光が少し傾き、田んぼの稲が黄色を帯びる。頭《こうべ》を垂れはじめた稲穂の上を吹きわたる風に乾いた涼しさが感じられてくる。山々の襞が暗く陰り、稜線の起伏が鮮明に映ってくる。わが家の二階から見わたせる初秋の風情だ。ぼーと眺めながら、もうすぐ前期試験があり、十月からは後期の授業が始まる、と気持ちがあらたまる。またまた上京か。

帰省してしばらくしたら岡田さんから葉書が届いた。市ヶ尾は朝夕セーターが欲しくなるぐらい冷え込んできたと。そして、「雨中、青年団の協力で前庭部を総めくりした」とも認《したた》めてあった。そうだ、東京に出たら和島研究室に顔を出さねばなるまい。鹿ヶ谷の集落調査などどうなったか、と心配になって落ち着かなくなり、九月初めに急行出雲で東京へ出た。

九月下旬、前期試験が終了して和島研究室に出むいた。相変わらず雑然とした部屋では先生と甘粕さん、岡田さんが何か真剣な面持ちで話し合っている。脇で聞き耳を立てると、どうやら市ヶ尾遺跡群の調査についてどこかの出版社から執筆依頼があり、その分担についてらしかった。また、夏の調査で未了に終わった箇所があったようで、その補足調査をどうするかの相談のようでもあった。

後で原稿の依頼は『全逓文化』（全逓信従業員組合本部）と『歴史地理教育』（歴史教育者協議会・郷土教育全国連絡協議会編集、河出書房）からとわかる。ほどなく『全逓文化』には和島先生が「市ヶ尾の発掘について」（同誌二四号、一九五六年一〇月）を寄稿し、岡田さんは「古代東国の一村落」（『歴史地理教育』二三号、一九五六年一二月）と題したやさしい論調の文章を執筆している。一読すれば、どちらも調査の目的や発掘の熱意がじわじわと伝わってくる。名文といえるのではないだろうか。

じつはこの時期、甘粕さん、岡田さんとも『横浜市史』第一巻の原稿締め切りに直面していた。さらに甘粕さんは大学院の修士論文の作成という課題も抱えている。だが、いくら多忙といっても補足調査は待ったなしである。全調査の成果を横浜市史の原稿に反映させなければならないのだ。

和島先生は引きつづいて現地へお百度を踏んでいた。例によって調査地の地権者との交渉、宿舎の確保に奔走する。ほどなく九月末には調査への目途がついた。補足が必要な調査は、市ヶ尾A・B群の横穴入り口の前方に広がる幅広い回廊状の空間、名づけて「広場」を測量することと、B群17号の室内石敷きを実測して図面を作ることであった。

ここで「広場」のことについて説明しておく。そもそも、横穴群の入り口前方にこうした空間のあることが明らかになったのは市ヶ尾横穴群の調査からだ。A群の調査が開始された直後のことだが、穴の入り口前にも前庭部と命名される小空間があり、土器等が発見されていた。そこからさらに前のほうにも、前庭部につながる広い空間（一種の斎場）があって、各横穴はそこから放射状に並んでいることが推測されていた。

和島先生は、ここがA群全体の共同の「広場」と見て全面的に掘り出すことを決意したらしい。この発掘の大仕事に協力したのは地元青年団員らであった。秋雨の降りしきるなか、蓑笠姿で粘っこい土を掘り上げて広場の全容を明らかにした第一の功績は、この人たちに与えられなければならない。同時に和島先生の慧眼と組織力の凄まじさをまたまた見せつけられた。

補足調査のメンバーは、和島先生、岡田さんと私たちの数人。宿泊は市ヶ尾町内会長の高橋政次さんのお宅にお世話になった。高橋さんの家族の温かいもてなしがあり、昼寝はつかないが、毎日充実した三食にありつくという願ってもない待遇。とくに朝夕、夫人手製の美味しい食事に幸せを感じる毎日。夏の宿舎の食事とはえらいちがい。

だが、調査のほうは手間がかかり、連日きつい作業がつづいた。秋の日暮れは早い。山かげの遺跡だから午後四時も過ぎると余計に暗くなる。冷え込んでもくる。広場の平板測量だが、少し距離が長いと測量棒が見えなくなるし、図画きの手元さえ危うい。先生は平板にローソクを立て、その灯の薄明りを頼りにして作業続行を命じる。徹底的だ。これ「和島ノルマ」。四日ばかりで広場の全測図が完成した。

つぎはB群17号の室内実測だ。夏の調査で東大班が完遂できなかった作業のつづきである。この横穴はB群の最南端にあり、規模が大きく、玄室の形にも特徴があって注目されていた。それに玄室の天井の一部が隣接する16号の玄室隅を突き破っている。つまり17号を作る際に16号の玄室の一部を壊したのである。このことは16号よりも17号が後で造作されたことを直接的に示す有力証拠であり、調査員の関心が集まっていた。

ところが、羨道《せんどう》は早くから崩壊していて土砂がうず高く積もり、草木が生い茂っていて、見るからに強敵難物の印象が強く、調査担当に誰も名乗り出ない。たまたま東大班がA群での調査が終わって手隙になり、甘粕さんを中心にこの難物に挑戦することになったのである。作業は最初に羨道の掘り出しから始まった。予測どおりこれがたいへんな作業になる。長い羨道は完全に地すべりの土や岩塊で埋めつくされ、表面には丈の高い草や根を張った木が生えている。これを除去しなければならないのだ。思うに市ヶ尾遺跡群調査でもっとも苦戦した仕事ではなかったかと。

陣頭指揮をとる甘粕さんは、かんかん照りの天気対策で菅笠を被り、頑丈な靴を履いて連日重い開墾鍬をふるっていた。岡田さんは手拭いで頬被りして雑草を払ったり、廃土に余念がない。他の作業員（新規参加の金井塚良一氏など）もみんな上半身裸で土木仕事に精を出す。

そして、調査の遅れを挽回しようと定刻を過ぎても作業を続行する。宿舎に帰るのは東大班がいつも最後。待ち受けるみんなは、「ご苦労さん」と声かけしながら、「これで晩飯になる」と安堵した。

こうして二週間近くの日時を要してようやく羨道の掘り出しに成功する。写真で見た戦地の塹壕を思い出すような発掘状態だった。しかし、難敵を征服した甲斐あって羨門脇に壁を削り出してつくった小さな壇があり、その上に須恵器（提瓶《ていへい》）が据え置かれたままの状態で見つかった。この事実について岡田さんは、「斎瓮《いわいべ》を斎い掘り据え」の万葉歌*4を引用して横穴入り口前の祭儀の様子を復元し、その意義を説いた。

それにしても甘粕さん、岡田さんの仕事ぶりには驚きかつ感服した。甘粕さんは日中の作業もさることながら夜のミーティングの司会、岡田さんは書記役を務めた。それが終わると台所で作業日誌の整理、発掘ニュース作りにいそしむ。加えて十日単位で町の野菜出荷場に調査状況のお知らせを掲示する「高札」作りだ。まるで独楽《こま》ネズミのごとくに働く。朝も早い。いったいいつ寝ているのかと不思議だった。

私もガリ版と鉄筆一式を持ち込んでニュース作りを手伝い、「高札」の張り出しに早朝から出かけはしたが、お二人の比ではない。そういえば、和島先生も毎晩のように出かけて町内の地権者らと話し合いをしているようだった。

さて、17号の調査のことだが、予定の期間内に玄室敷石の実測を完了することができず、作業は中途のままになった。無理もないことだった。私たちは残務整理のつづきで広場の測量を終えると、残された17号の敷石実測に移った。生憎の雨で傘を差しての作業になる。画板に貼り付けた方眼紙は濡れて鉛筆の付きは悪いし、消しゴムは使えない。いらいらしながら二日間でどうにか完了に漕ぎつけた。これで二カ月余かけた市ヶ尾横穴群は全調査が終了したわけである。しかし、宿題がもう一つあった。それは鹿ヶ谷集落跡の補足調査である。

十一月に入り一週間程度の調査になる。調査のメンバーは和島先生、甘粕さん、岡田さん、そして私、佐藤善一さんと常連がそろう。それに地元の國學院大生で考古学を専攻していた境野勇君が加わる。宿舎は、戦災孤児の養育施設、中里学園（下谷本町）の物置きを借用し、そこに寝泊りする。学園の中学生は発掘応援隊になった。

宿舎から毎日二キロの道を歩いて鹿ヶ谷遺跡に通う。作業は霜除けから始まった。日が陰ると寒さがこたえたが、焚火で暖をとりながら、弥生時代後期と古墳時代中・後期に属する六棟の住居址を調べ上げることができた。

これらの住居址は複雑に重なり合っており、確認に手間どった。発掘面積からすれば、鹿ヶ谷集落遺跡の三分の一程度を調べたことになるが、それでもこの台地に弥生時代から奈良時代頃まで継続して農村が営まれていたことを明らかにすることができたし、弥生時代後期の住居址の下部に大きなV字状の溝が存在することをつかんだのも収穫であった。この溝は後に弥生時代中期の環濠の一部であることが判明する。

荏子田の「カンカン穴」

さて、境野君の家の近くに「カンカン穴」と呼ばれる大型の横穴があった。元石川町の荏《え》子《こ》田《だ》横穴である。穴の形を切妻風の家形に仕上げた見事なもので、『考古学雑誌』などいくつかの専門誌に紹介されていた。入り口は妻入り、長方形の玄室は柱・棟木・桁等が陽刻された堂々たる造りである。これは見逃せない。

和島先生も甘粕さんもかねてからこの横穴に目をつけ、調査が必要と考えていたところで市ヶ尾遺跡群の調査が終わり、チャンス到来となる。要調査の理由はこうだった。苦労して市ヶ尾・大場衛門谷横穴群は調べがついた。しかし、後期古墳の一形態である横穴の出現から終焉に至る変遷の道筋を押さえないと、横穴群の移り変わる様子、あるいは古墳群としての性格や特徴をまっとうにつかむことはできない、と言うのだ。

当時、横穴の変遷観については赤星直忠氏の説がほとんど唯一であった。赤星氏は三浦半島の横穴を丹念に調べ上げ、それを基に変遷に関する図式（編年）案を提示していた。その要旨によると、横穴の平面形が方形もしくは長方形で天井・壁が家形をなすものを古式と定め、時間の経過とともにしだいにその家形が崩れいく。果てには平面が羽子板状、天井・壁がドーム状をなす新式横穴になる、とするものであった。

この説に従うと、カンカン穴は港北地域では最古式の横穴となる可能性がある。ということで、いざ調査と相なった。和島先生は、年末の十日間で調べると言い、宿舎はまたしても中里学園に決まる。調査員は、すっかりお馴染みの甘粕、岡田の両人に私と中村君、佐藤さん、境野君、そして今回は國學院大四年生の矢部真実さんが参加した。矢部さんは市ヶ尾B群の調査から和島軍団に加わっている。飄々とした人柄で、よく國學院小唄等を披露して楽しませてくれた。卒業後は大阪の公立高校教師の職に就いている。子ども好きの優しい人だったから、きっといい先生になったのだろう。

さて、一同は毎朝七時頃には宿舎を出て市ヶ尾の辻の停留所にむかい、そこからあのワンマンバスに乗るのだ。バスの発車時刻がせまると和島先生は正規の道路から外れ、凍りついた田んぼを横切る。バリバリッと薄氷を踏み砕きながら一目散に走る。われわれも懸命に後を追った。そして息を切らしてバスに飛び込む。

もう走るのが日課になってきたある日の朝だった。一同猛然と駆け込んだバスがなぜか発車しない。すると運転手が落ち着いた様子でアナウンスした。「もう少し待ってください。○○先生が来られますので」と。そこで荒息のまま窓から外を眺める。むこうのほうにワイシャツにネクタイを引っかけ、上着を片手に「おーい待ってくれ！」と叫びながら一方の手を大きく振りながら駆けてくる人がいる。○○先生らしい。数分して「ふう、ふう」言いながら客席にどっかりと座り込み、ネクタイを締め直した。バスはゆっくり発車した。

車中の客はわれわれも含めて十人ぐらい。彼の○○先生のほかにも女の先生が乗っていた。共に元石川の小学校に勤めているという。そうだ、これは通勤バスなのだとわかる。もう一人、後部座席に老人が静かに座っている。ほとんど毎日だ。背中に蓆《むしろ》を簀《す》巻き状にして背負い、手には長い鉄棒を持っている。

なんでも正月料理用の自然薯（山芋）掘りに行くのだそうだ。鉄棒は専用の掘り道具らしい。後に金井さんに聞いたら、この老人は自然薯掘りのプロだと教えられた。われわれ同様に終点で下車していたから、きっとお目当ての場所が近くにあるにちがいない。だいぶ古くなったワンマンバスは、朝日を浴びながら凸凹道をがたがたと土煙を上げて走り、八時過ぎに元石川停留所に着いた。

肝心のカンカン穴の調査は、玄室内の実測から始めて入り口前の小広場（前庭部）の発掘に移ることにした。広い室内は手の込んだ造作が見られ、その立派さに思わず歓声をあげた。切妻の家形にしつらえ、天井の棟や側柱はきっちりと陽刻されている。壁面は縦長の板材を建て並べたように見事に表現されていた。

ところが、いざ実測となると、この整備された構造がかえって仇になり、計測作業に時間がかかる。大晦日までには終わりたいので、途中から入り口前の小広場（前庭部）の発掘を併行して進めることになった。しかし、こちらも膨大な量の土で埋まっている。掘れども掘れども本来の地面は出てこない。

甘粕さんは「もう少しで土器が出るから」と叱咤激励する。市ヶ尾横穴群の発掘の経験から、小広場にはお供え用の土器が置かれている可能性大と見ているのだ。土器があれば年代がつかめる。無心にスコップをふるう。小柄で痩せた中村君は意外に馬力がある。甘粕さんは「早稲田のブルドーザー」と囃《はや》す。

佐藤さんの掘りっぷりも堂に入ったものだ。投げ出す土の塊が崩れない。そうこうして三十日にようやく小広場の全容があらわれた。平面はほぼ方形で壁は直立状態に近く立ち上がり、床との境には細い溝が走っていた。部屋のなかも立派だが、こちらも引けをとらない。堂々たる玄室にふさわしい広場（前庭部）といってはばからない様相だった。だが、期待の土器はついに発見されなかった。一同すっかり落胆した。

宿舎に帰って夕食をすませ一風呂浴びる。外に出ると濡れたタオルがたちまちカチカチになる。寝泊りの部屋は広いが、何しろ冷える。毛布を頭から被り、市ヶ尾の辻停留所前の万屋で買ってきた焼酎をちびちびやっていた。

すると中里学園のガキ大将たちがやって来て、「俺たちにも飲ませてくれ」とせがむ。「子どもが飲むものじゃない」と追い払うも退かない。仕方ない、と甘粕さんがうがい薬をコップに入れて、「ほら、飲んでみろ」と渡した。彼らは喜んで口にし、途端「げぇ！」と吐き出した。「それみろ、お前たちの飲むものじゃない、と言ったただろ」。そんな夜もあった。

十二月三十一日になった。発掘道具や衣類などをリュックサックに収め、朝の食堂へ。毎朝、絞り立ての牛乳と手作りのパンが出る。学園の先生と子どもたちの産物である。美味しくいただいた後、和島先生が手短にお礼の挨拶。そしてワンマンバスで出かけた。

今日は大晦日、調査は午前中で切り上げることになったが、掘り出した前庭部と室内の実測が残る。先生は、「年明けにやろう」と提案。これを受けて昼前に撤収することになった。そして渋谷行きのバスで東京に引き返すことにするも、発車時刻がせまる。作業姿のままリュックサックを負い、手にはスコップをもって停留所に走り、間に合った。

一時間かけて渋谷に着く。なにしろ昼食をとっていないので腹ペコだ。そこで蕎麦屋の戸を開けてなかに入ろうとしたら、店員から追い出された。見れば、みんな泥の付いた作業着にスコップという出で立ちである。矢部さんに至ってはズボンが裂けて脛《すね》丸出しだ。これでは路上生活者とまちがえられても仕方がない。やむなく電車に乗り帰宅することにしたが、他の乗客の迷惑を考えて車両の隅のほうに。もっともひどい姿の矢部さんをみんなで囲うようにして乗客の視線をさえぎりながら高田馬場まで送った。

とんだカンカン穴掘りだった、と思いつつも、その壮大さは強く印象づけられた。年明けて先生と岡田さん、それに佐藤さんが同行して実測をすませたようであった。後日談だが、何よりの関心事は、この横穴に「誰が葬られたのか」である。

甘粕さんは、建築史の専門家からこうした造りの建物は平安時代の所産という指摘を受け、古代に元石川付近に置かれた牧の管理者の墓ではないかと想定していた。しかし確証はない。それよりなにより市ヶ尾横穴群との関係はどうなのかが関心の的である。B群16号は玄室が方形で四柱式屋根を思わせる天井になっているが、カンカン穴の玄室とは隔たりがあり過ぎて関連性は問えそうもない。結論として、この家形横穴が赤星編年とは結びつけようのないことだけははっきりした、と言える。労多くしてだが。

一九五七年一月をもって市ヶ尾とその周辺地域の野外調査は終わった。まだストーブに石炭をくべる日がつづいていた頃だったと思う。甘粕さんが横浜市史の原稿を和島先生に手渡していた。岡本さん、岡田さんはすでに書き上げているらしかった。私たちは、市ヶ尾遺跡群の図面や遺物の整理に余念がなかった。

そういえば、上野の東京国立博物館に行き、館職員の考古学者三木文雄氏のお世話で一九三三年に出土した市ヶ尾横穴群の遺物調査もしていた。三木氏は、自席で碧玉製腕飾り（前期古墳の副葬品）の実測をしていた。机の上には数個の類品があり、ゆっくりと鉛筆を動かしながら市ヶ尾遺跡群の調査のことをたずねる。こちらも玉類を測りながらだが、甘粕さん、岡田さんがていねいに応答していたのを記憶している。

そのほかにこんなことがあった。金井さんの店の近くには稲荷前横穴群（黒須田町）のあることが知られていた。市ヶ尾横穴群の研究のためにこの横穴も調べておく必要があったので、晩秋のある日に甘粕さんと出かけ、五基の横穴を実測している。そのとき横穴群上方の丘に上がって昼食をとった。その丘がじつは前方後円墳（稲荷前一号墳）だとわかったのは十年も後のことである。何ということかと切歯扼腕することになるのだが。

かくて約半年間に市ヶ尾・衛門谷横穴群を中心に付近一帯で存在が知られていた横穴群を調べ終えた。同時に市ヶ尾・衛門谷横穴群については群としての構成に関して貴重な知見もえられたのだ。このような横穴群の調査は当時としては画期的だった。

たしかに埋葬当時の状態が保たれたままの横穴を調べることはできず、予定していた埋葬遺体から古代家族のあり様を探るには至らなかった。ことに戸籍計帳等から推定されていた家父長制的家族構成について、考古学からこれを裏付けることはかなわなかった。

しかし、鶴見川中・上流地域では六世紀後半から七世紀末頃まで横穴という形式の群集墳が営まれ、その最盛期が七世紀代になることが明らかになる。わけても市ヶ尾横穴群は、横穴の数、個々の穴の規模や造り方、量質ともに卓越した副葬品から知られるように、地域を代表する有力な群集墓であり、そこには五ないし六の親族集団（「世帯共同体」）が一体となり、約一世紀間にわたって造営した共同墓地と見なすことができたのだ。

地域の動向として見直すと、古墳時代前半期には多摩川・鶴見川下流の広いデルタ地帯に大型の前方後円墳を中心とする荏原古墳群や日吉古墳群（観音松・加瀬白山古墳等）が出現した。農耕集団の結集を背景に沖積平野の水田農業開拓が進み、統率する首長が大和政権と結んで造営した記念碑的墳墓群とされている。

このようないわば先進地域に対して、鶴見川中・上流は目立った前半期古墳は存在せず、分散的な谷水田経営の行われた後進地域と捉えられていた。そのような地域の捉え方のなかで、市ヶ尾横穴群などの調査は、六世紀後半以降に有力な家族集団が台頭し、旺盛な地域力を発揮してきたことを解き明かしたといえるが、その結論はさらに集落址の調査によって深められることになる。

古代の村は見えたのか

では、横穴群の調査とタイアップして取り組まれた集落遺跡発掘の成果はどのようにまとめられるのだろうか。まずメインの鹿ヶ谷遺跡の調査結果から考えてみよう。発掘は、予定よりかなり遅れて調査期間の後半に実施された。佐藤善一さんらの國學院大生、それに田村晃一さんらが主力部隊だった。甘粕さんと岡田さんも16号横穴を調べ終えて参加している。先に触れたように、私は、衛門谷横穴群の調査が終了した時点で宿舎を後にし、この発掘には加わっていないが、帰途前に短時間遺跡を訪れ、その後の追加調査には加わった。

あらためて調査結果を整理してみると、掘り出された竪穴住居址は十九棟である。内訳は、弥生時代後期が七棟、古墳時代が八棟、奈良時代が三棟、時代不明が一棟となっている。そのなかで市ヶ尾横穴群が造営された時期と重なる住居址が四棟ほど確認されている。

この時代判定で注目されたのは1―a号住居址から発見された土師器の坏《つき》だった。何とその形は市ヶ尾A群2号の入り口付近で見つかった坏とそっくりだったのだ。この事実からすると、2号横穴と1―a号住居はほぼ同時期に営まれたことになる。

また、2号横穴は市ヶ尾横穴群の終末期に造営されたことが想定される。とすれば、ここ鹿ヶ谷の台地上には横穴造営が終わる頃、四棟前後からなる小集落が存在したと考えてよいことになる。発掘のねらいは的中したわけだ。もう少しズームアップして集落の中身を確かめよう。

まず、比較的大型の4号住居址を取り上げる。平面は方形で、一辺の長さが五・七メートル、床面積は約三〇平方メートル程度。柱四本で上屋を支える。屋根は入母屋造りだろう。比較的安定感のあるどっしりした建物が想像される。

屋内では、北壁の中央に竈が作りつけられている。反対の南壁に玄関があったのだろうか。竪穴式だから梯子をかけて出入りしたと考えられる。床中央にも円形の焼土跡がある。これは室内の照明用の焚火跡だろう。そう判断するうえでのヒントは、中国雲南省の少数民族を訪問した際、屋内の各所で明りとりに焚火をしていたことからえた。壁沿いの細い溝は土壁面をカバーする腰板（茅等をあてがったかもしれない）のような部材を立てた窪みだ。

居住した人の数はどうだろうか。竈と入り口を結ぶ空間は土間、家人の立ち歩きで踏み固められ、移植ゴテで叩くと金属音を発する。左右の空間が寝所ということになるから、その広さが家人の数に関係するとすれば、寝床の面積を約二〇平方メートルと計算し、せいぜい七、八人くらいは寝起きできそうだ。子どもがいたとすれば、なお二、三人が増えても収容可能となるが、あくまで計算上の推測だ。

つぎに、住居の構造が比較的よくわかるのは3号住居址で、4号住居址より規模はひとまわり小さい。平面方形で一辺約三メートル。床面積九平方メートルになる。北壁の中央に竈を設置するのは4号と同じ。同じく竈の反対側に入り口があったと考えられる。屋内に柱穴がない。合掌状屋根の伏せ屋であろうか。壁の外で見つかった列状に並ぶ数個の小穴は葺き降ろし屋根の垂木を差し込んだ遺構と考えられる。床面積から推定すると、居住人数は多く見積もっても四人前後だろう。

ところで、発掘の見学者からよく聞かれることがある。「トイレはどうしたのですか」とか「風呂はなかったのですか」という質問だ。ごもっともな問いだが、わからない。内部空間の広さからすれば屋内トイレは考えられない。では、外となるだろうが、確かめようがないのだ。ただ、縄文時代から貝塚が存在しているように、ゴミ捨て場は決められていたようだ。あえて想像すると、原始時代から不用・不浄なものの扱いには、なんらかの決まりがあったのではないかと思われる。とすれば、この鹿ヶ谷の古代人も勝手気まま無作法に用を足していたとは考えにくい。

また風呂と呼べるような施設は見あたらないが、体を浄めることは行われていたと思われる。このことも雲南省の少数民族から教わったことだが、彼らが身体を洗うのは一生に三度。それは生まれた時、結婚する時、死んだ時だと言っていた。浄める場所として使われるのは集落の脇を流れる小川だとも。ついでにいうと、どの集落でも個々の家屋内にトイレはなく、外れに共同便所が見られた。ただし、訪問地は畑作主体の農業を生業としており、乾燥気味の気候が支配する地域だった。これと比較すると湿気の多い日本では事情は異なるだろう。とはいえ、お湯たっぷりの風呂桶に首まで浸かって鼻歌を歌うような風景は今様で、古代鹿ヶ谷の住人には思いもつかない世界だろう。どちらかといえば、雲南省の例とそう懸け離れた状態ではなかったのではないかと推定してみる。現代の住居規模と比較すれば、風呂なしトイレ共用の集合住宅として4号住居址は2K程度の建物、3号住居址は1K程度の建物に相当するだろう。

こうなると問題はムラのあり様ということになる。発掘の範囲は東西五〇メートル、南北六〇メートルに及んだ。このエリア内から七世紀後半から八世紀前半頃の住居址七棵の存在が確かめられている。といっても七棟の住居址は同時に営まれていたのではない。前半期（七世紀後半）には三、四棟前後、後半期（八世紀前半）に二、三棟ばかりが共存したと判断される。

もちろん建物の存廃は継続的に行われるから一、二棟の出入りはあったとしなければならないが、少なくとも二、三棟の建物（竪穴住居）が隣り合う小集落が約百年間存続したと考えることはできる。そして、建物の大小を考慮すれば小集落の人口は十五人前後と推定されよう。和島先生はこのような集団を世帯共同体と呼んでいた。おそらくは血縁で結ばれた家族的なグループと考えて誤りなかろう。

とすれば、このような小集落が単独でムラをつくっていたのか、というような問いが生じる。この当然の問いにどう答えるかだ。稲作農業では水利灌漑等で大勢の人の共同作業が必要である。とても一つの世帯共同体だけでコメ作りや日常生活を維持し、やり遂げることは難しいと思われる。

そこで視野を広げて考えてみる。発掘した場所は鹿ヶ谷台地の北東斜面の一区域であった。台地全体の面積からすると一割強の広さに過ぎない。この区域が発掘の対象になったのは、たまたまこのあたりで六世紀から七世紀の土器（土師器）が採集されたことや和島先生お得意の電気探査（地上から地中に電波を送り、その反応で住居跡などを探る）を尊重した結果だった。

つまり、この一帯に横穴の造営期と重なる集落跡の存在が予測されたからである。残り九割弱の範囲も分布調査されたが、畑作物の生育中ということもあって十分な調査はいまだしの状況。かりに入念に調査できたとしても、しょせんは表面観察に過ぎない。地中深くに眠る集落跡もありうるだろう。そのように考えると、この鹿ヶ谷台地に同時期の小集落が存在した可能性は十分あると見なければならない。

それだけではない。鹿ヶ谷台地の北隣りには竹ノ下と呼ばれた台地がある。ここでも七世紀頃の土器が採集されていた。和島先生は、この台地が市ヶ尾横穴群に一番接近していたことから、集落と丘陵上の古墳らしき丘や台地背後の市ヶ尾横穴群との関係を探るうえでもっとも重要な場所と考えていた。

そして、発掘するために土地所有者と交渉を重ねていた。横穴群の調査が始まった頃、夜のミーティングが終わると毎晩折衝に出かけていたのを覚えている。結局、交渉がまとまらず、次善の策として竹ノ下台地南隣りの鹿ヶ谷台地を発掘することになった。難航の原因は育成中の高麗芝の保障額が高過ぎたことで、とても調査費では賄えなかったことによる。先生はいつも学術的意義と価値を真正面に掲げ、正論勝負で相手を納得させつづけてきたが、この竹ノ下の交渉だけは実らなかった。

余談が過ぎたが、要するに鹿ヶ谷台地の近隣にもいくつかの小集落が営まれていたにちがいなく、それらが大きくまとまってムラを形作っていた、と考えられるのである。しかし、そう言い切るためにはまだまだ調査は不十分だったし、資料不足でもあった。そして、この問題は以後の調査、とくに港北ニュータウンの調査などで古代のムラの存在とその構造の解明が進められ、古代東国農村の実態がさらに明るみに出てきているので、後にもう一度取り上げることにしよう。

あれこれ書き綴ると「大山鳴動して鼠一匹」の観なしとはしないが、少なくとも鹿ヶ谷台地に存在した小集落の住人たちが、果たして背後の丘陵の横穴に埋葬されたのだろうか、の問いには答えを出すことができた。その根拠は集落と横穴から発見された遺物の比較にある。先に見たように横穴の大半から装飾品（ネックレスの玉類・耳飾り・腕輪等）、武器（鉄製の刀や鏃）、須恵器等の容器類が出土していた。

これに対して集落址からは土師器の土鍋や皿類がほとんどで、わずかに土器の破片を利用した紡錘車とか土製の勾玉が数点、それに滑石製有孔円盤がえられたに過ぎない。須恵器は皿が八個発見されているが、いずれも奈良時代の住居址からだった。

こうなると断定はできないけれども、状況証拠的には鹿ヶ谷住人の農民たちが横穴に埋葬されたと考えるには相当無理がありそうだ、となる。もう少し突き詰めると、ムラのなかの一部の有力家族集団（「世帯共同体」群）が横穴を営んでいたのではないかと見ざるをえない。同時に七世紀頃からはムラのなかが有力集団層と一般農民集団層に分化していたことを想定してもよさそうだし、さしあたり鹿ヶ谷遺跡などは後者の集落となるだろう。

では、市ヶ尾横穴群を営んだ前者のような集団はどこに集落を構えていたのかが問題になる。横穴群の位置からすれば市ヶ尾辻の街一帯が候補地となる可能性が高いが、現状では調査は不可能である。だが先を急いではならない。このこともさらに多くの資料によって解明度を高める必要があろう。いつの発掘もそうだが、すべての答えは先送りになる。

課題を残しながらも市ヶ尾遺跡群と関連遺跡の調査は一九五七年度内に終了した。和島先生は、追加調査を手がけながらいま一つの課題を追究していた。それは横穴群と同時期の生産遺跡の調査である。先生は生涯かけて原始・古代共同体の研究に精力を注いでいる。その研究方法については生産・集落・埋葬の三者を統一的に捉えることを標榜していた。市ヶ尾遺跡群の調査はまさにその代表的な実践例と言ってよいだろう。

そこで残された課題は七世紀頃の生産遺跡を見つけて発掘することである。先生は手がかりをえてはいた。市ヶ尾横穴群に登る道の途中に炭灰や焼け土を含む地層が剥き出しになっていたのだ。先生はこれを掘るように命じる。あの広場の測量の最中のことだ。この忙しいときに、とぶつぶつ言いながら二日かけて発掘したが、本体は近代の炭窯だった。

和島先生は追究の手を休めない。車塚が位置する丘陵の東斜面に須恵器の窯跡があるという報に接していたのでこれも調べると言い、実地探査を強行した。十月の後半、秋晴れの好天の日にお供する。先生は小学生の三男明君とよちよち歩きの長女真理ちゃんを連れてきた。年中家を空けることが多いのでたまには家族サービスが必要だとの説明。

昼前に現地に着く。見ると草木が生い茂り、窯跡などとても簡単には探しだせそうもない。すると先生は「僕が（窯跡を）探すからここで待っていてくれ」と言って草木を払いのけながら斜面を降りて行った。私は二人のお子さんを相手にしながらしばらく待つ。

一時して先生が上がってきた。「駄目だ、わからん」が結論になる。子どもさんと野外散策を兼ねての外出でとことん探しつくすつもりはなかったのだろう。そして山道を歩く。先生を先頭に明君が荷物持ち、私が真理ちゃんをおんぶしてつづいた。伝えられた窯跡については後日、甘粕さんと再度所在を確かめに出むいている。かなり時間をかけて探したが窯跡らしいものは発見できなかった。生産の場の解明は棚上げになったのだ。

こうして忙しい年度も終わりに近づいていた。そこにまた降って湧いたようなことが起こる。念願の報告書も先生のまとめができれば刊行へという状況だった。そこにまた降って湧いたようなことが起こる。埼玉県で高校教師を務める金井塚良一さんが研究室にやって来て盛んに先生と話し込んでいる。ちらっと聞こえてきた。「杉原先生と話がついた云々」とのことだ。どうやら五領遺跡のことらしい。*5

金井塚さんは遺跡の発見当初から重要性を察知し、全域調査の必要性を説いてまわっていた。その理由は、一つには不明瞭であった古墳時代前期の土器について確実な資料がえられ、五領式土器として型式認定が可能になること。二つ目は古墳時代前期とその前後の時期の集落構造を解明できることであった。

そこで土器の問題に関してはこの分野の第一人者の杉原荘介明大教授に、集落のことは和島先生にと、両先生による分担・共同調査として実施するという、いかにも金井塚さんらしい巧妙な案ではあった。

和島先生にとっては調査にあたり確たる手勢はないので、われわれ武研会員がお手伝いすることになる。いつものように甘粕、岡田の不動のコンビに私や佐藤さんらが加わって発掘に参加することになる。

二月末の某日、東松山市内の古い旅館「松山館」に杉原先生以下明大考古学専攻生十名ばかりと和島先生ほか武研のメンバーが集結し、この旅館を宿舎として毎日徒歩で現地に通うことになった。

調査期間は二週間。連日天気はいいが、北西の風が吹き荒れて砂埃と寒さに苦しめられる毎日だった。発掘箇所は桑畑の一部で面積約千平方メートル。耕作土は薄く、地山がすぐにあらわれる。日程の半分を消化したところでわずかに一棟の住居址を掘り出したが、調査範囲のほとんどは遺構なし状態だ。

両先生は、これ以上掘っても遺構にあたる可能性はないだろうと判断し、調査を早目に打ち切ろうと話し合っていた。そのうえで念のために調査区の周囲をもう少し確かめることになり、数本のトレンチの端を二メートル程度延長した。

ところが、なんとしたことか延長部分からつぎつぎと住居址が顔を出したのである。その数二十棟。これらが半円形に並んでいるのだ。一同驚きと同時に溜息を吐く。もう調査期限が迫っていた。要するに調査期間の大半をかけて住居群に囲まれた空白の広場を調べていたのである。遺構が見あたらないのは当然だった。

大慌てで調査したが、すべての作業は期限内に終了できず、一部の未調査部分が残る。明大組は予定があるとのことで撤収。武研組も残余の調査を片づけて引き上げることになった。しかし、なお埋戻しが未了のままだ。畑を調査前の状態に戻すことは金井塚さんとの約束である。かならずもとどおりにして返さなくてはならない。結局、甘粕さんと私の二人で埋戻し作業をすることになる。貧乏くじもいいところと恨むもやむなし。

朝から二人でスコップをふるった。必死でトレンチと住居址に土を被せるが、なかなかはかどらない。午後になっても埋めきれず、相談して隣接の福祉施設、育心寮の子どもに応援を頼むことにした。甘粕さんが交渉に行き、了解をえる。元気そうな子どもが十人くらいやって来て土運びだ。彼らは無心に働いた。おかげで日の暮れる頃には作業を完遂することができた。

念のために言うと、五領式土器の最初の発見者はこの寮生たちだった。彼らが寮脇の畑で農作業中に土器を見つけ、それが関係者を通じて金井塚さんの手に渡り、やがて杉原、和島両先生指揮下での発掘となったのである。このように五領遺跡を学会に周知させる端緒を開き、発掘調査の完了に貢献した育心寮生たちこそ最大の功労者といってもよいとひそかに思う。

日も暮れて現地を後にし、午後八時頃東上線東松山駅で電車に乗る。暖房のきいた車内で二人とも空腹を忘れたかのように眠りこけた。そして、国鉄払い下げのボロ電車を気にする間もなく一時間程で池袋に着き、ここで別れて甘粕さんは練馬の自宅へ、私は板橋の借間に帰った。

労多くして実入りの薄い調査ではあったが、和島先生は五領期の一単位の小集落をつかめたことで満足の様子。杉原先生は出土土器量が少なく、いくぶん心残りだったらしい。その想いが第二次以後の調査への意欲を駆り立てることにつながったのであろう。果たせるかな五次までの調査で百数十棟の住居址が掘り出され、同時に大量の土器がえられて、五領遺跡は古墳時代前期の代表的集落の地位を不動にしたのである。

大学研究室と武研との共同調査といういわば他流試合だったからその緊張と空っ風や砂埃に悩まされた発掘ではあった。思い出すことも鮮やかだ。その一つとして、明治の精鋭諸君は御大を筆頭によく飲む、という印象である。卒業後に関西で活躍する工楽善通氏らは入浴中浴槽に盆を浮かばせ、その上に猪口と徳利を載せながら飲酒を楽しんでいた。

また、私はミーティングが終わると和島先生から五領式土器の実測を命じられ、マーコを使ってさっさと図化したが、数回測り直しをさせられ、その都度「よく見て描け」と絞られたことが忘れられない。

こんなことも記憶から離れない。調査直前に隣りの坂戸町で自転車屋さん一家八人が皆殺しに遭うという悲惨な事件が起きた。警察の厳しい捜査の目は、あろうことか松山館の薄汚い「労働者」にもむけられる。調査団員が怪しい土木労働者の一群と見られたのである。もちろん聞き込みは失敗したのだが、学術調査といえどもあまり風体のよくない恰好では誤解を招く、と思い知る。年末の渋谷で蕎麦屋から追い出されたこともあったのだ。

五領遺跡の調査が終わって何日かが経つ。ある日、遺跡の空撮写真が研究室に届いた。拝見すると小さな方形住居址が円弧状に見事に並んでいる。画面隅のほうでは杉原先生らが手を振る姿も写っていた。

そういえば鹿ヶ谷遺跡からも、五領期と和泉期の住居址が二棟ずつ発見されていて、古墳時代前半に集落の営まれていたことは認められた。しかし、五領遺跡の集落とくらべると疎らで分散的である。どうしてこのようなちがいが生じるのか、と考え込む。いずれにせよ地域全体の動向を総合的に検討する必要があるのでは、と思いつつ時が過ぎた。

4 学窓考古学の日々

卒業論文への助走

三月も半ばを過ぎる。四月からは最終学年、その先に卒業論文が待っている、と思うとまた悠長に構えてはいられない。卒論のテーマに故郷益田の後期古墳を取り上げることとし、急ぎ帰省することにする。東京を離れる間際に、和島先生からは論文をまとめるうえでの調査の進め方でいろいろとアドバイスを受け、島根大学の山本清先生や若手ナンバーワン研究者の池田満雄さんらを訪ねるように、と紹介状を認めてもらった。

さらに先生からは「君、しっかり勉強して新機軸を出しなさい」と注文もつけられる。「新機軸?」、一瞬理解に戸惑ったが、「そうか、古墳を群として捉えるために何か新しい見方を編み出せということか」と受け止めた。だが、果たしてどうなることやら……。

益田に帰り、落ち着いたところで松江、出雲に出かけた。最初に山本先生のお宅に伺う。

当時先生は大学の官舎に住んでいた。訪問の意図を告げて一室に通され、和島先生からの紹介状を差し出す。和服姿の先生はていねいに目を通しながら、ゆっくりと「何を勉強したいのか」とたずねる。私は市ヶ尾遺跡群の調査に参加した経験から、石見益田地方の後期古墳を卒論のテーマにしたい旨を申し上げた。

すると先生は、島根県の古墳研究の概略を話された後、「こういう仕事が大事だね」といって書棚から薄い冊子を取り出し、「これを差し上げるから」と渡してくれた。それは先生が『島根大学論集』に寄稿した論文の抜き刷りであった。*6 押しいただき、タイトルに目をやっていると、先生は話をつづける。ていねいな語りの要点はつぎのような具合だった。

山陰地方の古墳研究にとっては、出土例の多い須恵器の編年研究による古墳の年代決定が有効である。その研究の基礎作業としては、蓋のつく坏(埦)の形態変化を手がかりにして年代的編成を行い、これを基軸に器種ごとの編年図を作成する、というわけだ。

拝聴しながら、須恵器の編年とは驚いた。たしかに早稲田大学八号館地下の研究室で洗った須恵器の坏と横穴式石室をもつ古墳などから出土した坏の形にちがいがあることはわかってはいたが、蓋坏をもとに型態分類して編年することができるという話は初めてだったし、しかも山陰考古学界の大御所ともいえる山本先生から直接聞いたのだ。

この当時、須恵器の編年としては九学会連合が行った対馬の総合調査での試案(『對馬の自然と文化』一九五四年)がほとんど唯一の例で、それも多くの研究者に知れわたってはいなかったし、須恵器が形態変化を遂げ、その変化を手がかりに年代的編成ができるなど思いもつかないことだった。

そのような状況にあって、山本先生のこの須恵器編年研究は先生が独自に開拓したものであり、それも蓋坏を基準にするという点に方法的特徴があったといえる。同時にその手法にこそ確かな普遍性と先見性があったとするべきであろう。

翌日は大学の研究室に出むき、先生から薬師山古墳出土の須恵器について直接解説していただいた。午後は先生の指示で、私と同期生だった東森市良《ひがしもりいちろう》君に松江市南部の古墳を案内してもらう。島根大学前から市営バスで「練兵場前」まで行き、そこからテクテクと歩いた。東森君の詳しい説明を聞きながら目ぼしい古墳を見学する。

国道脇にあった鶏塚《にわとりづか》方墳の端正な姿、反対側の大きな前方後方墳の山城双子塚古墳と石棺式石室の山代《やましろ》方墳、安倍谷《あべだに》横穴等々を見てまわった。前年の春に和島先生の研究室に出入りしはじめたとき、『考古学雑誌』に連載された梅原末治「出雲に於ける特殊古墳」を筆写していたので多少の知識はあったが、実物を見るのは格別だ。[*7] 感動ものだった。

日暮れ前に東森君と別れて、一畑電車で出雲市大津町に住む池田満雄さんを自宅に訪ねた。よそから来訪する考古学者（何人か名前をあげられたが、記憶では森浩一氏が残る）の定宿になっているという離れの部屋に泊めていただき、夜半まで出雲の考古学の現状について教示を受ける。畳の間の隅には、山本先生を中心に進められている県下古墳の調査カードが高く積まれていた。

翌日は日曜日。池田さんの導きで出雲今市町（現・出雲市）周辺の著名な古墳を自転車で見てまわる。大念寺《だいねんじ》古墳、塚山古墳、築山古墳、地蔵山古墳を半日かけて見学した。大念寺古墳の大きな石室と石棺、築山古墳の壮麗な長い石室には目を見張らされた。つづいて南部の丘陵にも足をのばす。途中、西谷墳墓群3号墓・4号墓の脇を通った。

思い返すと、4号墓のところで「ここから変わった弥生式土器が出ている」と説明を受けたと記憶するが定かではない。当然ながら3号墓・4号墓が四隅突出形墳墓であることなど、当時はまったく知られていなかったし、もちろん「変わった弥生式土器」が「特殊壺・特殊器台」だということもわかっていない頃の話である。*8

丘陵を上りつめたところで林を切り開いた広い畑地に出た。何気なく見晴らすと、そこらに巨大な石が数個転がっている。どうやら寺院の礎石らしく、それが開墾作業によって露出したという。急ぎ池田さんは持参の巻尺で石と石の間隔を計測される。手伝いながらうかがうと、長者原廃寺跡という奈良時代の寺院遺跡と説明された。

昼をだいぶ過ぎ、山を降りて町に戻り、「献上そば」屋で割子蕎麦をご馳走になる。池田さんの話では昭和天皇が当地を視察した際に食した蕎麦とかで評判になっているとのこと。出された割子蕎麦は初めてだ。小さな椀に盛られた蕎麦に薬味とたれをかけて食べる。いただきながら思い出した。母方の祖母が東京に出てざるそばを食べたとき、この割子式の食べ方をしたためにたれがざるから下に流れ出し、大騒ぎになったという。

こうして出雲から帰った後は、益田近在の鵜ノ鼻古墳群の踏査に出る。横穴式石室墳が約五十基、海辺の台地に集中する石見地方では最大の群集墳である。春の海風は冷たい。我慢して見学可能な石室をのぞき、略測したり、写真を撮ったりした。

調べた結果、古墳群がいくつかの小グループに分かれることや前方後円墳が二基以上あることもつかんだ。その後に郷土史家の矢富《やどみ》熊一郎氏を訪ねて古墳群の全体像等について教示を受ける。合わせて周辺の横穴式石室墳の調査も行った。調査に際しては岡田さんからいただいた横浜市史編纂用として作られた古墳カードがずいぶん役に立つ。感謝しながら春の山野を歩いた。

四月に入りすぐ上京した。最終学年になり、なにかと気ぜわしい。授業が始まる。卒論演習は、最初にテーマと進め方について主査の水野祐先生から指導を受けただけで、以後は各自の研究にまかされる。副査は直良信夫先生だった。先生が著名な先史考古学者であることは承知のうえだが、先史地理学を受講したおりの印象や先輩から先生の指導ぶりについて聞きおよんでいたことが審査依頼の主な理由である。

また、直良先生の夫人は出雲出身の方で、その関係から先生が山陰地方の自然や歴史にも造詣が深いことも知っていた。研究室に参上して論文審査をお願いすると先生は快諾され、激励を受けた。一介の学生に対して優しく謙虚に接する態度に敬服する。

毎週の授業科目は少なくなったが、国史演習IIは休めないし、必須英語も残っていた。担当の先生が面白い。西尾孝といって受験英語で鳴らしていた。この先生、妙な話をしては受講生を笑わせる。ある時、「『パチンコの歴史』を英訳しなさい」と問いかける。誰も答えられない。すると「チンジャラヒストリー、でいいんですよ」と迷訳。いっせいに笑いが起こる、と言ったしだい。

こんな話もあった。戦前、天皇誕生日の前日のこと、ある海軍中尉に、外国艦船に出むき、儀礼の旗を揚げ、礼砲を打つよう伝達する命令が下ったそうな。当の中尉はこれをどう英語で話したらいいかと困惑したらしいが、結局、外国艦へ出かけて「Tomorrow emperor's birth day all flag don don!」伝えたと。そうしたら当日はきちんと儀礼旗が掲揚され、礼砲が打たれたというのである。「そう格式ばって話さなくても結構伝わるんですよ」と。全員大笑い。単位もちゃんといただいて結構、結構となる。

夏休みには教育実習だ。母校の鎌手中学校にお願いして二年生の社会科（歴史）を担当する。久しぶりに母親手製の弁当を下げて朝から出勤である。前半の一週間は授業見学で後半の一週間に実際に教えた。教案は立てたものの、授業ではかちかち。生徒は物めずらしく聞いてはくれたが、疲れました……。とくに、最後の全教師参観の下での公開授業はもう……、勘弁してよ、だった。難しいものだ。「板書するときに生徒に背をむけては駄目です」と言われたことがいまでも忘れられない。

実習が終わると、石見地方のあちこちに出かけて古墳調査をする。考古学は英語のARCHAEOLOGYの訳語である。市ヶ尾遺跡の調査のときに、國學院大の矢部さんから、これはArchae（歩け）オロジー（学問）と読むのだと教えられた。そうだ、歌の文句ではないが「歩いて歩いてー」多くの遺跡や遺物を検分することが論文の出来を左右する。

さあー、歩かねばと山間地の邑智《おおち》郡域を訪ねることにした。この地域には横穴式石室墳が多いというので二晩泊まりでの調査となる。たまたま山本先生の教え子であり、群集墳の若手研究者として名を上げていた門脇俊彦さんが郡内の小学校に勤めていた。論文作成の意図を認めた手紙を出して頼み込み、歓迎の返事を手に現地へ。そして門脇さんの案内で江《ごう》の川流域の古墳群を踏査した。

鎌手駅を八時に発ち、三時過ぎ、門脇さん勤務の邑智郡君谷小学校に。その晩は学校の宿直室に宿泊させていただき、夜は石見山間部一帯の後期古墳について教示を受けた。山間地の古墳を調査したとき、日が暮れて横穴式石室のなかで一晩を過ごしたとの話も出て、氏の猛烈考古ぶりに感嘆することしきり。

翌日は、門脇さんのお供で出羽《いずは》川の流れる瑞穂盆地へ。河岸段丘上には後期古墳が点々と分布し、六、七世紀におけるこの地の殷賑ぶりを垣間見た。夜は瑞穂泊まり。翌日は単独で邑於保知《おおほち》盆地へ。石見町中野というところは銅鐸出土地で知られ、付近には後期古墳も少なくない。こんな鄙の地にどうして銅鐸や古墳が集中するのだろうかと考えながらの踏査だった。

とにかく、夏休みに実地踏査はすませないと論文が書けない。高校生になった二番目の妹を助手にして近隣の古墳の石室を実測したり、単独で横穴に潜り込み計測する。また教育実習の際に仲良しになった中学生にも手伝いを頼んだ。益田地域は比較的横穴が多く、時間をかけての実測作業になる。

当地の横穴は穴の入り口が小さく、草木におおわれているのを見つけるのがひと苦労で、なかに入るのもやっとの大きさ。だいたい、ほとんどの横穴が市ヶ尾のそれと比較して三分の一以下の規模である。室内は天井が低く、容易には立ち上がれない。穴の造りもじつに簡単であり、この点も市ヶ尾の比ではない。えらいちがいだと思いつつ連日、腰をかがめて測る。最終的には約六十基の横穴を調べた。

ここへきて、突発の冷や汗事件が起こった。お盆過ぎに、近くの芝窯跡を急遽発掘することになったのだ。夏休み前、たまたま学内で大川副手に会った際、「田中君、君の田舎の窯跡を掘るぞ」と言われてびっくり。そういえば、新参者で八号館の地下研究室に出入りしていた頃、大川さんから「君の田舎には須恵器の窯等ないかね」と聞かれ、自宅から二〇〇メートルばかり離れたところに焼き損ねの須恵器が出る、と答えた。「そう、いいねえ、いつか掘ろう」と半分本気で言っていた。でも、まさか、だった。

盆明けだったと思う。大きな暗箱カメラや測量機材を担いだ大川さん一行がわが家にやって来たのだ。発掘届等の手続きは大川さんがすませていた。それから二週間、芝窯跡を掘る。私がいつも見ていたのは灰原《はいばら》の一部で、地主さんが家を建てる際に崖を切り崩し、そのときに一角を破壊したために露出した灰原の断面だった。

大川さんは、地形から「ここが窯だ」と指差す。随行の教育学部生が平板とトランシットを据えて測量、大川さんは学生二人と窯の焚口探しのトレンチを掘る。数日してトンネル状の暗黒穴を発見し、内部の調査に移る。穴のなかには須恵器が残っていた。天井からは氷柱のように固まった溶融垂が無数に突出している。大川さんは写真を撮りながら金槌で氷柱様の垂下物を叩き落した。えらい乱暴な掘り方をするものだと驚く。私は、もっぱら灰原の発掘に勤しんだ。

こうして十日間で調査を終えた。出土した須恵器や窯壁片等はリンゴ箱に詰めて早稲田大学の考古学研究室へ。一行は、また諸道具を背負って帰還する。あっという間の出来事だったが、なにしろ東京の大学が調査に来たというので近隣中の評判になる。両親はもてなしで右往左往の毎日だった。飲み食い代はすべてわが家持ちの殿様発掘で家族はびっくり。

そう、これもまったくの青天の霹靂だ。大川さんたちが帰った翌日、突然、和島先生がわが家にやって来たのだ。私は内心「うおー！」とばかり、肝が潰れそうな想い。もう一日前だったらどんなことになっていたかと胸をなで下ろした。先生は、誰かから（たぶん中村君か）「田中君が須恵器の窯跡を掘っているらしい」と聞いて駆けつけてくれたようだった。

ありがたいやら空恐ろしいやら。両親はそんなことなど露ほども知らない。息子の恩師だというので丁重にお世話をする。育ちのいい先生はきちんとした礼儀作法に徹している。母は「立派な先生だ」と感服していた。

さっそく、調査した窯跡を検分してまわる。いくつか質問されたが、記憶にない。ひととおりの踏査の後で成果を卒論にどう生かすかともたずねられたと思うが、それも覚えなし。私は、先生になんの相談もせず掘ったのでしっかりお叱りを受けるだろうと覚悟していた。しかし、先生は何も言わなかった。両親には一生懸命勉強しているので安心するように伝えたらしい。いずれにしても発掘経験の乏しい弟子が掘っているというので、相当無理して来てくれたのだろうといまでも考える。

石見の古墳文化を捉えたのか

本当に忙しい夏休みになり、上京はしばらく見合わさざるをえない状態だった。そこへ山本先生が訪ねて来られる。「あんたの掘られた窯の土器をちょっと見せてもらえんですかね」とていねいに挨拶された。あわてて芝窯跡の須恵器を並べる。この土器は、早稲田大学の調査後、長雨により埋め戻した灰原が崩れ応急の防止策を施した際に、まだ手を加えていなかった部分や崩壊した土砂に混じって出土したものだった。工事の作業中もかなりの須恵器が崩落土に混じって流れ出たのでこれらも合わせて採集したが、結構な量がえられていた。

山本先生は玄関脇の部屋に腰かけられて懸命に土器を測っている。茶菓を出してもぜんぜん手をつけない。集中しているのだ。こちらも黙って拝見する。三時間ぐらいで実測を終えると「これは私のⅢ期だな」と計った須恵器を指さしながら器形の特徴を教えてくれた。そしてすぐに「お邪魔したね」と帰られた。松江から五時間もかけての来訪だった。研究のためには労苦を惜しまないのだ。まったく頭が下がる。

九月中頃になって上京する。和島先生の指示で途中に京都大学の横山浩一さんを訪ねることになった。どうやら、横山さんが山本先生とは別の方法で須恵器の編年体系を作っている、その研究について教えを乞うようにということだった。当時、横山さんは京大考古学教室の助手をしていた。室にうかがうと待ち構えていて、用意した資料をもとに須恵器編年のことをゆっくりと語る。古墳出土の須恵器群を一括して型式を定め、年代順に配置するというやり方だった。

この編年案は後日、『世界考古学体系　日本Ⅲ』（平凡社）に発表されている。話が終わると横山さんは中庭にある長持形石棺を指さし、「あれが梅原先生調査の久津川車塚《くつかわくるまづか》の石棺です」と説明する。そして、陳列室で考古学教室の歴代蒐集遺物類を見せてくれた。感動したのは一つの陳列ケースの引き出しを開け、「これが椿井大塚山《つばいおおつかやま》古墳の鏡です」と言われたときだ。見ると三角縁神獣鏡が何枚も収まっている。「ひえー！」とばかりのぞきこむ。これが噂の鏡かと。学部学生の分際で高名な椿井大塚山古墳の銅鏡群に会えるとはとんだハプニング。

こうして十月、十一月もどんどんと過ぎていく。大学と和島研究室へ足繁く通う毎日だった。借間に帰っては原稿用紙とむき合うも筆が進まない。妹も卒業論文を書いていた。そこで「私は御飯作りだから、お兄さん私の卒論も手伝ってよ」と言う。それどころではないのにと思いながら行きづまるたびに手を出す。そうこうしているうちに十二月になった。早ばやと帰省して広い部屋で書くほうが能率は上がるだろうと考え、冬休み前に益田に帰った。

しかし筆の速度は上がらない。焦り、正月も返上して机にかじりつく。家族が心配して全員で応援だ。妹二人はトレースと誤字の訂正をする。親父も出動して図画きの手伝い。母親は食事の支度をしながら「大丈夫か」と心配そう。

そのうちに無理が祟って扁桃腺が腫れ、高熱を出してダウンしてしまった。それ、薬だ、医者だのと大騒動。夜間往診の医者に注射を打ってもらい熱は下がったが、頭がぼーとしている。結論寸前で製本する破目になった。題字は親父が近くの書道家に頼んで書いてもらったようだった。

一月早々に卒論を抱えて上京する。結論を書き込み、妹が文学部事務所へ持参して提出となる。扁桃腺炎は治まらず声が出ないので筆談での指示だった。さらに数日間寝込む。頭のなかには何を論じたのやらはっきりしたものがない。新機軸どころの話ではとうていない。

ただ、思い浮かぶのは見学した出雲の古墳と石見のそれの大いに異なる様相である。「やっぱり出雲はすごい、先進的だ」。対して石見は遅れているんだと現在の地域状況も重なって暗い想いが心の底に溜まる。いつしか先進と後進の二極でものごとを理解する弊習に陥っていたのである。

一月末に試問があった。主査の水野祐先生から「いったい、何を論じたのか」と糾される。ここでも出雲と比較しながら石見の古墳の特徴について結局は貧弱ですとしか言えない。問題はそこから先なのに追究不足のために論及できず、ただあれこれと説明して終わった。先生は「そうか」と言いながら、「君、丹花庵《たんげあん》古墳は見たのか」と聞き返される。

松江市にある長持形石棺をもつ大型の方墳だ。わかってはいたが実見していない。「いいえ」と答えると「あれは重要な古墳だよ。僕も出雲には詳しいんだ」とやり返された。不見識にも先生が『出雲国風土記』研究の大家ということを知らなかったのだ。

当日はその足で、副査をお願いした直良先生の研究室へ行ってお礼を述べた。先生は卒論のできばえを聞きながら、やさしく頷いた。そして、最後には「よく頑張られました」と褒めていただいたが……。きっと、「もっと勉強してください」ということだったのだろう。

さらに数日後に和島研究室で武研の卒論発表会が開かれる。私と中村君が発表した。中村君は中国新石器時代土器である彩陶の編年と地域性について報告した。先生以下全員が耳をそば立てて聞き入る。終わると称賛の声が飛び交った。

私は試問のときと変わらない発表になる。自信がないからくどくどと話したので出席者には聞き流された感じだった。和島先生からは「君、出雲と石見でどうして古墳のあり方がちがうのかね」と厳しく質問された。どう答えたかは記憶しないが、とどのつまり「出雲は平野が広く、石見は小さい平野が散在するだけですから」と言ったのはたしかに覚えている。先生は即座に「それは地理的決定論というものだよ」と切り捨てた。期待外れで少々怒っているようにも見えたが、これがすべてだった。新機軸などは空の彼方である。

しょぼしょぼと借間に帰り、分厚い論文を見直す。東西に細長い石見地方を石東・石央・石西・山間の四地域に分けるまではよかった。問題はそこから先だったが、書き出したのは個々の古墳の記載と面的なまとまりを指摘したに過ぎない。平板な分布論に止まり、地域構造とその特徴や歴史的な意義にまで踏み込めなかったのだ。反省しながらも、所詮は学部の卒業論文、この程度で終わっても仕方ないと自分を慰めたが、勉強不足ははっきりしていた。

三月三十一日は朝から大雪になった。べちゃべちゃの雪を踏みながら大学へ行く。大隈公像を囲むようにして学舎が立ち並ぶキャンパスの隣接地に大講堂が建設され、ここで、こけら落としを兼ねて卒業式が挙行された。

満員の卒業生を前に大濱信泉《のぶもと》総長が祝辞を述べる。何分十一学部の卒業生の集結だ。人垣のあいだから演壇をのぞくと偉い先生方がずらり並び、荘厳な雰囲気を醸し出している。これはいったい誰の卒業式？　といった感じのする式典であった。式終了後に専攻ごとに分かれて四号館の教室に移動する。そこで京口先生から卒業証書と成績表を渡されてやっと実感が湧いた。「ああー！　これで終わった」と。

一九五八年頃は「なべ底景気」ともいわれ、経済は冷え込んでいた。卒業を目前にしながら国史のクラス内で就職が決まった友人は数人だったと記憶している。私は、卒論のことやレポートの提出等々、卒業のための勉強に追われて就職のことなどは考えないままに過ごしていた。大学院進学も少しは脳裏にちらついてはいたが、それよりも目前の卒業単位を満たさなくてはならないし、いざ進学といっても親に相談しなくてはとの想いもある。それ以上に苦手の語学の試験対策が零状態では話にならない。畏友中村君は明治大学の大学院に進学を決めていた。

和島先生は、私が卒業後の身のふり方について放置している状態をひそかに心配していたらしい。卒論試問も終わったある日、急に先生から「田中君、四月からは三上次男《つぎお》先生のところで勉強しなさい」と告げられた。突然のことで驚いたが、内心では「そうか、こういう道もあったのか」と思いつつ、先生にはあらためて感謝した。

和島先生は早くから三上次男先生（東大教授）と連絡をとり、私を研究生として指導してほしいと頼み込んでくれていたのだ。後日、必要な志願書類を整えて東大駒場の教養部事務室に提出し、研究生として受け入れていただくことになった。たぶん私が須恵器の窯跡を掘り、それに関心があるとよんでのことだったようだ。しかし、その頃はお二人の先生の交流について詳しくはわからない状態だったので、意外な想いもあった。

想像するに和島先生が中国大陸で考古学調査を行い、三上先生も女真族の研究等の中国史を専門にし、そのうえ陶磁器研究を中心とした東洋考古学の権威として幾多の功績を残している。このような研究上の接点があったのではないだろうか。また、三上先生は神奈川県の文化財行政にも深く関わり、県文化財審議会の議長を務めていた。和島先生が横浜市史編集委員になってからさらに深いお付き合いもあったのだろう。*9

新年度になって二番目の妹が井の頭線沿線の大学に入学し、私も駒場の東大教養部に通うことになったので、住所を武蔵野市に移した。ここにきてまったく残念なことに、指導教官の三上先生が体調不良で休職されることになり、和島先生と北鎌倉の自宅へ挨拶にうかがった。三上先生は、「とにかく本をたくさん読みなさい。そして博物館やいろんな展示、遺跡等をしっかり見て勉強するように」と諭すように訓示された。

駒場では三上先生の代役で曽野寿彦助手に世話になる。曽野さんは、当時教養学部文化人類学教室に所属し、東洋文化研究所のイラン・イラク調査等で活躍していた。授業では原書購読を担当してV・G・チャイルドのWhat happened in historyを学生に読ませていた。私も受講させられ、チャイルドの長いセンテンスの読み取りにまた苦労する。

講義以外の時間は三上先生が埼玉県の高麗村で発掘した窯跡出土の須恵器の水洗い作業になる。ミカン箱に収まったそれは、発掘後手をつけないままになっていたらしく黒い土がこびりつき、これはまた一仕事だと嘆きつつ孤独な作業をつづけた。バケツに浸けた土器を歯ブラシで擦りながら、まあよくもよくも繰り返すものだと自嘲する。あの早稲田大学八号館地下室の須恵器洗いと想いが重なったのだ。

発掘漬けの研究生

少し落ち着いてきた五月末に曽野寿彦さんから「岐阜県中津川市で三上先生を代表とする窯跡調査が行われている。参加するように」と指示され、お供をして夜行列車で中津川市にむかった。名古屋で乗り換え当地には朝着く。市役所から差しむけられた車に乗り、宿舎の寺に入る。東大文学部助手の倉田芳郎さんと大学院生だった加藤晋平さんが待ち受けていた。倉田さんは「あまりぱっとしないんだ」と曽野さんに告げる。その意味は現場に足を運んだときにおよそ理解できた。窯跡の残り具合がかなり悪く、出土した陶器類も調査のねらいからは外れるものらしい。

そこで二、三日は手分けしてつぎの発掘候補地探しである。市役所のジープで木曽川左岸の丘陵地帯を走りまわった。おかげで有力な候補地が見つかり、そこを発掘することになる。この頃から南山大学の吉田章一郎さんが学生を連れて参加した。それからは伊藤秋男君（後に南山大学教授）など三名の南山大生と私が発掘部隊の主力を務めることになった。

のんびりした調査だった。朝、迎えの市役所の車が来るのは九時。全員乗車して出発だ。宿舎から現場までは三十分以上かかる。ようやく着いて掘る準備をする。作業に入るもほどなく休憩時間。そうこうしているうちに昼食の用意が始まる。寺の娘さんとその仲間がほとんど毎日同行してくれてお手伝い。食後は昼寝して午後の作業をしていると三時半には迎えが来る。市役所タイムだからやむをえない。

五時前には宿舎へ帰還する。風呂、夕食。住職の奥さんたちが手の込んだ料理で歓待してくれる。市ヶ尾の合宿調査を思い浮かべながら、なんという贅沢な発掘だと感歎しきりである。夕食が済むと一服して全員マージャンに興じた。連日のことでマージャンを知らない私にはあのじゃらじゃら音が耐えられない。そこで避難して本堂の仏間で寝たが、だだっ広い大広間で気味が悪く、安眠とはいかなかった。

発掘のほうはそろりそろりだ。雨もよく降った。あるとき雨宿りをしていると、むこうの丘の畠で牛が逃げまわっているのが見えた。その様子をトランシットで眺めていた曽野さんが、追い手の農夫がお手上げになっているので応援に行こう、と言い出す。小雨のなか、発掘を投げ出しで全員出動する。草むらを分けて丘に出た途端、正面から牛が突進してきた。「うわー!」と悲鳴を上げて脇の草むらに待避する。数時間たってようやく包囲網を縮めて捕獲し、牛舎に入れた。農家の方からは感謝され、お礼にと大量の番茶をいただいたが、とんだ番外劇だ。

ときには考古学に関する真面目な話もあった。これも雨の日だったと思う。市内の考古学研究者に原寛という人がいた。この人が花の湖という人造湖の湖岸で採集したという石器や土器を持参した。加藤晋平さんが熱心に話を聞きながら遺物の鑑定をしている。どうやら先土器時代末期から縄文時代早期の遺物らしく、時代の移行状態を探るうえで重要な意味をもつものだと、加藤さんから説明を受けた。

鈍行発掘ながら六月中旬過ぎてようやく一基の窖窯《あながま》を完掘し、調査を終わらせることができた。土掘りは、市役所派遣の土木作業員が手際よくやってくれるので素早い。おかげで実測の仕事は追い立てられ、セクション観察とその図化に苦心惨憺、日ならずしてとにかく窯の全形を捉えることができた。

しかし、倉田さんらはあまり浮かぬ顔だ。注意深く聞くと、どうやら灰原から出るのは鉢などほとんど日常雑器の破片で上物が見つからない。時期も中世後半だといい、目指すところとは様相が異なるようだった。

後日談になったが、この発掘は世間を騒がせた永仁のにせ壺事件に関連する調査であった。当時、鎌倉時代の名器とされる国立博物館所蔵の「永仁二年」銘入り瓶子《へいし》を重要文化財に指定するかどうかが論議された際、この瓶子に「贋作」の疑いが生じた。後になって当の瓶子の作者が告白して問題は一件落着となっている。事件のきっかけとなった真贋論争において、本物の焼成窯跡が発見されればことは解決するというわけで、三上先生を研究代表にした文部省の科学研究費が計上され、現地調査となったようだ。

発掘調査の結果は先のとおりだが、そこでいつも不審に思うことがあった。調査中得体の知れない人物（薬屋だと自称していたが）が毎日現場にやって来るのだ。そして惜しげもなく名品の菓子などを差し入れたりする。ときどき小山富士夫や林屋晴三等々の著名な陶磁研究家も来訪した。

するとかの不審男らが市内の旅館に芸者を呼んで歓待する。われわれも一度招かれたが、妙な発掘だなと気持ちが悪い。近々結婚することになっている寺の娘さんは、私と同い歳というので親しくいろんなことを教えてくれていた。彼女の話から不審の輩は地元の骨董屋だと知る。神聖な学術調査の場になんということだ、まったく承服できないと思うとやる気を失いそうになる。だが、全体の流れからこんな発掘もありかとわが身に言い聞かせて掘ることに徹した。

七月に入り、蒸し暑い日がつづいていた。和島先生から東京都北区上中里町の中里貝塚を掘るのでよろしく、と伝えられる。国鉄田端操車場内にある貝塚で、その存在は早くから知られていたが、場所が場所だけに立ち入り禁止となっていてきちんとした調査は行われていなかった。

どういう事情で発掘ＯＫとなったのかは不明だったが、和島先生はチャンス到来とばかりやる気満々である。そのわけは、かねてから東京湾の海進海退について研究していたので、このような低地の貝塚には深い関心を抱き、そこに問題解明の鍵があると見ていた。

そこで私と佐藤善一さんのコンビで調査することになって現地へ足を運ぶ。所轄の国鉄職員から許しをいただいて構内に入った。現場には地面が白くなるほど貝殻が散らばっている。先生の指示でトレンチを設定して掘り下げることにした。ところがあちこちに現在の大きなゴミ穴が掘られていて条件は芳しくない。ようやく適当な場所を見つけて長さ六メートル、幅二メートルのトレンチを設定して発掘した。

そして、深さ三メートルまで掘り下げたが、排水ポンプの能力を超えるほど出水が激しく、壁が崩れる危険もあるのでそこで停止する。トレンチ内はカキの殻がぎっしり詰まり、ところどころでハマグリの層が凸レンズの断面状になって堆積している。土の層は見られなかった。

先生は「剝き身屋の捨て場か、それとも自然貝層か」と冗談交じりに言う。なんとしても貝層が形成された時期を知りたいので、全員が目を皿のようにして土器の発見に努め、ようやく深さ二メートル前後のカキの貝層中から土器の底部を見つけ出した。縄文土器らしいが、型式まではわからない。

後で岡本勇さんが鑑定し、後期の土器と判定される。思えば十日間の発掘で土器片一個とは情けない。しかし、中里貝塚の時代の一角が明らかになったのは意味がある、ということにもなった。近くを電車に乗って通るたびに出水量が多くて苦労したことを思い出す。

八月に帰省して百姓仕事を手伝っていたときだった。芝窯跡のすぐ北で窯跡が見つかったとの連絡を受ける。地主が開墾作業中に発見したようだった。さっそく測量機材などを鎌手中学校から借りて緊急調査となった。

窯跡はすでに大半が破壊され、残っていたのは保存状態のよい窯尻の急傾斜部分と煙り出し口だった。独りで清掃しながら水糸を張って作図する。壁には大甕の破片が貼り付けられていたが、芝窯跡ほど焼けただれてはいない。全体が残っていたらと残念な想いに駆られながら実測、写真撮影を終えた。

ところがまたまた新発見である。作業中に見物に来たこの家のおばあさんが一言。「あんた、そんとうの穴は上のほうにもあったよ」とのたまう。詳しくたずね、場所を確認した結果、窯跡まちがいなしと判断できた。ただ、このままにしておくと地主のおじいさんの土取り仕事で皆目わからなくなる心配があり、許可を得て調査することにした。

今度は単独調査は無理と踏み、教育実習でお世話になった中学校の歴史部に応援を頼んだ。発掘ができるというので放課後十人ぐらいの生徒が来てくれる。畑の緩い斜面にトレンチを入れると浅い舟底状の窪みが出た。相当焼けている。燃焼室の床だとすぐわかった。

さらに直交するトレンチを掘る。すると出た！　推定長一〇メートル足らずの小規模な窯跡の床と壁の一部だ。それに焚口部分も残っている。完掘してみると、窯本体の壁や天井の大半、煙り出し部はすでに失われ、灰原も見あたらない。

しかし、焚口の床につまみのついた小さい蓋坏を見つけたのは収穫だった。この小規模な窯跡が七世紀前半頃に営まれたことを示す貴重なものだ。先に調べた窯跡とこの小窯跡を合わせて中塚窯跡群と呼ぶことにした。

十月になり研究生生活も後半に入った。またしても発掘参加の要請がくる。今度は東大文学部考古学研究室の古墳調査である。直前の武研の例会で、甘粕さんが「小林行雄の前期古墳研究、その問題点を考える」というテーマの研究報告をした。その席で私が我孫子町の古墳調査に参加することを伝えると、「なんだ君のことか。駒場から発掘に慣れた学生が行くからと聞いていたが……」と驚いた様子に。そこであらためて調査の概要と調査場所を教えられ、十月八日に我孫子町に出むいた。昼前に宿舎の古びた小さい旅館に着き、昼食後直ちに調査に加わった。

発掘するのは高野山一号墳と名づけられた全長約三六メートルの小型前方後円墳である。未調査の古墳で埴輪列がよく残っていた。甘粕さんは最初にこの埴輪列を調べてから埋葬部を掘るという計画を立てていた。

手賀沼北岸の台地縁には総数百基ほどの古墳が居並び、これを我孫子古墳群と呼んで東大文学部考古学研究室が年次的に発掘調査を進めていた。古墳群はいくつかの小グループに分かれ、前方後円墳・前方後方墳・円墳・方墳などの各種の古墳が中期から終末期まで時期を追って築造されている。

古墳群には飛び抜けた規模の古墳は見られないが、多様な形態の古墳が累代的に小群をなして造営され、かつ地区ごとに大きなまとまりを形成していることが注目されていた。調査は当時我孫子町在住の文学部東洋史研究室の西嶋定生先生の勧めもあって考古学研究室が調べることになったようである。

ということで私は後円部墳裾の埴輪を調べることになり、作業を始める。まもなく埴輪列中から軟らかい凝灰岩の切石で造った箱形石棺が出てきた。天井石が壊れていて棺内は泥が詰まり、そこからネックレスの管玉と鉄鏃が見つかる。

さらに埴輪列を追いかけて時計の針とは逆まわりに進むと、後円部の右側からもう一基、箱形石棺が発見された。やはりもろそうな凝灰岩の切石製だった。棺内からは鉄鏃が出土。それにしても埴輪列のなかに石棺を据えるとはどうしたことか、といぶかりながら調べを進めた。

引きつづき埴輪列を順次たどっていく。すると後円部と前方部の接するくびれ部からまた箱形石棺が出た。石材は硬い絹雲母片岩である。棺のなかには成人男女一対と小児の骨が比較的良好な状態で残っていた。遺物は直刀・刀子・鉄鏃・ガラス小玉で、前の二つの石棺とはちがって副葬品の種類、量が豊かである。葬られた遺体は夫婦とその子どもかと思いたくなるのだが、そう簡単に決められないのが考古学だ。

そこからまたどんどん埴輪列を追いかかる。かなりの日時を要して左側のくびれ部に達した。

後円部を時計まわりに進んできた調査班とここで合流する。そこでまたまた「おやっ？　これは変だぞ」となった。くびれ部に接した後円部で石室の蓋に出くわしたのだ。用心深くまわりを調べると竪穴式石室（石槨）らしい。この石室内から目玉が飛び出しそうなものが見つかる。それはつぎのような様子だ。

小なりといえども立派な竪穴式石室で関係者の期待が高まった。大きな蓋石は三枚。継ぎ目は粘土で密封されている。甘粕さんが近くの石材屋さんに依頼し、チェーンブロックを使って蓋石を外すことにした。

オープンセレモニーが始まった。朝日が木々のあいだから差し込んで明るくなる。石室のまわりには三笠宮をはじめ多くの関係者が立ち並び、見守るなかで真ん中の蓋石が取られて内部の様子が鮮明になった。そのときだった。「あれ、新聞紙じゃない」の叫び声。なんとしたことか、筒状に丸められた半年前の朝日新聞があらわれたのだ。全員が呆気にとられた。よく見ると、新聞紙の先端が焦げているので松明状にしてなかを照らしたらしい。巧妙な盗掘屋の仕業だった。

あらためて室内を入念に見張る。すると二〇センチくらいの運動靴跡が点々と着いている。侵入したのは小学生か。大量の骨は石室の一方側に片寄せられ、頭の骨には小穴が開いている。後で調べたら七体の埋葬者が収まっていたと判明。だが、遺品は鉄鏃数本。ごっそり持っていかれたのだ。

それにしてもどこから侵入したのか。点検していくと小口積みの壁石がぐらぐらになっている箇所が見つかった。どうやら熟練の盗掘者が側壁の石を外して小さな穴を空け、そこから体の小さい子どもを潜り込ませ、丸めた新聞紙の先に火をつけて石室内を照らしながら目ぼしい副葬品を取り出させて粗方持ち去ったのだ。そういえば蓋石の検出作業のとき、墳丘の土の一部がいやにさくさくしていたことに気づいてはいたのだが……。

当初の計画で調査は二週間といわれていた。しかし、つぎつぎと予想外のことが起こり、のびのびになる。和島先生の調査とはちがい、こちらは少人数の調査者でこつこつと掘る。疲れもたまる頃を見はからっては考古学研究室の関野雄《たけし》先生が差し入れをもって進行状況を見に来た。あるときは稲荷寿司を持参し、私共たっぷりとご馳走になる。同じ研究室からは駒井和愛先生や助手の藤本強さんが定期的に来て、調査員を激励した。

調査の切っかけをつくった西嶋先生は日曜ごとに訪れ、ときどきわれわれ調査員を夕食に招いて激励した。また、石母田正先生が見学に来て、ついでに一日ほど作業を手伝った。もくもくと移植ゴテを使いながらていねいに遺構を検出していた姿が忘れられない。それにもましての一大事は、甘粕さんの婚約者大沢静枝さんが実家米屋の羊羹を手土産に来跡されたことである。お二人の関係について噂には聞いていたが、これで納得した。

我孫子滞在はさらにのびた。十一月も終わり近くなった頃、我孫子中学校の校庭で土器が出たので調べてほしい、との要請が西嶋先生に来る。居候していた私に調査を頼むといわれて出かけた。点検するとテニスコートの拡張部から住居址が顔を出している。部活の関係で急いで掘ることになり、四日ばかりかけて調査した。古墳時代前期の五領式土器をともなう住居址だった。ほかにも数カ所住居址らしい痕跡が認められ、調査の必要性を学校側に伝える。これをうけて、翌年春に田村晃一さんが発掘し、我孫子中学校校庭遺跡の調査として報告している。

　これで万事終了と思ったら、甘粕さんから白山二号墳を調べてくれと頼まれる。断ることもできずこちらも調査した。小規模な切石造りの横穴式石室で天井石は失われていた。内部の土を取り出し実測する。和島先生が心配してやって来た。そして、石室の壁を測りながら石組みの特徴など見どころを教えられ、いい勉強になる。玄室奥の右隅、いわゆる鬼門にはカマス切先の大刀が立てかけたままの状態で見つかり、これでこの古墳の年代が七世紀頃とわかった。

　さて、和島先生は私が我孫子から帰ってくるのを待ち構えていた。研究室に顔を出したら、「これを頼むよ」の一仕事。内容は全国各地の古墳その他から出土した鉄器の成分を分析するために、材料を粉末化することだった。送り届けられた鉄器片のなかにはていねいに包み小箱に入れたものや、仁丹ほどの小粒を薬包紙に包んで小封筒に収めたものが多い。貴重な鉄器を一部にせよ切り取り、細片にするなどということはなかなか許されることではない。たぶん和島先生のたっての頼みということで、多くの研究者が意を決して応じたのだと思われた。

私に指示されたのは、その分析作業の資料づくりである。先生は分厚い瑪瑙《めのう》製の小鉢と磨り棒を手渡しながら「これで磨り潰して粉状にしてくれ。スペクトル分析をするんだ」と言い、「分析すれば鉄器に含まれる元素の種類がわかるんだよ。うまくいけば鉄器の原料産地を突き止めることができるかもしれない」と期待の気持ちをのぞかせる。

指図どおり作業を進めると、どの鉄片もかなり硬く力が入る。先生は粉状になると点検して「もう少し潰して」と注文をつける。粉砕が完了次第「これを東大の生産技術研究所へ持っていって分析するんだ」と言い残して出かけた。

磨り潰し作業の最終段階になってのことだった。「これも資料だからね」と持ち出されたのが小さなダンボール箱だった。空けてみると黒錆のついた鉄刀などの破片がぎっしり収まっている。びっくりして「これを潰すのですか」と聞くと「ああ、そうだよ」との返事だ。

そして箱の中身を点検しながら「何本か、選んでやって見てくれ」と言われる。おそるおそる刀の一部を欠きとって粉砕し、一個の刀片を念のためにとグラインダーで磨いでみる、光った。「すごい!」。あらためてダンボール箱中の送り状を調べる。大阪府七観山古墳の出土品と判明した。手にしながら考える。近畿中央部の有力古墳がどれほどの鉄器を所蔵したのか想像もつかないことだと。[*10]

この研究は、報告書『月の輪古墳』(一九六〇年)に「鉄器の成分」と題して収載され、さらに一九六七年に刊行された「製鉄技術の展開」（『日本の考古学Ⅵ　歴史時代(上)』河出書房）にも反映された。

第3章

開発と考古学

1 考古学と教師の二刀流に

三殿台全面ボーリング調査

一九五九年四月を迎えた。年度はあらたまるも修行のわが身に変更はない。三上先生にお願いして研究生をもう一年継続することになる。しかし、研究のテーマを須恵器研究としていたのに、研究らしいことはほとんどやっていない状態だった。そこで和島誠一先生から指示が出る。「静岡大学に行って内藤先生から須恵器の見方や図化について教わってくるように」と。どうやら未完の市ヶ尾遺跡群出土の須恵器についてもう少し比較検討が必要と考えてのことのようだ。「はい」と答えたが、内藤晃先生かと思うと気が重い。市ヶ尾横穴の調査のおりにかなりしごかれたことがよみがえる。

頃は五月と記憶する。静岡大にお邪魔する。内藤先生とは研究室での挨拶だけで、実際のところは渡邊秀三郎君が対応してくれた。広い実習室のテーブルいっぱいにきちんと整えられた須恵器の図面を広げながら渡邊君の解説が始まる。その図は、彼が卒業論文のために作ったものであった。

静岡県内数カ所の古墳から出土した須恵器を器種・形状・特徴ごとに整理し、時期を定め、須恵器群としての様相をまとめて、それらを踏まえたうえで個々の古墳の性格や地域性にまで説きおよんでいた。和島先生が静岡行きを指示したのはこのあたりのことを勉強してくるようにとの暗黙の指示だと気づく。

渡邊君との「研究交流」は四、五日つづいた。最初の二晩は、大学近くの官舎に住んでいた市原壽文《ひさふみ》さんのお宅にお世話になったが、「結婚ほやほや」の新家庭で遠慮することになり、以後は渡邊君の下宿に転がり込んだ。ヘビースモーカーの彼の部屋は天井まで煙害が波及していた。その部屋で夜遅くまであれこれと語り合ったことが忘れられない。

東京に帰るという前日は、朝から内藤先生直接のご指導と相なる。渡邊君は助手格で先生から指示された教材を準備してくれた。図画きの基礎からの学習である。原図の確認、トレース用紙の選択、製図用のペンや烏口の使い方等々を懇切に厳しく教え込まれる。緊張のしっぱなしだった。忘れられないのは、製図台の下に厚いゴム製のシートを敷くとペン先の食い込みがいいとか、ガラスペンの先を丸く磨いで太い線を引くとか、そうとう細かいことまで指導される。ことごとく新鮮で、この経験は以後も大いに役立った。

六月になって和島先生から途方もないような提案が示された。それは横浜市三殿台《さんとのだい》遺跡の全面ボーリング調査をやりたいという話である。一ヘクタールもある独立丘陵の平坦部全体に三メートル方形の網目を組み、その交点を片っ端からボーリングするというのだ。東西約三〇メートル、南北約一〇〇メートルの広さだから、ざっと計算して三百カ所以上のボーリングとなる。誰がやるんだ……。みんな尻込みした。[*1]

しかし、先生は引かない。大きな地図を前に着々と実施計画を練る。決意の程には並々ならぬものが感じられた。その理由は、ことが進むにつれてわかってくるのだが、当初は容易には理解できなかった。やがて七月上旬決行となる。調査員は武研の有志（岡本勇、田村晃一、千代延恵正、田中、佐藤他）と横浜市立大学文理学部史学科の学生諸君だった。当時先生は横浜市立大文理学部の非常勤講師で考古学を教えていた。

梅雨明け近い日、流れ出る汗を拭きながら測量道具やボーリングステッキ（検土杖）などを担いで台地に上がる。現地の畠は先年に横浜市が買収していたので耕作は放棄され、雑草が生い茂る荒れ地になっていた。直ちに長い南北線（磁北合わせ）の軸線とこれに直交する東西軸線を設定し、トランシットを使って三メートルメッシュを組む。背丈ほどにのびたヨモギが密集しているので、これを切り払うのに手間がかかる。

ポイント設定を終えていよいよ作業開始。ボーリング先端がローム層に達するまで挿し込む。深度差を読み込めば竪穴住居の存在を推定できるという読みだ。だが土が固く、一気には目的層に届かない。力が要るので交替しながらの作業になった。軍手が破れ、掌に豆ができるが、我慢がまんだ。記録はもっぱら市大の女子学生が担当した。

日曜日には私立女子高に就職した岩本義雄さんが大勢の生徒を連れて応援に駆けつける。一気に賑やかになるが、ボーリングはわれわれと市大の男子学生が黙々とつづけた。岩本さんは先生からの依頼でボーリングラインに沿って電探を試みる。その測定値をボーリングデーターと対比して竪穴住居址探索の精度を上げようというわけである。

作業は遺跡の南部から始めて北部へ順次進む計画である。三日目も過ぎると、肩や腰に疲労が溜まり、ボーリングを押し込む力が落ちて垂直に挿し込めない。無理して突き刺しているとボーリングの採土溝部分がポッキリと折れてしまった。一瞬青ざめた。学校のクラブ活動費で購入したという高価な道具が台無しになったのだ。先生は「まあ、仕方ない」と渋い顔だったが、岩本さんが「やっぱり安物は駄目か」と言ってくれて救われた。

こうして一週間、前代未聞のボーリング調査は終了した。直後に研究室で先生を囲みデータの読み取りをする。ローム面の凹凸は複雑で住居址の見定めは容易でない。先生は、強気に「百カ所は下らんかな」と算用するも、まわりからは快い反応はない。岡本さんがポツリ言う。「縄文・弥生・土師、なんでもありだ。竪穴が無数に重なっているはずだから、そう簡単にはわからんよ」と。長く横浜や横須賀で多くの遺跡を見てきた経験からの警告と聞こえた。

一九五九年も足早に過ぎる。夏休みになり、さらに調査をするのかと内心戦々恐々だったが、先生が兵庫県家島群島の総合調査に参加したので休みになり、帰省した。そして九月を迎えたところで、和島先生が三殿台遺跡のボーリング調査の結果を確かめるために発掘をする、と言い出した。計画的にはすでに外堀が埋められ、後は人と日程の調整だけになっていた。いよいよ、三殿台遺跡に対する先生の確執ぶりが前面にあらわれてきた、という感じを抱く。そして、「これはただのお付き合いではすまないぞ」と想いを新たにする。同時に覚悟を決める時がいよいよ来たとも受け取れた。

九月一日、武研有志と横浜市立大学生代表が和島研究室に集合。ここであらためて先生から三殿台遺跡に対する考え方とこれから取り組む調査内容について説明を受けた。先生は冒頭に、この遺跡が原始・古代集落の研究上稀有の価値を有していることを力説した。

曰く、「遺跡の頂上平坦部の周囲斜面には貝塚が残っていることからみて独立丘陵状の地形は縄文時代から変わることなく保たれているので、丘陵上部の平坦部には縄文・弥生・古墳各時代の集落が良好な状態で残っているだろう。そこで平坦部を全面発掘すれば各時代の集落構造を明確に捉えることができるし、それらが継続的に営まれていく様子を明らかにできる」と。

さらに遺跡をめぐる重大な問題について語った。その要点はこんな具合である。三殿台周辺では宅地がどんどん開発され、住民が増えてきた。児童数も膨れ上がってきている。そのため学校を増築する必要あるとして、遺跡のある土地を市が買い取り、近く校舎を建てる運びになった。事態の緊急性に応じて早く遺跡全体を調べ上げたいとの意向であった。

武井則道君の教示によると、和島先生が三殿台遺跡の全面発掘を思いついたのは横浜市史編纂に関わって遺跡を直接検分したときかららしい。そのおりは平坦部で高価な近郊野菜畑が営まれており、遺物採集も遠慮がちだったと聞く。察するに先生は発掘計画をひそかに練り、できるだけ早い機会に掘りたいと考えていたのではないだろうか。いずれにしても先生の三殿台遺跡に対する評価はこの分布調査の際に固まったと見ていいだろう。

さて、第一次発掘調査は九月二日から十日間にわたって行われた。調査場所には台地の際で二カ所が選ばれ、二班編成で発掘した。北端からは古墳時代後期の方形の住居址が掘り出され、東崖面からは弥生時代中期の重なり合った二棟の楕円形住居址が発見された。さらに北東側の崖面で見つかっていた住居址も追加で調査され、二棟が重複状態で見つかっている。これは弥生時代後期のものだった。

私たちが掘った北端の住居址は一辺が約七メートルの比較的大きな建物跡であったが、三分の一以上が失われ、竈などの内部施設はすでになくなっていた。それでも東・南壁や床面は損壊を受けず、柱穴も大きく、掘り甲斐があり、考古学実習を兼ねた市大の諸君には打ってつけの授業になったようだ。

彼らはみんな真面目で手際よく黙々と働く。こちらの説明にも聞き損ないのないようにと耳をそばだてるほどの真剣さである。とくに新入生で山口県出身だという女学生が目立った。

ワンゲル部に属して山歩きを楽しんでいるとも語り、快活で人一倍熱心に質問し、進んで土運びなどに励む。メモ取りもだんだんと形になっていった。報告書作成にあたっては学生代表の今村征一君とこの女学生、一柳並子さんが筆を執った。

第一次の調査結果によって予測どおり、弥生・古墳時代の集落の存在が確証され、縄文中・後期土器の出土もあって、この平坦地に各時代の住居跡が広く分布していることは疑いないこととなる。和島先生は、いっそう確信を深めてさらに突き進む構えを見せる。遺跡一帯の土木開発情勢が緊迫度を増し、ついに丘陵地を削平して学校用地を造成する計画が具体性を帯びてきたのである。急ぎ調査を行わなければならない事態が到来した。

私立中高校の教師に

年が明けて一九六〇年を迎えた。早く目指す先をはっきりさせないと思っても己が何をなすべきか、考古学の道をこのまま進みつづけるのか、選択も曖昧のままに日時が過ぎていた。故郷では親父が「義昭は何をしているのか」と小言を並べながら心配しているようだった。言われるまでもなく自分自身がどんな岐路に立っているかは痛いほどわかってはいる。とはいっても目下の立ち位置は丁稚奉公に過ぎない。

だからここは、さまざまなことを身につけてわが進む道を探り出すほかはないのだと葛藤の毎日。身近な武研の研究会では和島先生、内藤先生、松本新八郎先生が相ついで自分の研究を報告し、われわれ若輩の会員は大きな感銘を受ける。

和島先生のモンゴル砂丘地帯踏査における遺跡立地に関する話、内藤先生による小林行雄の「伝世鏡」「同笵鏡」論批判、松本先生の小林行雄著『古墳の話』批判はさすがと思った。当時考古学からの大和政権成立論として並ぶもののない存在だった小林説にまっこうからの鋭い批判を展開された内藤・松本の両先生に対しては尊敬の念を抑えることができなかった。考古学も歴史学の一分野を担っている。この学の正道（歴史法則の解明）を歩まねばならないのだという実感がうっすらと体内をめぐり出してはいた。[*2]

こうして逡巡していた二月の頃だった思う。ストーブの火で暖まった研究室に一見紳士風の二名の人物がやって来た。用件はあらかじめ伝えられていたようで、和島先生は挨拶もそこそこにして詳しく話を聞いている。自己紹介の様子からこの二人は学校の先生らしい。せまい部屋のことで話の内容が耳に入る。聞くともなく仕事の手を動かしていると、勤務校で新たに教員採用を計画している。ついては、この研究室に出入りする誰かを推薦してほしい、とのことらしかった。

和島先生は申し出を了承して意に沿うようにしたい旨を告げ、二人は笑顔で退出した。とすぐに私と佐藤善一さんが呼ばれた。先生は「いま来たのは、私立武蔵工業大学付属高校（武蔵校）の先生たちだ。新年度から生徒が増えるので社会科の先生が欲しいそうだ。一人は専任で、もう一人は時間講師として採用されることになっているという話だが、君ら二人どうかね」とたずねる。

降って湧いたような話だから即答はできない。しばらく考え込んでいると、先生は「田中君は子ども好きだから先生にむいていると思うよ。僕も若い時には先生になりたかったんだ。教師もいいもんだよ」と返事を促した。優柔不断を見抜いていたのだろう。

たしかにこれ以上親に負担をかけることはできない。遠い島根、益田のわが家は代々百姓で多少の田畑や山林を所有していた。しかし、三人の子どもを東京の私立大学に出したために財産はほとんど底をつく状態だった。それにまだ末の妹と弟が出番を待っている。もっと勉強したいという気持ちは消し難いところだったが、ここは一番就職して落ち着いたらまた考古学の道に戻ってもいいか、と自分に言い聞かせた。

しばらく時を置いて、「先生、自分が行きます」と答える。「佐藤君はどうだね」との問いに佐藤さんは「私はいまひとつ講師をしていますので、時間の都合がつくのなら講師でお願いします」と応じた。「そうか、じゃあ田中君が専任で行きなさい」となる。ほとんど即決だった。いよいよ学校の先生かと行き先が決ったことで少し安堵するも、未知の職場での対応に不安が募るし、考古学への心残りもあって一抹の寂しさが心の片隅から抜けない。とはいえ時宜来たれりでもある。「まっ、仕方ないか。やるだけだ」と覚悟した。

四月の某日、学校へ来るようにとの指示で、おそるおそる出かける。まだ採用と決まったわけでもないので、どうなることやらと半信半疑で足取りは重い。東横線渋谷駅から自由が丘で乗り換えて東急大井町線の尾山台駅で下車。そこから約十分歩いて多摩川のほとりの氾濫原に出た。古ぼけた木造の建物群の一角に鉄筋コンクリートの建物が二棟（一棟は新館）並んでいる。「あれだな」と足を急がせた。木造の建物が武蔵工業大学で、鉄筋のほうが付属中・高校の校舎であった。周辺には農家が数軒、一帯は広々とした畑。ところどころにガラス張りの温室が目立つ田園地帯だった。

鉄筋建物の新館一階に職員室・事務室があり、そこで面談とのことである。職員室のドアをノックすると教頭だという人物が出てきたので名前と来訪の意を伝え、応接室に通された。応対したのは有賀主事と社会科主任の武田勝蔵教授だった。武田さんは大学の授業とかけ持ちで高校生を教えている、と自己紹介される。主事は濃紺のダブルの背広に大柄な身を包み、葉巻を自慢そうにくわえていた。見事な押し出しぶりである。

かたどおり名前、年齢、出身地と最終学歴などをたずねられ、後は四方山話《よもやまばなし》。内心は「採用されたのかな」と得心がいかない。すると「これからのことは川本教頭から指示しますので」と言われて面接は終了した。構えていたので拍子抜けする。職員室では教頭が書類を用意して待っていた。教員として登録するための事務手続きに必要なものだったと思うが、内容は思い出せない。

一つだけ記憶に残っているのは「中学の一年D組の担任をやってもらいますので生徒の名

簿を作ってください」と空欄の出席簿を渡されたことである。驚愕だ。「えっ、初っ端から担任！」。少し慣れてからのことではないのかの想いも空しい。言われたとおりに生徒の名票を貼り込む。終わると私の居場所となる座席に案内される。教員席の端っこに新しい事務机と椅子がセットされていた。

ここでようやく「自分は先生になったんだ」と実感が湧く。辞令は数日経って交付された。「月額一万二千五百円を給す」とある。大卒の初任給が一万六千円前後の頃だったからだいぶ低い給料ということらしい。これ無頓着。噂では待遇が悪いので先生がなかなか定着しないらしい。私と同様に新規採用された先生が十人もいた。

面接の日から二日後が入学式だった。めったにない背広にネクタイ姿で学校へ。教頭から式次第を告げられて教室に行き、出席をとる。明らかに声が上ずり、足はがくがくする。教室外の廊下には着飾った父母がものめずらしげに見つめる。そして「この学校はなぜ事務員が出席点呼をするのか」と聞いてきた。私が担任だと答えると、呆気にとられていた。

駆け出しの新米先生は毎日が右往左往だ。授業の下調べに時間がかかり、クラス五十三人の生徒の面倒も片手間では見れない。校舎入り口の鍵を持った用務員が出勤する前に登校し、開錠されるやいなや職員室に飛び込んで学級日誌を見て、授業の準備をする。夜は用務員の退出催促を受けるまで仕事をした。

かくてあっという間に四月が過ぎる。心臓の鼓動音が聞こえるほど緊張した職員会議では、安保闘争に生徒が参加しているので注意してほしいなどの通達もあった。高校生が政治活動かと感心するも己はノンポリ。考えさせられることばかりだ。また梅雨入り前のある日、担任する一年D組の生徒が下校中に交通事故で急死した。この生徒、その日のホームルームの時間にきつく説教した後だけにショックは大きい。試練だった。

遺跡と教室の二股稼業

じたばたした日々を送っていた頃、三殿台遺跡では第二次の発掘調査が進められていた。七月初旬、ピカピカの一年生数名を連れて遺跡を訪れる。平坦地の南縁付近で調査が行われている。拝見すると縄文時代、古墳時代の住居址が多数掘り出されていた。今回は、今村君や一柳さんらの市大生が中心となり、岡田清子、塚田光、古山学氏ら武研会員、國學院大生の三上嘉徳君らが応援に入っていた。

この第二次調査では縄文・弥生・古墳各時代の住居址約二十棟が発見されたが、いくつかの住居址が複雑に重なり合っていて調査者を苦しめたようだ。同一の箇所に建物が断続的に営まれた証拠である。それは同時に平坦地南東部が好適な居住場所であったことを示す事実でもあった。こうした数棟の住居が重複するケースを数多く経験したことはつぎの調査に生かされることになった。

訪問のときに見た周囲の様子から、遺跡をめぐる情況は相当切迫していることを感じさせられる。遺跡の西側につづく痩せ尾根が切り取られ、周りの谷を埋め立てる工事がすでに始まっていた。こうした様子が和島先生を追い立てていたのかもしれない。やがて状況が急転し全面調査が現実となるのだが、そこまで私は予測できなかった。

後になってこの調査が工事用進入路を造るために行われた緊急調査だったとわかる。落ち着いて考えると、先生は一次調査で遺跡の北端と東縁の状況を調べている。二次調査は、事前調査ではあったにせよ、南縁を発掘することで各時代の集落範囲をおさえることができた。西側はすでに崖崩れで本来の平坦地縁は失われていたものの、遺跡そのものにはほとんど影響はないことが判明している。すると、この平坦部には予想どおり縄文・弥生・古墳各時代の集落址が損壊を受けることなくまるまる残っている。先生は確信を深めたにちがいない。

さて、無我夢中の内に夏休みになった。初めの一週間は八ヶ岳山麓の林間学校に出かける。帰京してすぐに石川県加賀市片山津温泉町にある玉造遺跡の発掘に参加した。佐藤善一さんの誘いだった。この遺跡は柴山潟という潟湖を見下ろす広大な台地上に立地した古墳時代の玉作集落跡で知られ、かねてからきちんとした調査の実施が望まれていた。

にもかかわらず畑地の大規模農園化が計画されて遺跡が破壊されることになり、地元考古学会などの要請で事前調査が行われることになったようだ。調査は、國學院大学の大場磐雄先生が団長を務め、同大ＯＢの小出義治さんや佐藤さんらが現場調査を担当、八月上旬に第一次の調査が実施されている。

調査員は遺跡の近くの小学校に泊まり込み、炎天下で古墳時代前半期の竪穴式玉作工房址四棟を掘り出した。建物の形は通常の竪穴住居とほとんど変わらないが、壁際に玉磨ぎ作業用の深いピットが掘られ、周辺には凝灰岩の原石や製作途中の管玉、磨き用の砥石、石屑が散乱していた。作業用のピットの底に未完成の鍬形石（腕飾りの一種）を見つけたときは感動した。

一九六三年に加賀市教育委員会から立派な装丁の報告書が刊行され、私は工房建物址と玉作集落に関する項目を執筆した。実測図を頼りに一棟の工房址のどこに玉造り作業の痕跡が残されているのか懸命に調べつくす。正式な発掘報告書への記述もこれが初体験であり、また玉造遺跡の調査は後にも先にもこの遺跡だけで貴重な経験をしたとの想いが強い。

暑い毎日のこと、食事と風呂が調査力発揮の決め手になる。温泉地だからその点は大丈夫と思いきや小学校では風呂なしだ。夕方暗くなりはじめた頃を見はからってプール脇のシャワーで汗を流す。一度だけ街に行き、温泉につかった。前宣伝とは大ちがいである。

現地では高堀勝喜さんや吉岡康暢さん、あるいは明治大OBの橋本澄夫さんが頑張っていた。いずれも石川考古学会の主要メンバーである。玉作関係の資料整理と報告は國學院大助手の寺村光晴さんが担当し、氏はその後にも玉の考古学的研究を継続して「玉博士」になっている。

久しぶりの発掘で元気を取り戻して故郷へ帰る。だが今夏は事情が少し変わった。というのは、担任クラスの武井則道君ら四名の生徒が「先生の田舎に行きたい」というので引率しての帰郷になった。食べ盛りの四人の中学生を預かり、わが家はにわか大家族。朝夕の食事、風呂と母や妹たちは大忙しだった。

日中は宿題を片づけ、午後は海水浴に出かける。そのあいだには山口や萩、それに津和野の見学に出むいた。益田の史跡名所も案内する。好奇心に満ちた彼らには得難い社会科学習の機会になったようである。八月も終わり近くに帰京した。

間もなく新任先生の秋の陣が訪れる。ようやく授業にも慣れてきて生徒との対話が盛り上がる。地理は世界編に移り、アジア各地の学習になる。ヴェトナムについての授業だった。ちょうど南ヴェトナムで民族解放運動が高まり、アメリカの介入が本格化する時期だったので授業はそちらに話題が集中する。たぶんに私の興味からだったが。

そこで、W・G・バーチェットの『十七度線の北』(岩波新書)をまるまる十回の授業時間を割いて読み聞かせた。みんな真剣に聞き入る。ディエンビエンフーの戦いの話などでは興奮状態だった。読んでいる当人もすっかり解放戦線兵士気取り。調子に乗って、ヴェトナム解放戦線は勝利し、アメリカが出て行くことになるだろう、と予言めいたことまで口にしてしまう。生徒はキョトンとして聞いていた。

教育現場の管理統制が厳しい現在ならとても許されない授業だろう。当時は社会科の時間数は多く、かなり自由に進めることができたのである。そういえば、夏休みの宿題に本庄陸男著『石狩川』の読書感想文を課した。かなり難しいストーリーでどこまで読みこなせるか心配したが、ほとんどの生徒がきちんと読み込み、内容を把握してきたのには驚き、彼らの読書力の高さに感心させられた。

専任教諭になるとクラブ活動の面倒も見なくてはならない。中学校の野球部を担当し、暗くなってボールが見えなくなるまで練習に入れ込んだ。校庭のまわりには農家の温室が幾棟もあり、ボールが飛んで行っては屋根ガラスを割った。毎度のことで農家の方からきつく説教された。生徒が行くと「先生を呼んで来い」と怒鳴られる。名乗り出ると「あんたが先生か」と半ば呆れ気味に小言を賜った。まったく「誰が生徒か先生か」はっきりしない「メダカの学校」だった。

年度が変わって佐藤善一さんが専任教諭として採用される。有力な味方の出現で気持ちに余裕が生まれ、やる気も増した。だが職場の空気は変わった。作り話とほら吹きで評判の悪かった主事に代って長浜恵という人士が学校長として赴任してきたのだ。ばりばりの九州男児で某大学OB会の実力者と聞く。職場に緊張が走る。それまでは授業時間さえきちんと守れば後は自由にしてよしの勤務形態が取り止めになったのだ。古参の教師は、この件は採用条件になっていたのに、勝手に廃止するのは約束違反だと怒る。しかし一蹴された。

多くの先生は「俺たちは教師である前に労働者だ。ただ働きはごめん」と言い、安月給を理由に事実上のサボリ（自由出勤）を正当化していた。私はそんなことが通用するのかと疑問だった。生徒の保護者たちは高い授業料を払っているのだ。きちんとした教育をしてほしいと願うのは当然である。上意下達の管理主義には反対だが、父母や生徒の求めには誠実に対応する必要があるだろうと考えていた。

気忙しく働きながら今日もホームルームの時間に「おーい、多摩川で弁当だ」と駆け出した。すると、教頭から直ぐ校長室に来るようにと声がかかる。何事かと思いながらうかがうと「君、校長の許可なく校外に生徒を連れ出しては駄目だ」と厳しく叱られた。昨年との落差に戸惑いながら「ははあ、こうなるんだな」と自らに言い聞かせた。

2　三殿台遺跡全掘

いざ決戦場へ

少し落ち着いてきた五月に和島研究室へおもむく。気にしていた三殿台遺跡をめぐる情勢は急変していた。先に触れたように、工事用進入路を台地南側に開削し、同時に急がれる学校用地造成工事も合わせて進める話が持ち上がっていたのだ。開発業者の申し入れを受けて市側は基本的にはこれを受け入れ、丘陵地削平で生じる土砂を遺跡西側の宅地造成に供することに前むきの姿勢をとったのである。市としては学校用地建設と掘削土提供が同時に実現するのだからまさに一石二鳥だった。

前年の六月二十八日、三殿台の丘上で神奈川県文化財専門委員の赤星直忠、石野瑛、三上次男の三氏が和島先生を加えて対策協議を行っている。その結果、県文化財保護審議会の総意として台地全面発掘調査の必要性を市当局に具申することになったらしい。同趣旨の要請は、国の文化財保護委員会からも市に寄せられたようだ。先生は、即つぎの行動に移る。先述のように、あらかじめ準備した第二次調査を七月一日から開始したのであった。

しかし、校舎増設は避け難い状況にある。市当局の予測を超えて児童数が増え、現状のままでは二部授業になるおそれもあり、情勢は緊迫してきた。地元世論も現在の岡村分校を本校化し、独立した滝頭小学校として、その早期実現を強く求めている。事ここに至り、先生は意を決し、全面調査へと急ハンドルを切った。一九六一年の夏休み期間を利用し、第三次調査として三殿台遺跡を全掘することになったのである。[*3]

発掘調査団は横浜市立大学、國學院大学、立正大学、日本大学の四大学の考古学研究者と学生で編成され、さらに麻生優、岡本勇、小出義治の三氏を縄文・弥生・古墳各時代の専門の指導者として配置した。

いよいよ着手である。市大生の一柳さんのメモによると、七月二十一日に宿舎となった小学校へ調査用具などが搬入され、調査員の作業・宿泊態勢が整えられた。鍬入れ式は七月二十二日に執り行われている。このときにはすでに台地全面の表土（耕作土）は軽量の小型ブルドーザーによって剝ぎ取られ、あちこちにローム層が露出していたようだ。短期間に表土をどう処理するかは和島先生が一番苦労した課題だった。当時は、発掘に土木機械の導入など考えられないことであった。

私や佐藤さんは武研の一員として市大班に組み入れられ、八月一日から調査団に加わる。

全面発掘した三殿台遺跡（独立丘陵の全面に竪穴住居が広がっている）

三殿台遺跡での和島誠一先生（第2次調査時、1960年）

調査は、十日間を一期として調査員（一大学十名前後）が交代し、本格的調査はⅡ期が八月一日から十日まで、Ⅲ期が十一日から二十日まで、Ⅳ期が二十一日から八月末までとされた。調査区は台地を南北に幅二五メートルに区切り、南から一区（班）（市大中心班）、二区（班）（國學院大班）、三区（班）（立正大学班）、そして北端を四区（班）（日大班）とし、各区内は四等分され、一区域を一期で掘り上げる計画である。

八月一日、大きな登山用リュックサックに発掘小道具と衣類を詰めて三殿台の丘へ登る。宿舎は木造二階建て、学校だから諸設備が完備している。とくに調理施設などのあることが調査関係者約五十人の大所帯の合宿所としては好適だった。朝は各大学班が交代で食事を作る。大きな釜に湯を沸かし、そこへ磨いだ米を入れ、蒸して御飯にする。火加減によっては半蒸しになり、当番が大勢の調査員から苦言を頂戴することもたびたび。そんななかで日大の澤田大多郎君は全期間逗留し、飯炊き名人ぶりを発揮した。

昼食と夜食作りは地元の婦人会の方々が担当された。午後のお茶タイムには冷えた麦茶が好評だったが、これも婦人会のお世話になっている。苦労のほどが偲ばれると同時に裏方の組織づくりも並大抵でなかったのではと和島先生の労苦に想いがおよぶ。風呂は丘陵地南下の街中にある銭湯に通った。

武研メンバーはいわば和島組。市大生を軸にした班に属して一区を掘る。キャップは市大の今村征一君が務め、私や佐藤さん、古山学君のほか、伊東秀吉、大三輪龍彦、重松和男、塚田光の各氏が長期に滞在して補佐した。私は八月一日に宿舎入りしてから九月六日に退出するまで風呂に行く以外、一度も街中に出ることはなかった。

なお、一区は事実上の混成部隊だったから、通いや二、三日の短期参加者も一区に組み入れられ、作業に加わっている。名簿を見直すと、東京学芸大学・神奈川大学・龍谷大学・埼玉大学の学生、個人では曽野俊彦さんや岡田宏明、松谷敏雄、小谷凱宣、松沢亜生さんら東大関係者の名前も記されている。静岡大の市原さん、武研幹部の甘粕さんらは埼玉県東松山市にある三千塚古墳群の調査に当たっていて三殿台の発掘は不参加だった。[*4]

宿舎入りしてさっそく台地に上がる。あの草茫々の平坦地はブルドーザーに剃り上げられて真っ平らになり、西縁には押し集められた土の山が堤防状に連なっている。調査は東縁からいっせいに始まっていて、ところどころに廃土の小山が見えていた。

やがてII期が終了する頃になると、廃土の山が彼方此方にできて調査の進行の障害になった。発掘計画では平坦地の周囲に電線を張りめぐらせて電動のベルトコンベアーを配置して廃土の山を除去することになっていた。しかしその設置が大幅に遅れ、代りに小型のトラックが配車されたが、一台ではとうてい間に合わない。おまけに運転手は無免許で運転訓練中ときた。運搬経路には急カーブがありときどき転落事故を起こす。幸い、大事故には至らなかったが、車の引き揚げに召集されることが何回かあり、発掘作業を中断して駆け付けた。

あれは古墳時代の住居址を調べている最中にトラックが大脱輪事故を起こしたときのこと

だ。私は残存状態良好な竈に手をつけていたので、応援参加の市大生に掘り方を指示してトラックの引き揚げにむかう。帰って見ると、竈のなかはからっぽになっていた。大事な甑《こしき》形土器と支柱（蒸器の底を支える土製品）が取っ払われている。しまった、と思ったが後の祭り。当の女子学生を叱るわけにもいかない。写真や図面をきちんと採っていなかったことを悔やんだ。案の定、和島先生がやって来て大目玉を喰らった。

八月も中旬になると調査は佳境に入る。各班とも住居址が密集する区域に入り、調査が難渋する。なにしろ、一ヘクタールの平坦面に二百五十棟前後の住居址が折り重なっていたのだから、まともに壁の輪郭を残すものはほとんどない。しかも、弥生時代の住居の重複が圧倒的に多く、相当慎重に掘らなくてはならない。どの住居址が先行してどれが後に作られたかを確かめながらの調査だ。最低でも三、四棟の住居址が重なり合っているし、一棟でも何度も改築したケースがある。

注意深く、観察眼を研ぎ澄まして掘る。調査員はみんなこの作業で肉体的にも精神的にも、そして何よりも実践的に鍛えられた。陰一つない丘陵地の天辺《てっぺん》だ。カンカン照りのお日様で地表は乾き切る。誰言うとなく「三殿台砂漠」。風も強く砂嵐に悩まされた。「彼女は来なくてもいいが、雨は早く来てほしい」と記された日誌があった。

ところで、三殿台では住居址掘り以外に重労働が二つあった。一つは写真撮影の櫓《やぐら》の移動である。木材を組んだ三層造りの大櫓はかなり重量があった。調査が終了した住居址の全景を撮影するたびに適切な場所に据えなくてはならない。作業していると「やぐらあー！」の声が響く。各班から屈強な男子が集まってくる。十人以上いないと動かせない。

最上階には写真担当の森昭君が立っていて、「前へ！」、「右に振って！」と命令する。本当にたいへんだった。女性が多い一班では担ぎ屋は決まっていた。幸か不幸か、小柄の私は大男の肩より低い位置で担ぐから重量のかかり具合は小さい。それでも腕を伸ばして支えながら歩くのは一苦労。なお、森君は写真大学を終えたばかりの新米で三殿台が初陣であった。

この櫓は夜間には見張りの番所として使われる。Ⅱ期とⅢ期の交代休日だった。残留して引きつづき調査に加わる者はほぼ全員が街に出かけ、宿舎には留守役を買って出た岡本さんと私だけになる。「田中君、上にあがろうか」と誘われる。酒瓶とつまみの入った袋を手にしている。「ああ、いいですよ」と答えて丘に登り、櫓の上階に座り込んだ。

夕闇であたりは暗くなりはじめていた。「これで胃の壁に幕を作るんだ」とチーズを差し出される。言われるままに食べた。つぎは焼酎だ。岡本さんは美味しそうに飲む。つんとくる焼酎独特のアルコールの味。親の代からあまり酒類には強くないが、雰囲気で口に含み、ゆっくり呑み込んだ。岡本さんの口からはゆっくりとつぎつぎに考古学の話が出る。聞きながら充実感に浸った忘れ得ぬひとときだった。

もうひとつの重労働はベルトコンベアー（ベルコン）の移動だ。これも一台十人がかりの仕事だった。しかも三、四台を連結して稼働させるのでリセットするのに手間が要るし、注意しないと大事故になりかねない。

ベルコンの片端を持ち上げてトラックの荷台にかけるときなどは相当苦労した。しかし、いったん動き出すと、「搾取の道具」と揶揄されたように休む暇も与えない。手を抜くと空送りするのでサボリが一目瞭然となる。機械に追いまわされる感じがだんだんと強まり、ベルコン作業を避ける様子も見えてきた。

だが、幸いにも中学生や高校生、市内の市民団体等の参加者が増えてベルコンは順調に稼働し、廃土の山がつぎつぎに姿を消す結果になった。また、二区の國學院大班では発掘中の住居址内にベルコンを置いて廃土の能率を上げ、遅れ気味だった作業を一気に挽回した。和島先生はこの思いつきを高く評価していた。発案者は寺村光晴さんである。

大勢の支援・応援で完掘

八月下旬、調査はⅣ期に入った。三区と四区は完了の見通しがつきそうだったが、一区と二区は期間内に掘り上げるのはかなり難しい状況である。というのは、一区では西方に移るにしたがって調査区域の幅が広くなり、掘る住居址の数も増えてくる。それに日照りとトラックの往来で土が固まってスコップが入らない。鶴嘴《つるはし》で掘る破目になる。二区も同じ問題を抱えていた。

写真撮影用の櫓のまわりに集まったⅢ期調査団（櫓最上段右から２人目が著者）

さらに、掘り出した住居址の数が多くなると、実測作業も手間どる。Ⅲ期からは武蔵校担任クラスの生徒が大挙して加勢にやって来て廃土や実測の手伝いで奮闘し、作業能率がぐんと上がった。なかでも武井則道君はⅡ期以後一日も休まず通ってきて、調査団の一員として頑張りとおした。和島先生の目にも将来性のある中学生と映ったらしい。

八月の最後の日になった。國學院大・立正大・日大の各班は引き揚げる。調査未了の一区は延長戦になった。宿舎は新学期が始まるので教室が使えない。養護室を借りて私たち数人が残業部隊として泊まり込むことにした。

九月はじめだったと思う。前日が雨で作業は中止だった。晴れて朝早く遺跡に上がる。見晴らすとベルコン用の電線が全部盗まれ、電柱が寂しく傾いているではないか。完全に戦意喪失である。人数も限られて作業は進まない。困り果てたところ急ぎ一区の送電線を再生させたことにより電源が復活し、ベルコンはフル回転。近隣中学校からの応援も得てラストスパートを駆けたが、それでも完全終了とまではいかず、日をあらためて補足調査をすることにした。そして、九月六日午後宿舎を引き払い、三十七日ぶりに三殿台の丘を下りた。

九月中頃、和島研究室に各班の代表者が集まり、遺物整理の具体的な方針や報告書原稿の作成について打ち合わせが行われた。一班の遺物は武蔵校で整理作業を行うことになり、後日、公設市場で仕入れた野菜入れ用の平箱と一緒に届けられた。とはいえ校舎内には考古遺物を保管して整理する場所などない。あれこれと探ってはみたが適当な空部屋は見つからず、困り果てて教頭に哀願した。すると、階段途中の踊り場に物置程度の空き室がつくられていたので、そこを使ってもよいと応諾してくれた。そこで一階の空き部屋に遺物を納め、二階の部屋にテーブル一台を置いて整理作業をすることになった。

相当な量の出土品整理をあまりあてもなく引き受けたわけだが、そこは中学生ながら武井君らが頑張って首尾よく完遂できた。寒い時期に水洗い、注記、接合、実測の諸作業は容易ではない。ましてや知識や経験の乏しい中学生のことで困難さは言うに及ばず、である。おりしも野球の新人戦の時期でそちらも忙しい。土器の整理を横目で見ながら野球部指導に出て行く。武井君からは「先生、もっと真剣にやらないと駄目だよ」と苦言を呈される始末だった。

ところが一九六一年度内に調査の概報を出すことが決まり、遺物整理を急がねばならない。水洗いした土器片を乾燥させ、注記・接合するにはかなりのスペースが要る。だが、なにぶん部屋はせまい。それに暖房もなく、仕事は遅れ気味だ。調査で副団長役を務めた岡本さんが整理状況の点検に私たちへの激励もかねて来校している。

私は住居址カードの整理に集中、武井君は土器の石膏入れに余念がない。彼は、土器の型取りに新聞紙を巧みに折り曲げ、溶かした石膏を塗りつけている。この工夫には驚いた。通常は油粘土を薄伸ばしして型をとるのだが、空隙が大きいと思うようにはいかない。私はこの石膏を使う型どりが苦手で敬遠していたので助かった。

調査の『概報』は「一九六二年三月三十一日」の日付で刊行された。三殿台埋蔵文化財調査会委員長の任にあった市教育長大砂吉雄氏の「刊行にあたって」、日本考古学協会委員長八幡一郎氏の「序」、和島先生の「はじめに」、「調査の方法」等々は短い文章ながら迫力があり、説得力に満ちている。何よりも三殿台遺跡全掘への取り組みの全容とそれがもたらす学問的、社会的意義が簡潔に力強く描き出されていて感慨深い。

総数約二百五十棟以上の住居址は縄文時代八棟、弥生時代約百五十棟、古墳時代四十三棟、時期不明約五十棟となっている。これを見ると弥生時代の住居址が圧倒的に多い。時期不明の五十棟もその大部分は弥生時代に属する可能性がある。

縄文時代の住居址が少ないのは意外であるが、貝塚の存在や出土した縄文土器の量等からするともっと多数の住居が営まれていた蓋然性は高い。古墳時代については前期のものは少数で、大部分は後期の鬼高《おにたか》期に属する住居址であった。

ブルドーザーによる耕作土除去の際、何棟かの住居址が削られて隠滅したことは否定できないけれども、大勢は以上の把握で満たされたと考えられる。資料として掲載された全域の「住居址分布図」や一覧表も見事な労作といってよい。

とくに住居址一覧表は、調査中に「戸別訪問」とか「戸籍調査」と称して岡本さんらが各区を訪ね歩き、調査担当者から住居址一棟一棟について聞き取りを行い、その積み重ねによって作成されたものである。この努力なくして三殿台集落の復元的研究は十分に果たせなかったのではないだろうか。

和島先生は、「まとめ」において、すべては遺物整理の完了をまって明らかになるであろうとしながらも、各時代の集落のあり方と特徴点に触れている。縄文時代集落については、住居址が「台地の一局部に限られるような傾向」に注意を払い、この傾向こそ「縄文時代集落の本質につながる」ものだと記している。原始集落の構造解明に力を注いできた先生ならではの指摘と見た。

弥生時代については、大型の住居が集落の中核をなしていること、その様相が中・後期に継続的に見られたことを重視している。課題であった弥生時代集落の実相に迫りうる成果を実感しつつわが意をえたりの心境だったのではないだろうか。古墳時代集落に関しては、中期（和泉期）集落の欠落や後期（鬼高期）の住居址が少数に止まったことに留意しているが、なお他日を期すとした。

史跡公園化にむけて

一九六二年四月、新年度になり遺物整理の方針が変更された。各大学で出土品を保管して整理作業を進めるのは限度があり、報告書作成上の障害になるおそれもあった。そこで市教委が動き、六月になって市内東神奈川中学校の空き教室に全出土品を収蔵し、整理担当が通いで作業することとなる。

一区の整理作業には武蔵校生数人が参加、市大ＯＢ（Ｇ）となった今村君や一柳さんらも手伝いにやって来る。市教委の井上義弘君がときどき顔を出し、万事を取り仕切っていた。大詰め段階では、市営の宿泊所に数日泊まり込んで集中的に整理を進めた。この合宿作業では岡本さんが中心となり、私と武井君も同宿した。ときには井上君も加わっている。日中には土器の接合や実測作業、宿では食後に弥生土器の編年問題などについて岡本さんから教示を受けた。

他の区の遺物整理については、三区を立正大の関俊彦さん、四区を澤田君らが頻繁に出入りして作業していたように記憶している。蒸し暑い時期のことで、冷房のない室内での作業では汗のかきっぱなしだし、それにみんな食べ盛りである。

昼食は近くのラーメン屋でとる。全員が毎日ラーメンライスの不健康食だった。見かねた岡本さんが、「そんなに腹が減るなら好いところへ連れて行ってやる」と、東神奈川駅近くの大きな食堂へ案内してくれる。そこは日雇いの労働者が利用する店だった。御飯は大盛り、おかず類は脂ぎったボリュームたっぷりの品が並んでいた。店のなかも異様な熱気。たじろいだ。選んだおかずも美味しいが、とても食べ切れなかった。こうして、遺物整理は一段落し、後は図面の浄書や原稿書きに移る。

和島先生はこの時期、学生社から出版された『古代史講座』二巻の編集と収録論文を執筆していたらしい。「序説　農耕牧畜発生以前の原始共同体」、「東アジア農耕社会における二つの型」の二論文である。加えて『岩波講座日本歴史』二巻の「古墳文化の変質」も書いていたようだった。遅筆で有名な先生がいつ、どこで書いたのだろうと不思議な気がする。三殿台で多忙をきわめていたのだから。

これらの諸論は和島先生の代表作といっていいと思うが、よくも書いたものだと感心する。先生五十一歳、まさに絶頂期にあったのだろう。この学生社の原稿書きでは松本新八郎先生の家に泊まり込んでいたと後で聞いた。おそらく、「日本の事実をどう歴史法則的に捉えるか」で松本先生と討論しながら書き上げたのではと想像する。

ところで、三殿台では一九六一年の初冬頃になってもまだ発掘の延長戦がつづいていた。あらためてここまでゆっくり調査ができているのはなぜか、と考えてみる。調査が開始されたときには「このままだと二部授業になる」とまで言われるほど事態は差し迫っていたはずだ。また、調査にブルドーザーやベルコンが導入されたのはこの緊急性のゆえではなかったのか。

事態は明らかに遺跡の保存へと転換しつつあったのだ。事の細部はわからないので以下はまったくの推測である。発掘が進み、見学者もどんどん増えた。先生はどの発掘でもそうだが、じつに懇切ていねいに対応し、見学する側が呆れ加減になるまで遺跡について語りつづける。

そんなことが繰り返されるなかで、周囲の人々の遺跡を見る目や感想に「壊すのはもったいない」という空気が生まれてくる。その雰囲気を感じとり、遺跡の学問的な意義とも合わせてさまざまな方面、とくに市教委幹部に伝え、「『保存』したい」という想いを訴えていたのではないだろうか。

Ⅲ期だったと思う。松本先生が歴史学者の渡部義通氏や三井礼子氏らを誘って見学に来られ、八月末には半井市長、九月八日には三笠宮の視察もあった。総数二千五百人という見学者が三殿台の丘に上がった。広い平坦地はくる日くる日も人の動きで賑わい、地元でも保存を容認する動きが出る。手伝いの婦人会の方々は、つぎつぎに掘り出される太古の遺産を目のあたりにし、同時に学生が懸命に調査している姿にも触れて感動する。その様子を周囲に伝えていたのであろう。

婦人会の方々は直接住居址を掘り出す作業に携わったわけではない。しかし、毎日の手伝いを通して意識的には完全に調査団の一角を構成する当事者になっていたのだ。先生は、ときどき手伝いの人たちにも遺跡の説明をしていた。誰彼となく大事にていねいにむき合っていたことが忘れられない。

さらに、市教委内で三殿台保存の方向が出てきたことは、破壊から保存への転換において決定的な意味がある。先に述べたように、そこには和島先生の熱のこもった働きかけがあったことは想像に難くない。こうした動きや雰囲気を総合すると、延長戦に入った九月中には、残そうという公的意思が形成されてきていたと考えられる。

十二月になると保存を見通した措置とも考えられるような動きがあらわれた。霜害から遺構を保護するために住居址に砂を入れ、その上に土を被せて仮の埋め戻しが行われ、外部からの侵入・破壊を防ぐために遺跡の周囲に柵がめぐらされた。

しかし、一九六一年度末刊行となっている『概報』には保存の保の字もなく、なお確定には至っていないらしかった。思うに、この頃は遺物整理をどう進めるかが最大の課題であって、遺跡の取り扱いに集中する状況ではなかったのだろう。ただ、岡村小学校の開校準備が次年度送りになることが読み取れ、「残す」声は沙汰止みにならず、前進していたことは予測できた。

頃はいつだったかはっきりしない。数人が研究室に屯《たむろ》していた。すると先生が「どの住居址を露出させて見学に供したらいいかね」と問いかけてきたのだ。「おや?」と思いつつ、即座に「そりゃー、先生三〇六C号ですよ」と答えた。史跡公園計画が動き出しことをはっきりと知りえた瞬間だ。

遺跡の北寄り三区の中程で発見された弥生時代中期の三〇六C号住居址は、平面が小判形で長軸一三・八メートル、短軸一一・八メートル、当時は「本邦最大の弥生時代住居址」として注目を浴びていた。ひと一人がすっぽり入るような大きな柱穴、壁際に横倒しに並んだ数個の大型壷形土器などは圧巻で見学者を驚かせた。

その後の精査ではC号の建物を造るにあたって壊された同じく中期のB号住居址も長軸一五・二メートルで、C号を上まわる規模であることが判明する。この二棟こそ三殿台遺跡の象徴的存在であり、弥生時代集落を考えるうえで見過ごすことのできない建物であることは大方が認めるところだ。先生からも異論はなかった。

しばらく時をおき、市教委の井上君が研究室に来て先生と公園化の具体的な進め方を話し合う。動きは明確になってきた。在室していると、先生から「どうだろうねえ」と相談を持ちかけられる。どうやら遺跡全体を芝張りにし、住居址の輪郭には煉瓦を並べて地上表示する。三〇六C号は掘り上げた状態のままの実物表示、そのため壁や床にカビが生えないよう薬剤でコーティング。さらに覆屋を造って保護する、といった案がみんなの意見も入れて実現する運びになった。

その他、縄文・弥生・古墳各時代の残り具合の良好な住居址を選び、復元家屋として設置することも了解されていたように記憶する。いずれにしても、縄文・弥生・古墳の三時代にわたる集落跡を史跡公園として保存・整備し、復元表示するなどということは前例がない。先生は研究室隅の机に資料を広げながら懸命に思考を凝らす。いつもなら居眠りが多いが、三殿台のことでは目を輝かせて仕事をしていた。

住居址などの遺構を安全に保護し、代表的なものを選んで展示・表示することと合わせて、出土遺物の収蔵と展示をどうするかも大きな課題である。このことも井上君とよく協議していた。最終的には、どうやら遺跡の北西隅に事務室と展示室を併設した遺物収蔵の小さなコンクリート製平屋の建物を建てることになった。

後の記録によると、一九六三年五月に横浜市三殿台遺跡保存協議会が設置され、翌年の四月から八月にかけて三〇六C号等の露出住居址の展示保護庫（覆屋）や収蔵所ができている。さらに、一九六六年三月、弥生・古墳時代の復元住居がお目見えし、四月二日国史跡として官報告示された。収蔵庫のオープンは出土品の運び込み、整理、展示が終わった六七年になっている。この年に縄文時代の復元竪穴住居が完成した。

三殿台遺跡、それは和島考古学の記念碑だ。遺跡の絶大な魅力もさることながら、先生の学問への情熱と飽くなき探求心、学者としての社会的責任の堅持、そしてなによりも人間をわけ隔てしない大衆主義に無名、無数かつ多種多様の人々が共感し、支えた。原始・古代集落址全掘の偉業はこのたぐいまれなコラボレーションが生み出した壮大なドラマだった。私は一人の演技者に過ぎないが、考古学の道を歩むことについて心中深く期するところがあった。一九六三年、横浜市は和島先生に横浜文化賞を贈り、その功績を讃えている。

3

遺跡で、そして学校で

北部九州の考古学踏査行

一九六三年の夏、和島先生は相変わらず忙しく走りまわっていた。平城宮問題の解決がくすぶり、かたや難波宮跡や加曽利貝塚の保存問題が急を告げる。首都圏、近畿圏を中心に大規模開発が活発になって、たちまち著名な遺跡までもが破壊の危険にさらされる、そんな状態が日に日にあらわになってきたときだった。

先生から八月上旬に北部九州の踏査に同行するよう求められた。資源科学研究所の総合研究「地史と現在の生物分布との関係について」に考古学の立場から参加し、提言することになったのである。私は担任持ち上がりによりそのまま中学三年D組を受け持っていた。クラスのほぼ全員がエスカレーターの高校進学だから受験指導の緊張はない。ヒマ感覚に助けられて北部九州行に同意した。

八月はじめの暑い日だった。博多駅で先生と落ち合う。「新聞社に寄って行くから」とタクシーに乗り、朝日新聞西部本社へ。なんの用かといぶかっていると先生は受付で「木原啓吉記者をお願いします」という。在室中とのことでさっそくお会いし、自己紹介を受けた。とたんに脳味噌全開になる。この人こそが「平城宮跡に車庫建設」を大スクープした当人だった。

先生と記者は、その後の平城宮問題について情報交換していた。聞き耳を立てながらそっと聞く。「文化財問題の天王山、平城宮跡を守ろう」の国民的大運動の引き金を引くことになったときのリアルな様子と心境などが真実味たっぷりに伝わってくる。さらにその後の社内の動き等々、通常では知りえないことの数々に緊張して聞き入った。話が終わりすぐに退社したが、平城宮跡の保存が国政を揺るがすような大問題になり、社命で福岡へ「緊急避難されたのだな」と感じた。

短時間の会見がすむと今度は「九大に行こう」と言う。そこで九州大学考古学研究室に岡崎敬《たかし》先生を訪ねることになる。岡崎先生は待ち受けていた。ここでは、九州の考古学をめぐる近況や調査についてアドバイスを受けたようだった。

そうこうしているうちに夕方になった。街中で食事し終え、宿泊が気になる。すると先生は「今夜は『伊都国王』の家に泊まろう」と言い、さっさと博多駅から筑肥線に乗って肥前平原《ひらばる》駅で下車する。あたりはすっかり夜の闇だ。目指すは「伊都国王」こと原田大六氏の宅。

先生は何度か厄介になったことがあるらしく、道筋は心得たものでどんどん歩き、一軒の小さな民家に到着する。明かりがついていて「国王」は在宅のようだった。

許されて上がり込む。広い板の間の中央に大きなテーブルがあり、図面が広げられていた。話題になった平原遺跡（大型の方形周溝墓が見つかった遺跡）のものだった。原田氏は得意満面でとうとうと発掘状況を語る。そして、日本列島最大といわれた銅鏡（仿製内行花文鏡《ほうせいないこうかもんきょう》）原図を和紙に毛筆でトレースしていた。これには度胆を抜かれた。見やると長押《なげし》には和紙浄書のための小道具がいっぱい掛けてある。変わった人とは兼ねてから聞いていたが、ここまでやるとは。

和島先生に対しても傍若無人の対応だ。「わしはいま論理学を勉強している」と入門書を差し出しながら、「これから質問する。きちんと答えたら今晩は泊まっていい。駄目ならほかへ行け」と言うのだ。もう九時を過ぎている。「『ほかへ』と言われても……」と少々不安になったが、先生は落ち着いたものだ。原田氏の腹のなかがわかっているらしい。

出された質問にものらりくらり。ときには反問して原田氏を追い詰めていた。そして、無事泊りになる。家が小さいのか、ご夫婦の寝間に四人が並んでお休みだ。先生はすぐ寝息を立てている。先生はどこでもこうなんだと思いながら、私もいつのまにか眠りに就いていた。

翌朝、夫人は学校勤めで早目に出られた。われわれは朝食をゆっくりいただいた後、原田氏に連れられて平原遺跡の資料館を見学。つづいて糸島高校へ行き、氏が手がけているという甕棺の整理状況を見せてもらった。空き部屋には復原された甕棺が立ち並んでいる。「もう少しで一杯になるんだが……」と心配そうだった。その後には、大量の前漢鏡を出した三雲《み》南小路《くもみなみしょうじ》遺跡を訪ね、午後はつぎの調査地の玉名市に移動し、玉名温泉に宿泊する。

翌日から玉名市周辺の貝塚調査が始まる。先生は、地元の考古学者田辺哲夫氏から情報を仕入れながら見るべき遺跡を選ぶ。ねらいは有明海域における縄文海進のピーク（時期と海面レベル）にある。そこで、玉名平野を流れる菊池川下流部の尾田貝塚（早期〜中期）、古閑原《こがばる》貝塚（前期）、繁根木《はねぎ》貝塚（後期）、湯ノ浦貝塚（前期〜後期）などがピックアップされ、踏査となった。調査には地質学のグループも同行して立地、地形を確かめることにしている。見かけ上の観察だけでは段丘や埋没谷の判定を誤る心配があったからだ。

県庁派遣のジープに分乗し、二日間各貝塚を検分する。尾田貝塚の近くには弥生時代最古といわれる鉄斧片の出土した斉藤山貝塚（前・中期）があり、こちらにも立ち寄る。なかでも急なミカンの段々畑を、汗を拭きながら登った天水町《てんすいまち》（現・玉名市）湯ノ浦貝塚の印象は消えない。また菊池川中流には歴史時代の貝塚が分布することも知られた。

こうして大まかながら玉名平野付近の縄文海進・海退の動きが明らかになる。そこで先生は縄文時代前期頃に海面が上昇するもその最高レベルは標高四メートルには達していないと推測し、同時にこの推定が関東平野の縄文海進・海退の調査結果とも矛盾しないと結論づけやや満足の表情を浮かべていた。私としては、この海進・海退の調査も興味深いものではあったが、ついでに立ち寄った江田船山古墳（金銅製の豪華な冠や「典曹人」銘入りの大刀の出土で有名）や鍋田横穴など、この地を代表する古墳の見学ができ、予想外の収穫になった。

縄文貝塚の踏査が終了すると、つぎは佐賀平野で弥生時代の海岸線の動向調査である。私は先生より先に佐賀県庁に行き、県教委の木下之治さんと会って調査についての協力を要請する任務を与えられる。先生は熊本県庁に赴き調査協力へのお礼の挨拶まわり。

指示を受けて佐賀線（一九八七年廃止）経由で佐賀市にむかった。気動車一両は客もまばらでトコトコ走る。車窓から広々とした平野をうっとり眺めながら筑後川の長い鉄橋を渡る。「筑紫次郎」は雄大だった。

昼前に県庁に着き、木下さんと面会して用件を伝える。「ああ、承知しております。手はずは整えていますので」ということだった。つまり、どの遺跡を踏査したらいいか、あらかじめ選定してもらえるように依頼してあったのだ。記憶では、佐賀県兵庫町の牟田寄《むたより》遺跡や神埼郡千代田町の詫田《たくた》貝塚などである。

昼食の時間になり、木下さんから「チャンポン麺」をご馳走になる。美味しかったが、なにしろ暑い。扇風機はまわっているものの風が届かず、大汗をかきながらいただいた。午後になって先生も到着し、簡単な打ち合わせをし、地図上で踏査対象遺跡を確かめてから県庁を出た。

長崎街道を東上して最初に牟田寄遺跡を訪ねた。木下さんの話では水路の岸に貝層が露出しているとのことだったので実見できれば調査の好材料となる。バスを降り、教えられたとおりに水路（佐賀名物のクリーク）の岸を用心深く歩いてポイントに着く。残念！ 満水状態で貝層を見ることは不可能だった。先生曰く、「無駄寄りだったな」。牟田寄の地名をもじって駄洒落を披露してみせたのだ。

つぎは詫田貝塚だ。こちらは首尾よく土地所有者のお宅を訪問でき、現地案内を受ける。ここでは標高三・五メートルぐらいの位置に弥生時代前期の貝層が存在することを知った。所蔵されている前期弥生土器などを実測し、写真を撮り終えて失礼し、バス停に戻る。夏の日も暮れかかっていた。

またバスに乗って街道を東に進む。途中、吉野ヶ里遺跡を窓越しに見ながら通過する。このあたりの遺跡については、土地の考古学者七田忠志さんの案内を受ける予定であったが、時間の都合がつかないということでお預けになった。もちろんのことだが、「弥生都市」の呼び名も高い現在の吉野ヶ里遺跡の姿などまったく想像もできない頃だった。

こうして久留米に近づいた頃にはあたりもすっかり暗くなり、近くで打ち上げられる花火が見えた。この晩は羽犬塚《はいぬつか》に泊まる。翌日は、筑後川下流の左岸地帯の貝塚を検分してまわる。家具製造で知られる福岡県大川市内の酒見貝塚などを実見した。貝層（標高二メートル前後）からはカキなどの鹹水《かんすい》貝類がえられていたが、出土した土器はほとんど弥生時代中・後期で、さらに河口近くに分布する貝塚は古墳時代以降のものとわかる。佐賀平野もそうだが、こちら筑紫平野においても、有明海の海岸線が弥生時代から古墳時代にかけてゆっくり後退しつつあったことを理解できたのである。

踏査終了後は岩崎光さんのお宅にお邪魔する。高校教師のかたわら地域の考古学研究を進めている人士である。夕食前、土間の台所では夫人がもてなしの食事作りをされていた。挨拶をすませ、さっそく手作りのご馳走をいただく。

考えてみれば図々しく上がり込んで食にありつくのだから無礼千万なことだが、和島先生はあまり頓着しない。食べながらも遺跡の話に集中している。どうやら、岩崎さんが調査した筑後市の裏山遺跡のことが気になっているらしい。低い段丘に営まれた弥生時代後期の集落跡（後に縄文時代早期の土器が出土）で、岩崎さんはしきりに詳細な調査をするように勧めていた。話は夜遅くまでつづき、泊りも世話になる。

翌日は自転車を借用し、岩崎さんの案内で裏山遺跡から八女市の岩戸山古墳などを見てまわった。筑紫国造磐井の墓の伝承がある岩戸山古墳は九州最大の前方後円墳（全長一三二メートル、六世紀前半）で外堤がめぐる。後円部の東北部には別区といわれた方形の広場があり、ここでは磐井が裁判を開いたと伝えられている。古墳脇には小屋があり、なかに石人像が無造作に置かれていた。大学入学当時に「継体・欽明朝の内乱」を勉強したこともあり、大変興味深く見学する。岩崎さんは、八女丘陵上にはこのほか八基の前方後円墳があり、六世紀前後の筑紫平野の歴史を紐解くうえで重要な古墳群だと説明した。

昼食後に岩崎さんと別れる。先生は、先の尾田貝塚が調査中とあって、そちらに出むいて遺跡の状態をさらに詳細につかむと言い残し南下した。私は博多に引き返し、筑肥線に乗りかえて西にむかう。

途中下車して初期の横穴式石室で知られた筑前丸隈山《まるくまやま》古墳を見学した後に唐津まで行き一泊。翌日はタクシーで肥前谷口古墳（風変わりな竪穴式石室で多数の三角縁神獣鏡などが出土）と横田下古墳（初期の横穴式石室として著名）を見学した。だが、ここまで来たのに懐中電灯を忘れ、残念ながら薄暗い石室内の様子をつぶさに見ることはできなかった。

筑肥線で博多にむかう。また途中下車して太形蛤刃石斧の製作所として評判の今山遺跡に登った。山頂には玄武岩の露頭があり、付近に破砕された石片が密集状態になっている。そのなかには明らかに失敗作と見られる石斧片もかなり見出された。せっかく来たので長さ三〇センチもある作りかけの大形破片二点を採取してリュックサックに入れる。ずっしりと重くなった。

山を下りながら北部九州の弥生時代の繁栄ぶりをいまさらのように感じつつ遺跡を離れて一路、益田のわが家へ。そしてお盆は慣れ親しんだ畳の間でゆっくり過ごした。母手作りの大きな粉団子の美味しいこと……。

武蔵校歴史研究部の活躍

一九六三年の秋口のことだ。たしか武井則道君からだったと思う。「先生、これ見て」と薄い冊子をさし出された。見ると『歴史研究部・部報1』（武蔵工業大学付属中学校・高等学校歴史研究部、一九六三年八月）と認められている。「えっ、これどうしたの」と聞くと「僕たち歴史のクラブをつくったんだよ」の返事だった。重ねてクラブ創設の経緯をたずねる。

詳細なことは忘却の彼方だが、武井君ら三殿台遺跡の発掘に参加した生徒有志で研究部を立ち上げ、もっと歴史について勉強しようということになったのだという。部員は当初中学・高校生二十人ほどが集まったようだ。

意表をつかれた。教師就任四年目であり、学校全体の動きに乗るのが精一杯だったので、とても歴史クラブなど考えもつかなかった。佐藤さんもおそらく同じように感じていただろう。ここは生徒諸君が彼らの意欲と自主性を発揮して部活に乗り出したことに敬服しつつ、あらためて三殿台遺跡の発掘劇がもたらす歴史学習的効果にも想いがおよんだ。

冊子を受け取ってざっと目を通す。半分以上のページが千葉県加曽利貝塚の保存問題にあてられている。[*5] 残りは部活に関する記事で埋められていた。注意してみると、高一から中一の各学年それぞれから意見・報告が寄せられ、通常ありがちな高学年の独占誌的傾向はまったくない。なかなか小憎い配慮だなと感心させられた。

さらに加曽利貝塚問題の理解と取り上げ方に唸らされた。たとえば、埋蔵文化財は歴史の生きた物的証拠だとか、大規模開発は誰のためのものかとか、文化財を大事に保全することは国の責任で進めるべきである……と記してある。事の本質をずばり見抜いているのだ。

保存署名についての報告と感想文にも惹きつけられた。まず、クラブ活動で保存署名をしていいのかどうかでかなり議論したらしく、その様子が書きとめられている。結局、大切な歴史の証拠が壊されたら二度と見られなくなる、保存署名は必要だというところに落ち着いたようだ。部員の感想には「署名によって世論を動かし、加曽利貝塚が残ると思うと無性にうれしくなり」と記されていた。

さて、一九六四年、創設後三年目を迎えて武蔵工大付属中学校・高等学校歴史研究部（武蔵校歴研部）は、和島先生の海進・海退研究に参加している。八月に行われた茨城県江川貝塚（現・猿島《さしま》郡五霞《ごか》町）の発掘には私と佐藤さんが引率して出かけた。この調査は、関東平野において縄文海進がいつどこまで達したかを明らかにすることがねらいであった。

以前の研究では、栃木県藤岡貝塚の存在などから海進のピーク時には海面が現在より一〇メートル高かった、と結論づけられていた。もしこの説が妥当だとすると、将来再び気候の温暖化などにより海面が上昇すれば、東京湾沿岸都市は水浸しになる。本当にそうか、だ。

江川貝塚は、関東平野の一番奥まった場所にあたる利根川と江戸川の分岐点近くにあり、ハマグリやカキなど鹹水性の貝塚として知られていた。先生は貝塚の位置と海に棲む貝が主体であることに着目して発掘することにしたのである。

八月後半の約二週間、水田地帯に面した低い台地（ローム層の段丘、標高一一メートル）上に残る小規模な貝塚を掘る。その結果、縄文時代前期後半（約五五〇〇年前）の薄い貝層の下から同時期の竪穴住居址があらわれ、周囲に集落が形成されていたことが明らかになった。また、台地前面の崖際のボーリング調査により、水田面（標高八・八メートル）より約五メートル下に湧水層の存在が把握され、台地上に住んだ縄文人がここから飲み水をえていたことや、貝を採集した海岸はさらに一メートル下位にあったと推定されたのである。

和島先生は、さらに五霞地域の他の縄文貝塚を調べ、横浜市史編纂時に発掘した南堀貝塚の知見なども合わせて考えて、海進期の海面最高位は現在よりプラス二メートル程度と結論づけた。そして、この見解は熊本県で実施した縄文海進の調査結果とも矛盾しない、と自信をのぞかせる。つまり、縄文時代前期後半には海水面が現在より二メートルくらい高くなり、東京湾の北岸は埼玉・茨城県境の五霞地域にあった、と判断したのだ。

宿舎の公民館は水田に囲まれた小集落のなかにあった。近くには買い物をする店もなく、雨が降ると宿舎に閉じ込められる。そこで生徒が花札に興じていると、和島先生も仲間入りして大騒ぎしていた。また、宿舎から貝塚までは二キロ以上あり、歩いて通った。ある日、調査の途中で大雨になり、中断してバスで引き返すこととなる。

みんな泥んこの薄着に地下足袋姿だ。やって来たバスに乗り込もうとすると運転手から乗車拒否される。必死で事情を話してやっと許されたが、他の乗客からも嫌な顔をされ、下車する停留所に着くやほうほうの体で飛び降りた。

海退期の調査は一九六六年の正月早々に行われている。発掘したのは茨城県稲敷《いなしき》郡桜川村（現・稲敷市）にある広畑貝塚（縄文時代後・晩期）だ。霞ヶ浦南西の低地に位置し、明治時代以来多くの考古学者が発掘を試みた有名な貝塚で、貝層はハマグリやアカニシを主体としている。

宿舎は江戸崎町の「はたのや」という恐ろしく古びた木賃宿。ここから遺跡までバス通いになる。発掘はトレンチ掘り。水田面（標高約三メートル）から一メートルまで掘り下げた。すると文様のない簡単な造りの粗製土器が折り重なって出てくる。土器片には白っぽい垢のようなものがべっとり付着していた。

連日、掘れども掘れども粗製土器ばかりで目指す晩期の精製土器はあらわれない。この土器が発見されないと発掘層の時期を決めることが難しくなる。それ以上に難儀だったのは湧水対策だった。粗製土器とて乱暴な扱いはできず、いちいち出土状態を計測し、写真を撮ってから取り上げる。時間がかかり、そのあいだに水が湧いてトレンチ内がすぐ水浸しになった。はじめはバケツで汲み出しながら調べるも湧水量が多くて仕事にならない。

すると和島先生は、どこでどのように手を打ったのかわからないが、村の消防ポンプを借りることができたので取りに行くようにと指示した。こういうときにはいつも私が生徒を連れて出むくことになっている。遺跡からかなり離れた消防署に行き、一台の手押しポンプを借り、えんやらやと曳いてきた。そしてトレンチ脇にセットして排水する。これがけっこう重く、操作もたやすくはない。かかり切りの生徒は体のいい動力源だった。

苦労の排水作業の甲斐もなく土器包含層を完掘することはできず、調査は時間切れになる。晩期の層はさらに下位になることが予測されたので、先生は再来を約して調査を中断することにした。

再調査は地質・地理調査班と共同して実施され、晩期の海底レベルが標準海面（〇メートル）よりマイナス一メートルになるとの結論をえたようだが、さらに検討が必要としている。[*6]

一月の調査は筑波おろしが吹きつけ寒いことこのうえない。震えながらの調査であったが、それでも楽しみはあった。先生は近所の大きな農家と交渉して昼食を出してくれるよう頼み込んでいた。当の農家の方は快く引き受けてくれ、毎度温かいご飯に味噌汁、イモや大根の煮物、程よく漬かった沢庵をご馳走してくれた。ほんとうに美味しかった。

また、ボロ宿の食事も充実し、みんな満足。ところがせまい畳部屋に元気盛りの青少年が詰め込まれたために床が沈み、敷居が下がって夜中に襖がいっせいに倒れたのには驚いた。こんな経験は、大げさだが空前絶後。

調査後のことである。土器製塩を研究していた近藤義郎さんが広畑貝塚の粗製土器に白い垢のようなものがついていると聞いて調査を行っている。付着物は塩分だとわかり、縄文時代晩期の製塩の存在が立証されたのであった。

こうして武蔵校歴研部の実力が知れわたると、彼方此方から応援要請が来る。部員の活動ぶりに加えて校費で購入した測量器具や発掘諸道具一式がそろい、高価なトランシットを所持していることも強みだった。これらの調査用具の調達については学校当局や社会科教員の理解と支援によるところが大きい。また、一九六四年に世田谷区内の成城に建設された新校舎内にはちょっとした道具や遺物を収蔵する部屋も与えられ、部活は勢いに乗ってくる。

一九六五年夏は甘粕さんの主導による日立精機（千葉県我孫子市）構内の古墳の調査に主力部隊として参加した。先の東大考古学研究室が進めていた我孫子古墳群の調査の一環をなす仕事である。対象の日立精機二号墳は小型の前方後円墳（全長三〇メートル）。そのくびれ部に切石造りの横穴式石室があり、周濠をめぐらしている。調査はくびれ部や濠の形状を確かめることであった。

宿舎は西嶋定生先生宅を借り切る。先生一家がしばらく出かけられるというので留守番も兼ねて使わせていただき、約二十人が十日間お世話になった。炊事当番は甘粕静枝夫人らが担当される。まるまる手作りの合宿調査だ。

調査の結果、日立精機二号墳は七世紀はじめに築造された最終段階の前方後円墳であることが確かとなる。甘粕さんは我孫子古墳群中の前方後円墳変遷の順序を確定できたとして喜んだ。私も高野山一号墳調査以来関心をもちつづけていたので同感する。

部員たちは頑張った。甘粕さんが課す和島先生顔負けのハードノルマに耐えて発掘を完遂させた。最終日の作業終了は午後八時。それから宿舎に帰り入浴、食事、学習会で就寝は午前一時に。私と佐藤さんはくたびれ果ててダウンし発熱。もうろう状態で荻窪の借家に帰った。佐藤さんは帰宅後も高熱がつづき、救急車で入院するというとんだ結末に。

それから一週間後だった。また前方後円墳の発掘である。場所は横浜駅北西の台地縁だ。自動車学校建設のために荒れた雑木林を切り払ったところで未知の前方後円墳が発見されたのだ。横浜市史編纂時に見逃したのであろう。岡本、甘粕の二人が市教委と話し合った。手つかずの古墳であり、市街地の公園として残すのが最適ではないかとせまる。しかし計画は変えられない。工事も進んでいるので待ったなしだという。緊急調査になった。

調査員の主力は武研メンバーが占め、武蔵校歴研部は作業部隊を務める。古墳を丸裸にする全面調査だ。墳丘はともかく壕の全掘は難作業だった。粘っこい大量の土と木の根の除去に手を焼く。調査期間が短いので突貫仕事だったが、高校生部員の馬力でやり遂げた。

なお、調査中には焼夷弾が数本検出された。一九四五年五月二十九日、米軍による横浜市街無差別爆撃(死者約一万人)時に投下されたものらしい。弾の周囲の土は高熱を帯びて砂状に変化していた。話に聞いてはいたが、あらためて威力の程を実感させられた。

軽井沢一号墳と命名されたこの古墳は、墳丘全長二六・五メートル、後円部に切石造りの小さい横穴式石室を築き、前方部に小型の竪穴式石室を設けていた。出土遺物は、直刀・玉類・須恵器。これらから築造の時期は七世紀前半と推定される。市域ではもっとも新しい前方後円墳とわかり、当地域の有力墳終焉状況の解明に貴重な資料を加えることができた。

夏休みに入った七月下旬、私は甘粕さんの手伝いとして埼玉県川越市にある前方後円墳の牛塚古墳調査に参加した。そして日立精機二号墳とこの軽井沢一号墳で三基の前方後円墳調査を経験したわけだ。そのつど学問的関心をそそられ、興味も湧いたが、どうしたことか古墳研究を己の研鑽軸にしようという気にはならない。わが身に問うてもはっきりはしない。三殿台遺跡での体験が行く手を照らしはじめていたのかもしれない。

管理主義が強まる学園

ここで本職の学校生活に立ち戻る。一九六四年四月、武蔵校は成城に移転した。校舎は多摩川の氾濫原を見晴らす台地の縁にあった。近くには俳優の石原裕次郎や作家の野上弥生子の家があり、道路を隔てて東宝が撮影所を構える、といった閑静な高級住宅地域だった。

それにしても急遽の移転だった。理由の一つは大学側の事情にあった。高度経済成長でエンジニアの需要が高まり、工科系大学の人気が出る。入試の競争率も上がった。そこで学生の収容数を増やすために付属校が使用する鉄筋の建物を大学校舎にするので明け渡せというわけ。

もう一つの理由は付属校の指導体制づくりに関する事情だ。新校長は、早くから中高一貫制教育に関心をもち、その実現に強い期待を寄せていた。就任の際に経営者からその実施についてなんらかの協力の約束を取り付けていた節がある。そして着任して二年目から構想を示し、各学科に一貫制カリキュラムの策定を求めていた。

わが社会科ではあまり深くは検討せず、一年間ですませた課程を二年に拡大し、ゆっくりていねいに教えよう程度の受け止めに終わっていた。たとえば、歴史の学習課程は一年目で原始・古代から近世までとし、二年目で近・現代を教えるというようなコース取りだ。常日頃、近現代史を教えることは非常に重要だとしながらも時間切れで未達成になる。この悩みの解消に役立つといった予測もあって慎重な論議もなく踏み込んでしまった。

省みると、生徒の知的な成長と認識力の発達に応じた歴史教育が必要であり、単年度で通史学習をすることには大事な意味がある。さらに、カリキュラム全体が歴史学習に偏重し、地理や公民の指導が手薄になるといった問題もあった。

校長の一貫制教育観は、通常の中・高教育課程を短縮し、最終学年は受験指導に専心するという大学進学に特化した指導体制の構築にある。このような構想だとどうしても理数系や語学の指導に重点が移りやすい。教員間では授業時間の奪い合いが始まり、科目間での優劣意識が蔓延する。体育や芸術系の科目は軽視されがちだったし、社会科も授業時間削減を求められて大議論になった。

さらには人格教育の重要性を主張する体育科と点数主義の数学科が対立する光景が日常化しはじめる。そうしたなかの校舎移転だった。学園経営者や校長は教育環境を変えることで宿願の構想を一挙に実現しようと図ったのである。

三月の春休み中の引っ越しだった。年度替わりの四月、新校舎に入る。この年度からは高校一年の担任を命じられた。期待の新校舎はどうか。外観はさすがと見える。管理棟・学習棟・体育館・広い校庭と施設は整っていた。

しかし、一歩建物内に入ると期待は一気にしぼんでしまった。管理棟はともかく、教室と廊下はコンクリートの打ちっぱなしで歩くたびに白い粉が舞い上がる。生徒は「ぶーぶー」だった。それに設計ミスか、暖房が窓側についている。寒い日の授業では、窓側の生徒は「暑い暑い」と騒ぎ、廊下側の生徒は「寒い寒い」を連発して窓側の生徒と「何とかしろ」の喧嘩だ。授業を終えて職員室に帰ってくる教員がこぞって「どうにかならないのか」と教頭に愁訴したが、「とてもとても」と取り合わない。

体育館も暖房はもちろんない。鉄板屋根で冬は冷え込み、夏には蒸し風呂になる。校庭といえば台地を水平に削り出して整地しているので関東ローム層が剥き出しになり、雨が降れば泥んこ、晴天がつづくと土ぼこりが舞い上がる。

これでは教育施設としては落第ではないか。砂利や砂を入れて当座はしのぐ。根本的な解決のためには排水施設の完備が必要だが、当分のあいだは見送られた。問題の教室もビニールタイルを敷いたのはかなり後のことだった。要するに経営者はこの節、施設にあまり投資しなくても生徒は集まると高を括っていたのではないかといぶかる。

だが、校長は満足だったらしく、しきりに「経営者に感謝する」と事あるごとに語っていた。一貫制教育の入れ物ができたという安堵感からだろうか。それ以上に職場管理と指導体制一新の手はじめととらえたに相違ない。新校舎移転と相前後して人事配置を強権的に進めはじめた。恐れていたことが現実になってきたのだ。

移転事でごたごたする春休みの最中だった。仲間の社会科教師から急ぎ某所に来るようにとの緊急連絡が入った。慌てて約束の場所に行くと馴染みの教師仲間が顔をそろえている。えらく深刻な様子に「どうしたんですか」と思わずたずねた。理科のある教師が「とうとう来たんだよ」と応じた。とっさに「解雇か」と早とちりしたが、その後の説明で二名に配置転換命令が出たことがわかった。一人は、あの和島研究室に来た社会科の石井和彦先生、もう一人は数学科の教師だった。

当日の話し合いがどう進んだかははっきり覚えていない。薄れた記憶をたどると、どうやら義士気分に追い立てられたような雰囲気のなかで「拒否して断固闘うべし」と高揚するもすぐに冷静に戻る。命令を拒否すれば解雇の口実を与えることになる。校内に立ち入ることは許されない、と思いつつも、怒りが理性的な思考の枠を飛び越えて整理がつかない。集まった仲間は、ほとんど二十歳から三十歳代の血気盛んな教師ばかり。私も佐藤さんもその一員だった。

そういえば市ヶ尾遺跡や三殿台遺跡で共に奮戦した静岡大OBの近藤正巳君が東京の私立学校を解雇され、裁判を起こして闘っていた。この頃生徒急増により多くの私立校では運営上の問題が露呈してくる。そして、独断的な経営第一主義の学園に対する批判が高まり、その先頭に立つ教員組合や教師への弾圧が頻発していた。

学内の動きを顧みると、教師のあいだでは低賃金に対する不満と怒りが渦巻いていた。食べて行くためには稼がなければならない。多くの教師が他校の非常勤講師や家庭教師などのアルバイトをかけ持ちしていた。私もそうだった。また、私と同時に採用された教師の半分が待遇の悪さに呆れ、早々に退職して別の学校に移っている。

労働条件改善の要求は教員会議の際に間接的な形で出る。石井先生は、いつも先頭に立って、鋭く学園経営者や校長の管理主義的な運営を批判していた。数学の先生も厳しい論理でせまる。発言の根底には低賃金に対する不満があり、言葉のなかで陰に陽にあらわれていた。

百戦錬磨の校長はこのような動向を素早く察知し、おりをみては待遇改善の必要を説き、実際に経営者に対して賃金アップを働きかけていたようだ。その一方で、教員の職務分担を明確化させ、任命権を使って担任や各部署のリーダーを指名で決めていった。また就業規則を取り決めるとも予告してきた。

こうなると多くの教員は校長に盾突くことはしないほうがいいとばかりに大勢順応に走る。なかには積極的に校長に諂《へつら》って、その代弁者を買って出る教師もあらわれた。彼らのなかには、校長とプライベートに通じる者もいたらしい。対して石井先生を中心とする面々は、これまでのサボタージュ式職場改善策では闘い切れないことを思い知らされ、もっと生徒指導に力を入れるべきだという方向に切り替えていった。生徒や父母の信頼なくして良い教育はできないし、逆もまた真である。私は「それ見ろ」と言いたい気分だったが……。

こうして社会科や体育科等の教師は率先して生徒指導の前線に立つようになり、体育祭や学園祭へは生徒の自主的活動重視を全面に押し出して奮闘した。また、授業で勝負だ、と教科指導にも力を入れるようになり、全体の動きは私の就職当時とは打って変わった様相を示してきた。

このような新しい局面において、常に先陣を切るのは石井先生だった。「言うべきは言い、やるべきはやる」と、はっきりした姿勢で臨んでいた。だから、「目立ち、ねらい撃ちされた」との見方には納得できる。そして、歯に衣着せないで、舌鋒鋭く校長批判をしていた数学の井上先生は「抱き合わせ処分」されたのではとの憶測にもうなずける。ここに至り、どう闘うのかが眼前の抜き差しならない大きな課題となった。

新学期を前にして躊躇することは許されない。直ちに東京私立学校教職員組合連合（東京私教連）に相談して対策を立てることになる。東京私教連からは労働問題に詳しい担当者が派遣され、具体策が練られた。その骨子は、現に労働組合として動いているのなら「組合つぶし」として闘える。しかし、それはないのだから、ここは「本人の同意なしの配置転換は人事権の乱用であり、信頼と相互扶助を基礎に成り立っている教員組織の維持・発展には相応しくない人事だ」という論点だったと思う。

この趣旨で提訴することが了解され、同時に両先生は「不服だが従う」として新しい職場に移動し、原状回復を求めて裁判闘争を進めることになった。といっても、原告になった二人の先生だけが闘うわけではない。ことの基は学園民主化運動だから運動を担う主体の存在が不可欠である。

私たち石井先生支援グループは、新たに賛同者を加えて「先生の労働組合」を発足させることになった。この新組合は、東京私教連内の単一労働組合（単一労組）に加入し、武蔵工大付属中学・高校分会（分会労組）として活動することにした。単一労組は企業の枠に縛られず、私立学校全体の教職員が一組織に属して広く協同・連携しながら運動を進める点に特徴がある。このことは経営者にとっては目の上の瘤になり、「単一労組は駄目だ」と非難を浴びせられ、組合外の多くの教員にも「外の組織と組むのはどうか」といった形でかなりの影響が出た。

難題を抱えてスタートした新組合分会は職場全体では少数派だった。経営者や校長にすり寄り、分会労組に批判的な数名の教師たちは親校長派を形成し、ここを先途《せんど》とばかりに分会メンバーの排除と孤立化を策して走り出し、対立が激しくなる。若手の分会員には怒りと焦りが生まれてくる。そこで過激な行動に出てしまった。たとえば、親校長派教師の分会批判の言動を捉えては当人を取り囲み厳しく抗議する、といった具合に。

だがよくよく考えると、こうしたやり方にはたしかに一面でなにがしかの正統性はあっても、他面、職場全体の空気を重くし、教員同士の仲間意識を削ぐ結果ともなり、あまり歓迎されることではなかった。状況を巧みに捉えた経営陣は親校長派を中心にし、中間的な立場にあった教師も巻き込んで「武蔵工大付属教職員組合」を結成した。いわゆる第二組合である。職場の分裂は決定的になった。

このようなときにあって比較的温和で中立的立場に立って存在感を示していたのは体育科の教師たちだった。なかには第二組合の組合員もいたわけだが、教科の特質とでもいえようか、体育室に陣取りながらすべての教員が生徒指導の一点で協力し合う態勢ができていた。リーダー格のNさんは分会労組発足の立役者の一人で発言力があった。その持論は「みんな仲良く一緒に先へ進もう」とでもいえるような内容であったと思う。そうした行き方が科内の教師を団結させる要になっていたし、先鋭的な社会科の若造教師の行き過ぎ気味な行動のブレーキ役も果たしていた。

分会労組を結成してからは、労働条件・教育環境の改善を求めて経営者と交渉する。石井、井上両先生の裁判闘争支援活動も忙しい。また、他校の教職員組合との行き来が活発になる。

交流を重ねるなかで、生徒第一に父母に信頼される教師集団を創造することの大事さがしだいに浸透しはじめる。学内で両組合外にあってリベラルな立場をとる教師にも、問題によっては分会労組に同調する者が少しずつ増えてきたが、刺々しい雰囲気はなおしばらく収まることはなかった。

そうした空気をおもんばかり、野球狂の私が提案して職場の野球チームを作ることにした。新調したおそろいのユニフォームに「MUSASI」と入れると、「俺も仲間にしてくれ」の申し込みが殺到した。こんなことには分会労組も第二組合もない。動きをそっと観察していた親校長派の頭目教師が企業内兄弟校との職場対抗戦を計画し、実現した。みんな喜び、楽しみ、和気藹々《あいあい》となる。わずかながらも、こうして打ち解けた雰囲気が広がりはじめたのは朗報だった。

生徒がパン屋をボイコット

一九六六年四月、新校舎に移って三年目が訪れる。クラス担任（高校3D組）としては最終学年を迎えることになった。新緑の五月半ば頃だったと思う。土曜日だ。今日は半ドンで明日は休み、気分ほいほいとばかりにホームルームに出る。課された伝達事項をかなり機械的に生徒に話し、少々何事かを語っていた、そのときだった。ひそかに教室を抜け出して売店にパンを買いに行ったO君が血相変えて戻ってくるなり、大声で一言、「おい、パンが値上がりしたぞ」と。

私の話をうとうとしながら聞いていたクラスのほぼ全員が「ええっ！」とか「本当か！」と色めき立った。そして、すぐに「けしからん」、「止めさようぜ」、「消費者のわれわれに一言も知らせないとは許せない」との声がつぎつぎに発せられる。担任の存在など無視だ。

しばらくして、生徒会役員を務めるT君が立ち上がり、「きちんと話し合おう」と提案する。「そうだ」でまとまり、通報したO君は「担任は関係ない。ちょっと遠慮してくれ」と言う。T君も「先生、お願いします。時間をください」とやんわり。元気者からは「フータはこの場を外せ」の声も出た。少し迷ったが、事は彼らとパン屋が直接関わる問題だからまかせようと教室を離れた。

「フータ」とはこの頃ついた私のあだ名だった。出所は中学三年生の某グループ。何でも漫画の主人公に私のそっくりさんがいるという（藤子不二雄Ⓐ『フータくん』小学館）。聞けば、背の低い風采の上がらない愚鈍な男で金稼ぎにあくせくしているらしい。あたらずといえども遠からず、その人物が「フータ君」と呼ばれていることから、わが身が生きた「フータ」になったというわけだ。

以後、小生にはすっかり「フータ」が定着、普及し、卒業生も「田中先生」ではなく、「フータ」、もしくは「フータ先生」の呼び名で通している。そして、父母のあいだにも

「フータ会」なる親睦グループが生まれ、ときどき招待に預かった。

さて、週が明けると、わがクラスのパン不買運動が始まった。放課後そっと教室をのぞく。多くの生徒が居残り、画用紙に何か書き込んでいる。「何してんだ」と聞きくと、隠すようにして「先生には関係ないよ」と言う。日頃、教師連中からお荷物のようにいわれている某君、大人しくて存在感の薄い生徒だが、なにか嬉しそうにマジックで書いている。

どうやら全校生に「パン屋ボイコット」を訴える内容のポスターらしかった。あらためて見直すと、どの生徒もみんな熱心に「ポスター」を作っている。私は、直感的にここにいるのは適当でないと感じ、そっと教室から抜け出た。

その翌々日だった。廊下を歩いていると3D組の生徒が「おいフータ、I先生がポスターを剝いでまわっているぞ。やらせていいのか」と興奮気味に注進してきた。先方の廊下の一角では数人の生徒が「やめろ！」と盛んに抗議している。急いで行くと学年主任のIさんがポスターを剝がしていた。そして、手には剝いだ数枚のポスターを乱暴に握っているではないか。

瞬間、これはまずいと思いながら止めさせる手を考える。貼り残りのポスターを注意深く見入ると掲示許可の生徒会印がちゃんと押されている。「ははあ、T君やるな」と感心しながら抗議の輪に割って入り、「先生、勝手に剝いでは駄目じゃないですか。ここに生徒会の許可印が押してありますよ」と丁重に告げる。

Ｉさんは、驚きあわててポスターを見詰めながら手を引っ込め、怒りの形相を抑え切れずにその場を離れようとする。すると生徒たちは、Ｉさんが持ち去ろうとしたポスターを返せと詰め寄る。Ｉさんは渋々手放して職員室へ引き揚げた。生徒たちは歓声を上げていた。生徒会指導部教師たちの努力の甲斐あって、校長印か生徒会印が押されていれば校内掲示はＯＫだったのである。

パン不買は全校に広がった。これも後で知ったことだが、月曜日の朝には全校生の机のなかに「パン屋ボイコット」のビラが入っていたそうである。誰が、どこで作り、いつ、どのようにして配布したか、いまだにわからない。しかしパン屋は強硬だった。売店前で生徒から抗議されながらも販売をつづけようとした。店員には気の毒なことだが仕方がない。３Ｄ組の生徒たちはさらに闘いを強めていく。

今度はパン屋が経営する学内食堂のボイコットに出た。この食堂、日頃からあまり評判がよくない。本当なら人気メニューであるはずのカレーライスには「豚バックカレー」（豚が尻込みするほどまずい）の仇名がつけられていた。そんなとき、カツライスにそえられた刻みキャベツにミミズが混じっていて火に油となる。全校にボイコットの叫びが届く。３Ｄ組の生徒に他クラスの三年生も加わって食堂入り口にはピケが張られ、食堂は完全に干上がった。

すわ全校騒動だ。緊急職員会議が開かれた。私は全面攻撃にさらされる。校長よりも激しく詰め寄るのは例の親校長派のトップだ。居丈高に「クラスの管理責任を放棄していいのか」とか「子どもに勝手なことをさせるのか」とか。ひどいのは「それでも教師か」の類の攻撃を加える。

だが、こっちは腹を括っていたから驚きはしない。「『パンの値上げは困る』という生徒の声や行動を制止するつもりはない。」これは彼らに固有の問題だ。とはねつけたが、防戦一方だった。それでも、分会労組の教師たちがしっかり援護射撃をしてくれて窮地を逃れ、さらにパン屋との話し合いをもってくれた。その場でパン屋からは、食堂の場所借用代が高く、生徒さんには申し訳ないが、諸般の状況からも値上げはやむをえないと聞かされた。

この問題は分会労組と学園経営者の団体交渉の議題にもなった。私立学校だから遠方から通学する生徒も少なくない。朝早く家を出るので弁当を作ってもらう時間もない。値上げの一報をもたらした生徒は埼玉県の浦和から通って来ている。小遣いからの毎日の昼食代も馬鹿にならない。生徒たちにとっては十円の値上げも我慢がならなかったのである。このことをていねいに強く主張し、食堂の場所代を値下げするようにと交渉した。

職場の雰囲気を熟知する経営陣は、それまで何回団交を開いてもまともな回答は何一つしない（団交そのものを拒否すると労働法違反になる）。しかし、生徒の世論となると無視はできなかった。「あの学校は……」の評判が何よりも大事だったのだ。結局、場所代の大幅値下げで食堂の全メニューが五円から十円安くなり、パンの値段も据え置きとなった。カレーライスに豚肉が見えるようになった、とも聞く。まずは目出度しだが……。

事が決着しても3D組の不満は収まらなかった。次週のホームルームでは国語のテスト採点が問題になる。担当教師はあの親校長派の旗頭T氏だった。クラス員から「フータ、T先生を呼んできてくれ」と頼まれる。むろん私に国語の指導に口をはさむ権限も識見もない。「わかった」と職員室に戻り、T氏に事の次第を話して教室に来てくれるよう伝えた。

彼は嫌な顔をしたが、「採点に疑問がある」となれば断ることはできない。来室して教壇に立ったT氏には鋭い批判が浴びせられる。「だいたい、テストは先生自身が採点するべきではないですか。それをほかのクラスの生徒にやらせるのはおかしい」の発言にT氏はしどろもどろ。

聞けば、Aのクラスで実施した漢字テストの答案をBのクラスの授業で生徒の出席番号順に配り、採点させているらしかった。つまりは、Aクラスの出席簿一番の生徒の解答をBクラスの同じく一番の生徒が毎回採点する形になる。そうすると、点の打ち方やはね方一つにも採点者のきつい判断や「くせ」が働くし、さらに採点者は多数だから、判断がばらつき不公平になる。

あるいは、親友関係が影響する場合だってありえる。しかも、それが国語の成績に反映されるとなると大学推薦にも関わりが出るのではないか、などなどの生徒の切実な声に対してT氏は言い訳に終始した。終わって「ご苦労様でした」と型どおりの挨拶をしたが、ぶ然としていた。「校長にゴマをする暇があるならテストの採点ぐらい真面目にやれ」と内心では

武蔵校高 3D 組生徒と江ノ島へ釣り遠足（1966 年）

思いつつ。

学年主任のIさんは、なお強く学年の管理責任を感じていたらしい。その責任観たるや自分がかつて働いていた大土木会社で身に着けたもののようだった。ほとぼりのさめないある日、「あんたのクラスで話をさせてくれ」と言う。「どうぞ」と応じてIさんとD組生が対峙することになった。

私は教室の隅で聞き役に徹する。Iさんは、しきりに「君たちに何かあれば、それは教師が責任を問われるのだ」とか、「生徒たる者は、すべからく先生の指導に従うべし」と説教じみた熱弁をふるう。

しかし生徒は黙っていない。教育の本旨は、「生徒の自主性を育てることではないか」といった原則論から、「われわれは生徒会の規則に定められたとおりにやっている。先生は生徒会を無視するのか」など、誠に理路整然とした発言がつづいた。感動したのは、日頃は大人しく大きな声を出して自己主張する場面など見たこともないような生徒がつぎつぎに立ち上がって、「教師に従え」のIさんに反論をぶつけていたことだった。

この後もT氏らは、食堂ボイコットを主導した生徒を特定するために、クラス写真を使って犯人捜しをしていた。そして「この生徒は何という名前か」と私に聞いてくる。もちろん拒否したが、無礼千万、いったいどういう神経しているのか、と呆れる。かたや3D組のT氏らへの批判はなおつづいた。

秋の体育祭では応援団の数人が大きな擂《す》り鉢を持ち出し、それに太く長い擂り粉木を合わせて捏ねまわしながら、胡麻擂り宜しく大声を張り上げ応援していた。擂り鉢・擂り粉木をどこから手に入れたのかわからない。周到に用意された道具と仕草に彼らの批判精神のあり様をみる思いがする。正面のテントのなかには校長やTさんの姿が見える。「やるなあー」と思わずにはいられない風景であった。

4 港北ニュータウン計画の登場

考古学の原点を探る武研

一九六〇年代中頃からの武研の活動は、研究と文化財保護の二刀流、それも刀身を抜き出したままの両刀使いになり、四方八方にむかって振りまわすような感じになっていた。主な要因は、いうまでもなく大規模開発による遺跡破壊の頻発にあり、加えて「建国の日」制定問題、あるいは古都保存法、明治百年問題等々が目白押しになって研究環境が変則を余儀なくされてきたところにある。

研究例会は、原則として月一回の開催としてきたが、ここへきて月二回、三回と開かれることもめずらしくない。あらためて例会で取り上げられたテーマと研究・報告者を見直した。六〇年代前半は、三殿台遺跡調査の影響もあって集落に関するものが多く、ついで市ヶ尾横穴や三千塚古墳群など群集墳（古墳時代後期）の問題が組上にのぼっている。

そのあいだには縄文文化の起源に関する報告が数回行われている。これは中村君が一貫して話題にしてきた問題だった。おりから「短期編年対長期編年論争」が繰り広げられていたので会員の関心は高い。進行役は岡本勇さん、中村嘉男君の両人が務めた。二人の認識には微妙なちがいがあったが、結局のところは放射性炭素^{14}Cによる年代決定の信憑性いかんに止まる。

拝聴者だった私たちには、論争のいずれの側に妥当性があるのかは見きわめられない。しかし、縄文文化の起源論がたんに日本列島史のみの問題でないこと、広く大陸の新石器文化の生成と関連させて検討することの必要性を感じさせられた。

六〇年代中頃になると、会員が関わった遺跡の発掘調査（緊急調査）の事例報告が増える。私は軽井沢一号墳の調査について甘粕健さんと共に報告に立った。また、後で触れる東名高速道路建設にともなう神奈川県川崎市の下原《しもっぱら》遺跡の調査報告は、縄文時代晩期の遺跡のもつ重要性を示してあまりあると同時に、いわゆる緊急調査のあり方にも多くの問題を提起していた。

例会テーマがいみじくも示すように、研究上の話題は遺跡破壊の問題と隣り合わせになる。三殿台遺跡、三千塚古墳群、下原遺跡がそのことをはっきりと示している。会員各自の研究テーマもさることながら、抜き差しならない遺跡の破壊問題にどう対処するのかが話題取り上げの起点になっている。否応なしに直面する遺跡のあり方や意義を問わざるをえないのだ。

加えて旧紀元節復活の策動が目前にあらわれ、考古学も対岸の火事ではすまされない状態に追い込まれる。国家の起源をどう考えるのか、と迫られてきたのだ。あるいは、古都保存法、風土記の丘構想などは考古学が問題提起しなければ事の本質は置き去りになる。明治百年もひとり近現代史家だけの問題ではない。根っ子は遺跡の大量破壊と同じところにある。だから、どの問題一つをとっても忌避し、看過することはできなくなり、そのつど対応に時間を割かざるをえなくなった。だが、そうなると研究会のそもそものあり方と乖離する方向に活動理念がじわりとシフトしていく。会員からは「もっと地域を踏まえた調査研究をすべきではないか」とか、「原点に立ち返って」の声も出はじめた。

こうして六〇年代中頃には、さらに「武研はこのままでいいのか」といった議論が内部で囁かれるようになり、私、中村君、古山学君、小宮恒雄君、須磨満君らの武研若手が相談し、「考古学とは何ぞや」を問うことにより例会の方向を軌道修正することにした。むろん、そこには遺跡破壊の問題を棚上げしようとか、避けて通るとかといった想いは微塵もない。考古学の存在意義を確信することにより、事態に対処する姿勢を糾そうとしていたのである。

真剣な議論をした末に、まずイギリス考古学者V・G・チャイルドの著書（近藤義郎訳『考古学の方法』一九六四年、河出書房）を読み、合評することから始める。和島先生から『日本歴史教程』執筆当時のことを聞く会をもつ。あるいは林基、松本新八郎先生を招いて奴隷制や国家起源に関する理論的な問題についての講話を聞いたりした。「考古学は歴史学の一分野」とする考え方をしっかり身に着けたいと、みんな強く念願していた。

一方、武研は先にも触れたように六〇年代はじめから平城宮跡、難波宮跡、加曽利貝塚など相ついだ文化財問題に会の総力をあげて対処してきた。平城宮跡の保存問題では関西文化財問題協議会（関文協）とタイアップして文化財保存対策協議会（文対協）を設立した。

文対協がスタートしたことで、これまで武研を支えてきた主力が全国的な問題に関与せざるをえない立場に立たされていく。代表となった岡本さんは、地元横須賀での調査研究・文化財保護の活動に加えて加曽利貝塚などの保存問題に時間を割かなければならない。市ヶ尾遺跡で総括的役割を果たした甘粕さんは、文対協事務局長という要務にありながら、頻発する首都圏の古墳調査に駆り出される。さらには文化財保護運動の全国的センター設立準備で東奔西走するという状態であった。

われわれも事務局員として頑張った。保存要望書、署名用紙の作成と発送、その集約から国会請願、関文協との連絡等々で猫の手も借りたい。こうした手続きを一手に引き受け、交渉の手筈を整えたのも岡本、甘粕の二人だった。その労苦たるや推して知るべし。

和島先生は相変わらず八面六臂の活動だった。当面していたのは東名高速道路の計画用地内にあった縄文時代後・晩期の遺跡の調査である。一九六五年一月の終わり頃と思う。どこで、どういう事情からそうなったのかよくわからない。急に先生から「川崎市の下原遺跡が東名高速道の工事で破壊されるので調査する。人を集めてほしい」と告げられた。さっそく、武研の例会案内の通知に参加者募集も入れて会員に送る。そして、岡本さんを中心に私と中村君、小宮君、澤田君の常連メンバーに外山和夫さん、滝沢浩さん、小宮君の友人の柴山慶太君らが加わって作戦を練ることになった。

ここであらためて考えてみる。通常大型道路の建設では橋脚設置工事が先行する。理由はいろいろあろうが、河川域は国の管轄で建設に関して住民とのやりとりはないし、以後の工事進行の口火を切ることにもなって開発側には弾みがつく。そういう意味で下原遺跡は、東名高速道西行きの「最初に血祭りにあげられた」遺跡でもあったといえよう。

さて、問題の下原遺跡は東名高速道が多摩川を渡った正面突きあたりの丘陵縁にある。採取された縄文土器から縄文時代晩期中心の遺跡とみられ、先生は立地状態とも合わせて数少ない縄文時代終末期集落址の存在を予測したものと思われる。そのような重要性を秘めた遺跡をなんらの調査もなく壊されるのは耐え難い、として先生は動いたのだろう。

先生からは、調査範囲は約五千平方メートル、調査期間は一カ月で三月末終了、調査費五十万円と約されたことが報告された。調査期間の割には発掘面積が広く遺物包含層は厚い。最下部の遺構面に達するにはかなりの時間が必要と見られていた。しかし、調査条件は相当限られている。人員と研究スタッフの充実した調査団を編成しなければならない。これは、たいへん難儀な課題だったが、先生は「下原遺跡発掘調査団」を編成して自らが団長となり、調査の中核を担うメンバーを遺跡近くの寺に宿泊させることを提案する。われわれは了解して調査にのぞむことにした（第一次調査）。

さらに先生は縄文時代晩期に詳しい研究者を調査メンバーに加える。塚田光さんや川崎義雄さんらが呼ばれた。私は佐藤さんと共に武蔵校歴研部員を引率し、伊東秀吉さんが勤め先の立花高校の生徒を連れてそれぞれ参加することになった。職場復帰を目指して活動していた近藤正巳君も調査員に名を連ねてくれた。

副団長格の岡本さんは、おそらく先生の意を体してのことであろうが、この遺跡の考古学的意義、多摩川中流の地域史おける位置づけについて十二分に解明できるような精度の高い調査をやろう、そして開発に先行する調査のあるべき姿を追求しよう、と全員に訴えた。

だが、残念ながら発掘は六五年度内には終了できなかった。なにしろ厚い包含層をグリッド方式で掘り下げるのだ。時間が容赦なく過ぎ、期限間際になってようやく縄文時代晩期を中心に、早期～晩期、さらに弥生時代や古墳時代に至る複合的な大きな集落遺跡であることが判明したのである。ことに晩期の集落の片鱗をとらえたことには大きな意味があった。

調査状況の把握を受けて和島先生は発掘の延長へと動き出す。ここでも先生の「調査は徹底的にやることだ」という主張が実践された。その意中には、横浜市史では縄文時代晩期について、遺跡が極端に減少することの事情を十分に深めることができなかった、という想いが去来していたのではないだろうか。実際のところ、道路公団との交渉の詳細は不明だが、次年度にも調査を継続できることになった。

こうして六六年も春休みを利用しての調査となる（第二次調査）。だが、つぎつぎと重要な事実が明らかになり、調査はまたまた延長戦。この間、ブルドーザーやパワーシャベルが動きはじめ、現場には絶えず緊張が走った。調査団も泊まり込み人数を増やして態勢を強化したが、最後は相当追い込まれ、五月半ばで作業続行を断念せざるをえなかった。

調査の結果、類例の少ない縄文時代晩期の大型の掘立柱建物跡の検出をはじめ、同期の二棟の竪穴住居址、多数の土壙墓を掘り出し、それらにともなう大量の土器や石器をえることができた。なかでも注目されるのは石や獣の骨で作った装身具類、岩版・土版・土偶など呪術や祭祀に関わる遺物が多数発見されたことである。このことは、大型掘立柱建物跡の存在とも合わせて考えて、ここに晩期の地域拠点となる集落が営まれたことが知られたのである。これらの遺物群は後に川崎市の指定文化財として保管されることになった。和島先生以下参加した研究者や中学・高校生の奮闘なくしては実現しなかったことである。

このように東名高速道の建設が進みはじめると、通過予定地で工事にともなう遺跡発掘が頻発してくる。調査は期間と予算に縛られ、発掘された遺跡は内容のいかんにかかわらず損壊し、消滅していく。経済の高度成長を錦の御旗に大規模開発の先陣を突っ走る高速道路は、まさに「其処退け、其処退け、高速道様のお通り」といわんばかりに、各地で埋蔵文化財を串刺しにして痛めつけ、消していったのである。

対応する行政の体制もまことに脆弱だった。文化財担当者の絶対的な不足、情況認識の甘さなどが事態を深刻なものにしたともいえる。たとえば、静岡県富士市の東平遺跡では奈良・平安時代の掘立柱建物跡や竪穴住居址が多数掘り出され、墨書土器に記された地名などから郡衙跡と推定された。にもかかわらず、調査は中途で期限切れとなり、未調査部分を残したままインターチェンジ建設の工事が行われ、遺跡の全体像は未解明に終わってしまった。また富士山麓では東名高速道の工事によって多数の遺跡が破壊されるなど、この道路建設で破壊された遺跡は枚挙にいとまがない。主たる問題は調査体制が手薄できちんとした対応をとれなかったことにあった。

怪物ニュータウン建設計画

道路建設による埋蔵文化財の保全問題もさることながら、人口集中対策として進められるニュータウン造成も道路問題以上に深刻な事態をもたらした。一九六四年には、多摩川中流の右岸域丘陵地帯に収容人口三十万人という巨大なニュータウン計画が公表された。「多摩ニュータウン」である。東西約一〇キロ、南北約三キロの範囲の「丘を削り、谷を埋め」て広大な人工の平地を造成し、そこに鉄筋コンクリート造りの高層住宅を建て並べるという内容である。

文対協では、工事が始まる前に遺跡の存在と意義を明らかにして、できるだけ多くの遺跡を緑地や公園計画のなかに取り込んでもらうよう施行側に働きかけることにした。そのためにはまず、どこにどんな遺跡があるのかをつかむ必要ある。工事開始が迫っているので急ぎ遺跡の分布状態把握の活動に打って出た。

六四年の初冬である。武研、文対協の会員や多摩地方の研究団体に呼びかけ、分布調査には好都合の冬枯れの時期に大がかりな分布調査を行った。約三十人の参加があり、多摩川支流の大栗川と乞田《こつた》川の川筋を二手に分かれ、二日かけて踏査した。その結果、当初は約四十カ所とされていた遺跡数は、三倍増の百二十カ所以上になり、その分布は丘陵全体におよんでいることが知られた。

一九六五年一月二十八日、甘粕さんと私は九段下の日本住宅公団に赴き、多摩ニュータウンの担当者と話し合いをもった。私たちは急遽作成した遺跡の分布図を広げ、各時代の遺跡がどんな場所にどのように存在しているかをじっくりと説明した。

さらに、一地域の遺跡を群として捉えることによって、多摩丘陵一帯の地域のさまざまな様相を歴史的に跡づけることが可能であり、ひいては日本列島の原始・古代社会の解明に寄与しうることを縷々説いた。最後には、万葉集の防人歌にある「多摩の横山」とはニュータウン建設地内にあたることなどを伝えた。

応対した二人の技師は、甘粕さんの熱弁に真面目に聞き入る。そして、おもむろに言った。「お話はわかりました。残念ですが、すでにマスタープラン作成が完了しています。ご要望を入れることはできません」と慇懃に断られる。空しさで言葉もなかった。

この年、東京都は多摩ニュータウン遺跡調査会を発足させて本格的な調査を開始し、その後に設立された財団組織の東京都埋蔵文化財センターの手で大規模な発掘事業が進められた。都埋文センターの追加調査で遺跡数は約六百カ所にのぼることが明らかになった。さらに、同センターではニュータウン地内の民俗文化の調査を行い、都下の農村地帯に伝わる習俗や民具などの実態を解明し、その保全に努めている。

このような地域を丸ごととらえる総合的な調査が実を結べば、武蔵国の一地域のトータルな変遷史、その特徴的な様相と固有の地域史像が描き出されるにちがいない。だが、調査終了とともにほとんどの遺跡は、それを包む自然とともに破壊・消滅し、地域を訪ねる縁は永久に失われていく。悠久の時の流れの果てにできあがった丘や川、森と林と農地はめくり取られ、かわって大地をコンクリートでおおった人造の大都市が居座ることになる。これが果たして社会の進歩といえるのであろうか。

横浜市は、多摩ニュータウンとほぼ同時期に市の六大事業の一つとして「港北ニュータウン」の建設計画を発表した。事業面積二五三〇ヘクタール、収容人口約三十万人。建設の基本理念として「乱開発防止」、「都市農業の確立」、「住民参加のまちづくり」を掲げる。革新市政のニュータウン造成として注目をあびた。

たしかに横浜市内へは年間約十万人の人口流入があり、交通事情に比較的恵まれていた市域南部では民間事業者による大小の住宅開発が頻発し、虫食い状態の無計画な都市景観が露わになっていた。そして、この地域の開発が飽和状態に達すると、開発の動きは市域北部へと移る。東急田園都市線、東名高速道の開通、国道二四六号の整備により東京のベッドタウン化が加速された。

ニュータウン計画域は、市ヶ尾遺跡群の発掘調査の項でも述べたように、雑木林と田畑に囲まれた農家の点在する農村地帯であり、それらがたくみに織りなす景観はいっぷくの風景絵の世界をつくり出している。

こうした自然と人文がほどよく折り合う環境のもとには多様な遺跡や民俗的遺産が保全されおり、埋蔵文化財の宝庫として注目されてきた。そのあり方は多摩ニュータウン域に類似するところが多い。同一丘陵地帯にあって地理的、歴史的にほぼ同様の環境を有していることに要因があろう。

しかし、港北地域は南東部が東京湾岸に近く、鶴見川・多摩川の中・下流域に広い沖積平野を控えている。水系環境としては、多摩ニュータウン域が上流の準高地域にあたり、港北地域は低地から準低地域に相当すると考えることができる。周知のように、原始・古代以来主要な人文活動は水系を軸に展開されており、その人跡は遺跡分布の粗密、個々の遺跡の様相に反映される。

海辺の低地域と山手の準高地域の中間に位置する港北ニュータウン域は弥生時代の遺跡分

布が比較的密であることに対して多摩ニュータウン域では希少であり、古墳のあり方では前者で前・中期の前方後円墳や大型の円墳が見られるのに対して、後者では後期に少数の横穴式石室墳が存在する。横穴の分布が濃密である点は共通している。

時代を遡ると旧石器時代では多摩ニュータウンに有力な遺跡が見出され、縄文時代の遺跡数も多い。港北ニュータウン域では縄文時代の遺跡分布は多摩ニュータウンと遜色ないし、貝塚をともなう遺跡の存在は見逃せない地域色の一つであろう。

いずれにしても、多摩ニュータウン域と港北ニュータウン域は地つづき関係にあり、巨視的には多摩丘陵の東南部に展開した自然と人間活動の累積する貴重な地域である。しかし、前者については造成計画策定後の交渉ということもあってほぞを咬む想いに沈んだのであるが、後者の場合は、今後の展開によっては地域の遺跡群のあり方、その特性が活かされ、尊重される都市づくりも可能ではないか、と踏んだ。

それに私たちが慣れ親しんだフィールドだ。何とかしたい、との気持ちが強く働いていた。さらには革新市政である。「住民参加のまちづくり」だと言うではないか。しっかりした埋蔵文化財と民俗文化財の資料を作成すれば、これら歴史文化遺産を建設計画に取り込んでもらえる余地はあるのだ、と考えた。

問題は、革新性の代言とも思われる「住民参加のまちづくり」の内容だ。やや具体的には「住民の声を聞きながら計画をすすめる」とも記される。そして、「住民の声」は「港北ニュータウン対策協議会」がもたらす仕組みだ。しかし、協議会の構成員は有力な土地所有者(旧地主層)で占められ、彼らが建設計画の裏の立役者であり、要所、要所で、ニュータウン建設推進の応援団役を果たすことになる。これでは「大地主参加のまちづくり」との批判があらわれるのは当然のなりゆきだろう。

「住民参加のまちづくり」協議の場から除外された中・小規模土地所有者の多くは「小規模宅地所有者の会」を結成して自分たちの権益を守る運動を展開する。この会が問題にしたことは「原位置換地」という土地の再配分方式だ。

ニュータウン計画では、道路や公園などの公共用地を確保するために、すべての土地所有者が所有地の三〇パーセントを公共用地分として拠出し、残りの七〇パーセントは区画整理完了後に再配分されることになっている。

この方式にしたがうと、大地主層にとって所有地三割カットは比較的大きな負担ではないだろうが、百坪足らずの小規模な宅地の持ち主たちにはたいへん痛い切り取りになる。さらに、造成工事の負担金を支払い、造成後の換地によって現在住んでいる場所とは異なるところへ新たに住宅を建設しなければならない場合も生じる。

大多数の小規模土地所有者は、苦心して蓄えたお金で自然豊かなこの農村的地域に住宅地を買い求め、移り住んできている。彼らは、利便性の高いニュータウンの建設に反対はしないが、右のような負担割合や住環境の強制的変更は納得できないと主張した。

「都市農業の確立」は都市域における農業存立の新たな方策として注目された。その実現にあたっては「農地の乱開発防止」、「都市と調和した農業の確立」、「生産緑地の確保」といった戦略的目標が示されている。実際はどのような農業生産なのか。

計画では居住区の縁辺に「農業専用地区」を配するとなっている。第三京浜道路脇につくられた大熊農専地区を訪ねてみた。農地は住宅区同様に「山を削り、谷を埋める」手法で造成されている。赤土が露出する広い平坦地に長大な温室がつくられ、室内ではトマトの水耕栽培が行われていた。

固い地面に細長い溝を掘り、内部に砂利を詰めてある。トマトの軸木は中空に張られた横棒に結びつけて固定され、根っ子の部分が溝に浅く届いている。溝中には化学肥料を溶かし込んだ水が流されていて、その水分をトマトに吸収させるという仕組み。このやり方だと有機肥料を溜め込ませた土壌は不用であり、必要もない。

温室の経営者に「できばえはいかがですか」と聞いたら「まあまあですよ」との答え。案内してくれた農民は「軟らかすぎてトマトの味がしない。高齢者の保養施設に納めているようだよ」と醒めた態度で教えてくれた。それにしても、「百姓の基本は土つくりにあり」という、長年にわたって培われてきた農業経営の原理はどうなるのだろうか、と首をかしげる。

横浜市は、農専地区に対し八割補助の法外な援助を行った。先の大きな温室も一棟五百万円の補助金で建てられたものだ。一農専地区農家は平均三棟を作っているので千五百万円もの援助資金が提供されたことになる。ただし、公的補助は温室設置のときだけで以後は農家の単独自力経営となる。万一、この経営を断念した場合（その恐れ十分あり）、農地そのものが宙に浮くことになりかねない。となれば補助金返済問題が発生する。

市側は、そうした問題の出ることを予測したかのように、「農地は平坦な造成地だから即宅地に転用できる」として農家に安心感を抱かせ、事業推進を図っていた。「都市農業確立」の真相が透けて見えるように思われる。

農専地区は住宅区に接した土地である。ニュータウンができ上がればその利便性に惹かれて集住者が増え、住宅地の重要が高まることは当然のなりゆきだ。そこで農専用地の住宅用地転換がいずれ起こることは市側も計算済みだったとすれば、謳われた都市農業云々が何だったのか、問われかねない。

自然の力に依存して大地を耕し、その恵みに感謝しながら維持可能な農業を営みつづけることが大切だ。そう考える農民有志は農専問題研究会を結成し、農専地区の創設を批判している。「農の基本は土つくり」とは、この会に結集した農民の合言葉とみた。

こうなると、第一義的に掲げられた「乱開発防止」にも疑問符がつく。謂わんとするところは、整った都市機能の確保をおろそかにしたままの無計画な開発が虫食い状に拡大することに歯止めをかけたい、とするところにあろう。しかし、広大な自然破壊、土地に根づいた農業や歴史・民俗遺産を台無しにする強権的な開発こそ「防止」すべき対象ではないのか。

いずれにしても、木を見て森を見ない開発にたしかな未来があるとは考えられない。

港北ニュータウン構想の発表により私たちは、埋蔵文化財などに関して否応なしに対策を講じなければならないところに立たされた。研究者としての自覚とその社会的責任が問われているのだ、とひそかに思う。同時に、「住民参加」ではなくて住民が主体の民主的まちづくりはどうあるべきかを考え、実際に追求しなければならないと感じたが、さて……。

一人前の研究者として

武研・文対協の活動や学園の民主化などに追い立てられ、そのうえに二つの大きな仕事を抱えて毎日を忙しく過ごしていた。一つは三殿台遺跡の報告書つくり、もう一つは河出書房新社から出版されることになった新しい考古学講座『日本の考古学Ⅲ　弥生時代』の「集落」の項の原稿書きである。

三殿台遺跡の報告書作成事業は、発掘終了後に編集委員会が立ち上げられ、私も委員の一人として加わることになった。委員会は月一、二回程度のペースで開かれ、当初は調査の『概報』づくりに取り組み、その刊行後から本報告の作成の作業に入っていた。*7

私に課された仕事は、第一に一区で検出された住居址の記載（調査者が記述）を点検し、報告書作成要領にしたがって実測図をトレースし、住居址ごとの挿図を作ることであった。私自身十棟の住居址を発掘しているので、その記載を含め約四十棟についての作業となる。つぎには、「地域　その概要と歴史的環境」についての原稿書きをすることだった。

担当した住居址の解説、他の調査者の記載点検、挿図作成にはかなり時間を要したが、作業そのものはほぼ順調に進んだ。重複した住居址が多く、図上で新古の関係がわかるように表現することでの苦労はあった。また、挿図作りも思いどおりにはいかず、線の太さや曲線の描き方では岡本さんから何度も叱られた。

「地域」の記述については、関係文献をリストアップし、岡本さんから渡された横浜市史編纂時の遺跡カードにより、地勢、縄文時代から中世の至る各時代の遺跡分布、特徴などを見きわめて叙述した。私にとっては、地域を考古学的に概観する初めての機会になり、えるところが大きかった。

すべての原稿と図版は一九六六年度内にはそろった。予想を大幅に超えるボリュームとなり、検討の末に事実記載の報告書として刊行し、考察編は続いて刊行することになった。しかし、和島先生が岡山大学教授に就任したこと（後述）などでその後の編集作業は中断したままになった。

かつて、河出書房から『日本考古学講座1　研究方法』が出版されたのは一九五五年一月であった。それから十年を経ての新たに考古学講座の刊行事業が始動する。この間、考古学をめぐる情勢は、埋蔵文化財問題に象徴されるように大きく急激に変化しつつあった。考古学は、学問としての歩みの岐路に立たされ、想像もできない事態とむき合うことを強いられてきたのである。

そこで、あらためてこの学の歴史を振り返り、現状を整理して明日に備えることの必要性や重要性について研究者が共有し合い、同時に、学問としての到達点や意味を広く市民各層に伝え、考古学についての理解の輪を広げることを目指す。新たな考古学講座『日本の考古学』全七巻が登場した背景はこんなふうだったように思う。

刊行を主導したのは和島誠一先生をはじめ杉原荘介、鎌木義昌、近藤義郎、三上次男の諸先生らである。出版は河出書房新社に。そして、和島先生自身は、『日本の考古学Ⅲ　弥生時代』の編集担当者となり、総論と集落の項を執筆することになった。

さて、一九六五年用のわが手帳には、下原遺跡の調査、武研の世話、文対協、生徒指導と組合の仕事などなどのメモでぎっしり埋まっている。そのなかに「四月十日、弥生時代集落について話し合い」とあり、和島先生、金井塚良一氏と相談したことが記されている。この頃に弥生時代の「集落」記述について私が先生を補佐する形で執筆することが決まったらしい。意外だった。

というのは、新講座刊行について詳しいことはほとんど知らなかったし、まさか私にお鉢が回ってくることなど想像もしていなかった。想いをめぐらすと、和島先生は多忙をきわめている。目前には三殿台遺跡の報告書刊行が迫っていたし、海進・海退研究の調査を抱えてもいた。

三殿台の編集委員会を事実上切り回していた岡本さんは、このままでは新講座も報告書も本家本元倒れで頓挫することになる、そういった危惧を抱いていたのではないだろうか。そこで、三殿台での働きぶりなどを参考に私のサポート役を進言したにちがいない。なお、金井塚氏は『日本の考古学Ⅴ　古墳時代（下）』に「集落と共同体」をタイトルに先生と共同執筆する約束ができていたらしく、この場で基本的な視点や筋書きを了承していた。

手帳には、以後毎日曜日に発掘報告書を渉猟したことが綴られている。なにぶん列島の弥生時代全体をカバーする集落論としてまとめなければならない。岡本さんからは琉球や東北の事情も視野に入れた記述とするように、と指示される。先に入稿された「九州」や「近畿」を盗み読みしながら資料漁りをつづけ、九月末には先生と原稿の読み合わせするところまで漕ぎつけた。

さらに、十月六日のこととして「図版の作成の相談で森田館へ伺う」とある。森田館は御茶ノ水駅近くの小さな旅館で、先生はついにこの旅館に缶詰にされていた。巻頭の「弥生時代社会の構造」が遅々として進まず、出版社が痺れを切らしたのだ。おかげで「缶詰処」に。出むくと「あの本を持ってきてくれ」とか、「これはどうなっているか調べてくれ」と走り使いさながらの仕事を命じられる。

心痛したのは登呂遺跡全体の基本図を作成するよう依頼されたことだ。*8 私も校正が始まり、補足資料の調査に出かけなくてはならず、本当にてんてこ舞い状態。加えて図作りはあまり得意ではない。やむなく武井君の手を煩わせて作成を急ぐも途中で沙汰止みになった。

先生としては、一九四七年の全体図に一九六五年追加調査の際の水田図をつなぎ合わせ、これをもとに巻頭論文において弥生時代の水利灌漑の技術的レベルと特性を解き明かそうとしていた。論中に使用された挿図は一九四七年の登呂遺跡の全体図のみだが、記述からは先生がこの水田址のあり方に相当こだわっていたことがよくわかる。

こうして『日本の考古学Ⅲ　弥生時代』は一九六六年一月に刊行された。巻頭論考に手こずった先生は、最後に「紙幅もつきて論証することはできないが、問題として提起しておきたい」と述べて筆を折っている。中国山地の砂鉄製錬が弥生時代に遡ることを明らかにしようとしたが、果たせなかったのだ。心残りだったにちがいない。

月の輪古墳以来、吉備や出雲の地域勢力の台頭の背後にこの地方の鉄生産が関わっていると睨んでいたのだ。『日本の考古学』では歴史展開におけるこうした地域特性とその意味を問うことが共通課題になっていたようだ。その点で、先生は田辺昭三、佐原真さんの「近畿」や、森貞次郎氏の「九州」については非常に高い評価を与えていた。

しかしながら、肝心の「住居と集落」の項については「まとめは自分がやるから」という約束を十分には果たせず、中途半端な結語で終えざるをえなかった。私としては、弥生時代集落の実相を丹念に追いかけたつもりだし、先生は周知の集落研究者だから、きっと見事なまとめをしてくれるものと期待していたので不満の残る結果となった。この本を開くたびに口惜しさに駆られる。私にとっては事実上の処女作であり、力も入れた。弥生時代の集落をもっと勉強しようという気にもなっていた。

ところで一九六五年は、「子曰三十而立」、私も三十歳を迎えた。まさにこの言葉どおりだった。この年の五月二日の日本考古協会総会が埼玉県浦和市で開かれ、そこで私の協会入会が承認された。大袈裟にいえば、晴れて会員に登録されて一人前の考古学研究者としての地位をえたことにもなる。推薦者は和島先生と岡本さんだが、私には事前に何の話もなかった。ただ、この日に総会に出席するよう告げられてはいたので、おおよその事情は察していた。なお、こうした会員登録制は、後に権威主義、非民主的制度として厳しい批判に曝されることになる。

一九六〇年四月、こわごわと先生稼業を始めて、三殿台遺跡、平城宮跡、加曽利貝塚、下原遺跡、多摩ニュータウン、武研、文対協などなど、振りかえると「よくもまあ頑張ったものだ」と自分を褒めたくもなる。教師・考古学・文化財問題と三足の草鞋を履き替え、取り替えながらようやく人並みの研究者の地歩をえた。しかし、皺よせはどこかに生じていたにちがいない。そうだ、やっぱり授業のさぼりだ。「教師は授業で勝負するのだ」とある先生の言葉が脳裏を過ぎる。たしかに……。

となれば私は負け教師だったかも。「生徒諸君ごめんなさい」と言わねばならないのだが、謝って通り過ぎることのできなくなるような事態が訪れる。三足の草鞋は四足になり、履き切れなくなるときがやって来つつあったのだ。

一九六六年六月、和島先生の岡山大学行が決まった。法文学部史学科考古学担当の教授としての赴任である。先生にとって岡山の地は、月の輪古墳の調査以来「わが郷」ともいえるフィールドだ。先生は勇み立っていた。そういえば、事前にそっと「近藤君の手伝いに岡山へ行く」と洩らされたことがあったが、まさか岡山大教授としての就任とは気がつかなかった。思い出すと、近藤義郎さんが時おり来室し、先生と何事か相談しているのは見かけてはいた。あらためて「そうだったのか」と納得しつつも、先生が居なくなったどうなるのか、限りない不安に襲われた。

残暑の厳しい九月十日、資源科学研究所の会議室で盛大な送別会が開かれた。先生と直接、間接に付き合いのあった関係者が参集し、岡田清子さんや甘粕夫人の静枝さんらの手料理で歓談の一時を過ごす。中庭で記念撮影があり、その写真には研究所の所長、武研・文対協の会員、三殿台遺跡、下原遺跡調査のときの仲間、江川貝塚へ応援に来た女学生等々が雛壇状に並ぶ。三枝朝四郎、藤間生大、菊池義次、久保哲三、小出義治さんらの顔も見える。私も佐藤さんや武井君と列に加わった。じっと眺めていると、先生の交友・師弟関係の広さが伝わってくる。

先生はしばらく単身で赴任し、資源研の所員籍はそのまま残していた。おかげで先生の研究室は従来どおり使用が許される。しかし膨大な蔵書、記録類、遺物などは岡山大学へ移送され、手狭だった研究室は事実上空部屋状態になった。この蔵書は、先生が考古学を志してから金に糸目もつけず買い集めたもので、論文集、報告書、雑誌の類の分量は個人所蔵の域をはるかに超えていた。研究室への出入りが自由とあって、大学など研究機関に属さない者には貴重な図書室になっていた。

さて、身は岡山大学人となった先生だが、やり残した仕事が数多くあり、『日本の考古学Ⅳ』、同『Ⅴ』の執筆も抱えていた。休日や講義のないときを利用して帰京すると研究室にこもり、原稿用紙とむき合っていた。夜、武研や文対協の会議を開いていたとき、脇で話に耳を傾けながらも懸命に筆を動かしている。のぞき見ると、三殿台遺跡報告書の原稿の点検のようだった。刊行期限は過ぎているのにどうしたことかと心配になる。

刊行事務担当の井上義弘君は相当厳しく催促しているようだったが、先生は一言一句のまちがいも見逃すまいと字面を追うのでなかなかはかどらない。どうやら、図面の作り直しを武井君に頼んでもいたと聞いた。刊行は一九六五年三月三十一日となっている。その後に入手希望者が多く、増刷されている（一九六八年）。

一九六六年、先生はもう一つ大きな決断をしている。それは日本学術会議会員への立候補である。考古学界としては初めてのことだった。選挙対策の仕事は岡本、甘粕の二人が務めたらしい。無事当選し、文化財保護に関する総会決議を主導して実現させ、政府へ勧告して

和島誠一先生送別会の記念写真（2列目左から6人目が和島先生、
3列目左端が著者、資源科学研究所中庭にて、1966年9月10日）

いる。考古学の学問環境をよくするためで、大学における考古学を実験講座にすることや新たに講座を開設するようにしたのも先生の仕事の一部であった。

事は文字で書き留めれば数行ですむが、実際にはまことに大変な業績であった。学術会議は「学者の国会」といわれように学問各分野の権威者の集りである。広い学問世界には、考古学のことや埋蔵文化財の問題などどこの話か、といった御仁も多数名を連ねている。滕元の考古学界も一枚岩ではない。「前方後円墳の一つや二つ壊されたからといって……」とうそぶく著名な学者もいたのだ。

そんななかで総会決議に漕ぎつけたのだから、その尽力たるやいかほどか、想像してあまりある。いずれにしても、和島先生ならではと唸らされたことだったが、同時に先生がいっそう遠くの存在に思えてきて、私、武研、文対協の自存・自主・自立の意識をより高めなければならない、と気持ちを新たにする出来事でもあった。

第4章

破壊される遺跡、変貌する地域

1 ブルドーザー横目の発掘

高校の部活で発掘調査

多摩ニュータウン、港北ニュータウン、東名高速道と相つぐ大開発計画が発表され、埋蔵文化財の危機が身近にせまりつつあることをひしと感じる。武研では「原点に立ち返って」が合言葉となり、課題が急増する文化財保存対策協議会の活動も足元から組み立てが求められていた。

一九六五年の暮れも押しせまった十二月五日、とにかく港北地域の現地を見ようと思い立ち、足を運ぶことになった。横浜線中山駅に集合する。メンバーは澤田大多郎君、中村嘉男君に私、ほか数名の武研・文対協有志である。

北上して川和街道沿いを歩く。前方に田園都市線と新設された国道二四六号が見えてきた。このあたりから開発の動きが目前にあらわれて緊張する。まず横浜市史編纂の際に確かめられていた低い段丘上の朝光寺原遺跡を見ることにする。

近々大規模な宅地造成工事が始まるといわれていたので心配しながら登った。広い平坦な畑地は放置されて荒れはてていた。手分けして一帯を歩きまわると、縄文・弥生・古墳各時代の土器をあちこちで採取できた。予想にたがわない広大な集落遺跡とわかる。

つぎに市ヶ尾駅付近に足を運んだ。周辺は大変貌。一九五六年に調査した鹿ヶ谷遺跡の南側は新しい国道二四六号で削りとられ、その南隣りの低丘陵は駅前開発のために削平され、一部に弥生時代の住居址の輪郭がかろうじて残っていた。

市ヶ尾遺跡群の調査から約十年、これほどまでに変わるものか、とただただ呆れ、嘆く。彼の日、発掘作業を終えて宿舎に帰り、蜩《ひぐらし》の鳴き声を聞きながら庭先で「母なる故郷」を合唱したことがいまさらのように脳裏に浮かぶ。みんな、目の前の変わりように言葉もなくその場に立ちすくんだ。

一九六六年三月、この踏査をうけて武研は、田園都市線沿線の現状を把握するために広範囲なフィールドワークを計画した。しかし、目下のところ下原遺跡の調査が難航していたためにただちに実行とはいかなかった。ようやく五月下旬になって、岡本勇さんを中心に綿密な調査計画が立てられ、とにかく急ぎ行動を起こすことになる。参加者は、武研メンバーのほか武蔵校歴史研究会部員が多数を占め、全員弁当を持参、交通費は自弁のフィールドワークである。

第一回のフィールドワーク（六月五日）は江田駅に集合、二四六号の南側を重点的に歩く。港北ニュータウン北縁と二四六号の中間の地区はすでに宅地造成が終わり、遺跡の存在を把握することはほとんどできない。かろうじて、東名高速道で分断された長者原遺跡の一部が残っていることを知りえた程度だった。ただ、ニュータウン計画地に入るとまだ耕地や森が残り、多くの遺跡が見つかった。計画地の外では民間業者による開発が先んじていたために、ニュータウン地域が最後の遺跡安全地帯になっていたのだ。

第二回（六月十二日）は市ヶ尾駅周辺を重点的に歩き、第三回（六月十九日）は田奈駅から恩田川沿いを、そして第四回（六月二十六日）は東横線日吉駅西方のフィールドワークに出かけた。歩いた三地域はいずれも近年に住宅化が進み、かつての小さな林は姿を消し、耕地は半分程度に減っていた。

そして、横浜市史編纂時の分布調査によって発見、登録されていた遺跡のいくつかは、もはや確認できなかったが、新たに発見された遺跡も少なからずあって、少しばかりほっとする。踏査は、しらみつぶしとまではいかなかったがかなりていねいに見て歩き、あれこれと検討したうえで所在を確かめることができた遺跡の数は約三百カ所になった。

四週連続のフィールドワークのなかで、とりわけ鮮明に記憶に残ったのは森戸原遺跡（横浜市港北区日吉本町）との出会いである。あろうことか、そこには弥生時代中期後半の大型竪穴住居址（楕円形）が掘りだされたままになっていて、土器を入れた採集袋が放置され、あたりには弥生土器片が散乱していた。

これまで弥生時代の大型住居址としては三殿台遺跡三〇六C号が知られていた。発掘当時は列島最大とまでいわれたのだが、この森戸原の住居址はそれよりもひとまわり規模が大きく、長軸は一六メートル余もある。特大級の住居址といってよいだろう。周囲には掘りだした土が積み上げられて、まるで競輪場のバンクのようになっており、子どもたちが自転車で競走を楽しんでいた。

こうして毎日曜ごとの分布調査の主力となった武蔵校歴研部員は、部創設以来、私と佐藤善一さんの指導の下で和島先生や甘粕さんの発掘調査に加わり、一九六六年も下原遺跡で活躍した。そうした経験を積むなかで、彼らの遺跡を見る目も変わり、自分たちの手で発掘をしたいと念願するようになっていた。

私も武蔵校に就職して六年目を迎えた。振りかえると高校三年のときからかれこれ十二年間、多くの遺跡調査に参加し、調査員の一人としてスコップをふるい、実測図を書き、報告書の一部を執筆する、そんな具合だった。

心のうちでは、早く一人前の研究者として遺跡にむき合いたいと念じてはいても、実力がともなわない。というよりも、自分を納得させる研究テーマをもち合わせていない。このことが自立した研究者への道をふさいでいる、と考えてはいた。そんなおり、自分が責任者になって生徒と発掘する機会が訪れた。

一九六〇年代は、たびたび触れるように、開発の激化により、考古学の講座を開設している大学はもちろんのこと、多少でも考古学に縁のある学部や学科をもつ大学まで開発のための事前調査に携わった。私たちのように考古学を学んだ高校教師が調査を引き受けるケースも少なからずあり、調査要件が整えば発掘を行っても怪しまれるような状況ではなかった。問題は、調査においてどこまで学問性を担保できるかにあり、それは一にかかって発掘担当者の力量に関わることでもある。ただし、その判断の基準に明確なものはない。慣習的には日本考古学協会の会員に登録されている研究者が責任担当者であれば発掘届は受理されていた。

どのような発掘であれ、掘れば遺跡を破壊することになる。二つとない遺跡を損壊するに足る学問的な素養と認識力がそこに存在しなければならない。発掘の対象としてどのような遺跡を選択するのか、どのような研究テーマをもって臨むかが問われる。厳密にいえば、ライフワークとなるようなテーマを所持し、追究しているのかだ。

そこでどの遺跡を調査するか。三殿台遺跡の調査に参加して縄文・弥生・古墳時代集落の研究に魅力を感じ、報告書の作成や『日本の考古学』の執筆陣に加わった。また、鶴見川中・上流地域は、市ケ尾遺跡群の調査以来かけがえのない研究フィールドであり、地域の歴史の移り変わりに深い関心をもちつづけている。いうなれば横浜「港北」の地は第二の故郷とでもいえる地域だった。佐藤さんも同じような関わりをもちつづけていた。発掘するとすれば市ヶ尾遺跡群調査の延長線上で遺跡を選ぶことになる。

市ヶ尾遺跡群、三殿台遺跡の経験からしても、掘るなら弥生時代か古墳時代の集落遺跡が適当であろう。それも部活の範囲で扱える規模の遺跡を手がけるのがベターだ。そのような条件を満たす遺跡探しがこれまた大切な課題になる。候補はあった。

すでに数回のフィールドワークでおおよその見当はつけていたので、五月にあらためて入念な現地調査を行う。市ヶ尾駅から東三〇〇メートル、国道二四六号脇の空き地（約一五〇〇平方メートル）を発掘対象に絞り込む。ここからは縄文土器数点と弥生土器、土師器が採集されており、地形から判断して弥生・古墳時代の小集落の存在が推定されていた。正式に長《なが》谷《やと》遺跡と名づけて発掘届を提出することにした。

つぎの問題は発掘要員と経費を確保することだ。歴研部員と部費では当然不足で賄い切れない。このことについては配置転換された石井和彦教諭の絶大な支援で乗り切ることになった。先生のはからいで、赴任先の東横学園大倉山女子高校が、社会科学研究部をはじめ全校あげて参加し、応援してくれることになった。経費も応分の負担をする、とのことで見通しがつく。わが歴研部員は女子高との共同調査で大張り切りだった。さらには、武研有志や文対協で交流が生まれた人たちが参加してくれることになり、調査団の編成はでき上がった。

六月に入り、地権者を訪ねて発掘のお願いをしてまわる。せまい土地だが数人の方が土地所有者になっていた。各地権者に発掘の意義をていねいに説明し、了解をえるのだが、けっこう時間と手間がかかる。駆けまわった甲斐があって全所有者から賛同いただき、無事発掘届の要件を整えることができた。調査責任者の欄には「田中義昭」と初めて認めた。

最後の難題は宿舎の確保である。常時二十人が寝泊まりでき、台所や風呂などが設備されていて、日常生活が維持できる建物が必要になる。だが、遺跡の近くにはそのような条件を満たす施設は見あたらない。このことでも二、三度現地周辺を歩きまわって探し、ようやく一軒の空き家を見つけ、持ち主にお願いして使用許可をえた。「くれぐれも火事を出さないように」と念押しされての結果だった。

この建物は藁葺の大きな百姓屋。大部屋が四間もある。中庭は土間で台所には造りつけの竈が築かれていた。電気はあるが、ガス・水道はない。井戸水を使うことになる。風呂が小さく、これでは大人数の団員を短時間に入浴させることはできない。それに女子も宿泊する。さて困ったが、空き家の近くに大きな家を新築していた家主さんが「よかったら宅の風呂を女子用に提供しましょう」といわれ、安堵と感謝で胸が一杯になる。「助かった」だった。

それにしても和島先生はいつも独力で大がかりな調査団を編成し、宿舎の確保を進めていたのだ。敬服以外にない。市ヶ尾遺跡群調査のおり、ある新聞が「まるで、どさまわりのサーカス団長だ」と評していたのを思い出す。言い得て妙とはこのことだ。発掘は、八月四日から開始することにし、事前の学習会を武蔵・大倉山両校で開き、直前には歴研部と社研部合同の打ち合わせ会をもった。両校部員共やる気満々だった。

男子校・女子校合宿しての発掘調査が始まる。遺跡と宿舎の距離は一キロ強。若い調査員たちは三々五々に男女のペアーで快活に通う。帰途には汚れた手足を市ヶ尾駅の水道で洗い流した。駅員の厚意あってのことだが、当時は乗降客もまばらで、駅は閑散としていた。

発掘は順調に進む。産業廃棄物で汚れた表土を剝がすと、すぐ赤土（ローム層）面から竪穴住居址の輪郭があらわれる。一週間で四棟の住居址を掘りあてることに成功した。だが、表土層の厚い山側の発掘は難作業だった。トレンチによって住居址の存在を確かめるまでにはそう手間はかからなかったが、建物跡の全体を掘り上げるのには相当時間を要した。

発掘作業が佳境に入る。調べ方が難しくなると同時に、部員たちの疲労もたまってくる。とげとげしい空気が流れることもあった。それでも八月下旬には予定の範囲を掘り上げ、実測と写真撮影を残すまでにこぎつける。発見した竪穴住居址は、弥生時代のもの四棟、古墳時代のもの五棟であった。谷奥に営まれた小家族の集落であろうか。*1

こうして長谷遺跡のほぼ全容が明らかになったところで、手の空いた部員と、応援にやって来た大倉山校生、武研のメンバーらが市ヶ尾駅前の造成ずみの住宅用地を調べることになる。削平された地面に数棟の住居跡がわずかに残っていたので、これらの確認調査を行った。調べた場所は市ヶ尾遺跡群の調査の際、鹿ヶ谷南遺跡とした遺跡の延長部分にあたる。

露出した住居址の存在は前年六月のフィールドワークで確かめていた。遺跡はほぼ壊滅的状態になっており、わずかに住居址の輪郭や柱穴がわかる程度だった。それでも可能なかぎり記録しておくことが大事だと判断し、残っていた建物の輪郭の溝と柱穴を掘り、床面を露出させることで、集落跡の残存状況を確かめえた。遺物は小破片の弥生土器をえることができた。判明した住居址数は十五棟に達している。一九五六年に発掘した南側に弥生時代と古墳時代の住居がかなり密に存在したことを知ることができた。[*2]

九月一日からは新学期が始まる。長谷・鹿ヶ谷南遺跡とも写真撮影や測量の仕事が残っている。住居址の細部で掘り足りない箇所もあった。これらの作業は土・日曜日や休日に片づけることとして、いったん宿舎を撤収する。お借りした藁葺農家は残りの作業で泊まることもあるのでしばらく借りつづけることにする。家主さんは快く了承してくれた。

発掘というものは、掘る作業が一番重要で時間がかかるが、写真を撮ったり、実測する作業も相当手間暇がかかる。なかでも大いに困ったのは住居址の全体を撮影することだった。和島先生はよく電柱に登ったり、高い建物の屋上を借りて撮影していた。

私も先生をまねて何度か遺跡脇の電柱に登る。ある時、カメラ二台（カラー用と白黒用）を持ちよじ登った。不用意にも命綱を巻くのを忘れたままでカメラをセットしようとした瞬間、片手が電柱から離れる。バランスを失ってあわや落下、思わずカメラを手放し、電柱に抱き着く。背筋に寒いものが走った。カメラは電柱にガツンと当たったが、肩紐をかけていたので大事に至らずやれやれ！　調査員全員が固唾《かたず》をのんで見つめていた。

発掘を終えると、両校部員は成果をそれぞれの学園祭で展示することになった。互いに相手校に出かけて手伝い合いながら作業した。指導の私たちも女子高にお邪魔して支援した。学園祭の当日、まとまりには多少の不足があったが、なにしろ全員元気で会場は活気に満ち、見学に訪れた和島先生からも好評をえる。

こうして男子校・女子校合同の発掘は成功した。当初、合宿共同生活にはいろいろな危惧もあり、周囲からは懸念の声が聞えてきた。しかし、生徒諸君はきわめて健全ですべては杞憂に終わった。「よかった」とひとり言。

それにしても発掘調査がいかに多くの人々の支援を要するか身をもって知らされた。土地所有者、宿舎を提供してくれた家主、市ヶ尾駅の駅員……。和島先生、甘粕さんからは調査中に現地指導と助言をえ、武研・文対協の仲間にも助けられ、大倉山高校の校長先生以下全校あげての協力には頭が下がる。

わが武蔵校の仲間にも励まされた。ことに分会労組の多数の教員（社会科はいうまでもなく、国語、物理、体育の先生まで）が遺跡にやって来て、佐藤さんや私、それに生徒を激励し、多額のカンパを寄せてくれた。資金が底をつきはじめていたときだっただけに忘れがたい思い出である。市教委の井上義弘さん、友人と連れ立って協力してくれた一柳並子さんらからも物心両面で応援を受ける。

こうして苦難の末、十月はじめには埋戻しを含めて現地作業を終え、十月十五日、地元の駐在所へ遺失物取得届を提出する。担当の巡査は要領がよくつかめず、土器の入った箱を見ながら困惑している。そこでていねいに説明するとようやく納得し、書類を受理した。

差し出した遺物は土器が大半だったが、めずらしいものに鉄鎌と石製紡錘車などがあり、これは菓子箱に入れて持参する。秋晴れの好天日、黄金色に稔る稲穂の原に未舗装で白く光る田圃道《たんぼみち》をてくてく歩く。ようやく解放された気分になった。

結婚、そして調査の日々

年変わり一九六七年になった。学年末を控えての超多忙期に突入する。卒業学年の担任として成績調書の作成、進路指導等々でてんやわんやの毎日がつづいていた。所定の用紙に必要事項を書き込み、志望校への提出用と控え用の二部作成する。記入を誤ると全部書き直しだ。分けても人物所見の欄の記述は慎重に進めねばならない。

とにかく時間がかかる。教師たる者の当然の責務と認識しながらも、一字一句に神経を注ぐので心身に応える。隣席で同じように書類を作成している学年主任とは、あの食堂問題以来何かとやり合うことが多かったが、ここにきて互いに生徒全員を無事卒業させなくてはならない、との共通する想いから自然に歩調が合ってくる。笑顔の対話も増え、むき合っていても心理的にあまり苦にならなくなっていた。

こうして格別な想いを残して生徒たちは学園を去った。卒業式では進行役の教頭が、開会直後に「生徒着席」と号令するところを「生徒着陸」と発して場内大爆笑となり、前日に行った予行練習が台無しに。この教頭、戦争中は海軍の偵察機に搭乗していたと聞く。緊張のあまりその経験が出てしまったのだろうか。気の毒だが私も大笑してしまった。

このような具合で、最後の最後まで筋書きどおりには運ばない厄介な学年と感じる教師もなかにはいたにちがいない。どの生徒も程度の差はあれ自立心旺盛、折々に自己流を貫きながら学業を終えたのだ。お決まりコースで万事ＯＫと行かないのが当然ともいえるのではないか、としみじみ感じ入る。担任とはいうものの、こちらも教えられ、学んだことが多々あった。そういう意味では教師として成長させられたのだろう。

さて、一九六七年は私生活のうえでも大きな転機を迎えた。じつは、三月に一柳並子さんと結婚して横浜市内で暮らすことになったのである。前年の晩秋に共に暮らすことを確かめ合い、帰京中の和島先生宅に参上して報告と仲人のお願いをすませた。また、正月休みには彼女の山口県の実家へ挨拶に行き、彼女も益田のわが家を訪れ、互いに人並みの手順を踏んだ。三殿台遺跡での出会いから足掛け十年、紆余曲折ありながらも、どうにかこうにか初心を大事に温めつづけて、喜びと安寧を手にすることができた。

四月はじめから横浜市鶴見区駒岡町の小さなアパートの一室を借りてささやかな新生活を始める。家賃は一万五千円。なにぶん二人合わせて五万円前後の月収である。最低限の家財道具を彼女が教職員共済から借金して買いそろえ、私は茶碗と布団一組、それに書籍を持ち込む。まるで転がり込みの亭主だ。早々に婚姻届を出して正真正銘の横浜市民になった。

彼女は、金沢区の新興住宅街の評判高い市立中学校から鶴見区の京浜工業地帯ど真ん中に建つ中学校に転勤した。校舎の外壁は、工場からの煙や頻繁に往来する車両の排気ガスで薄汚れ、ときどき授業中に異臭が立ち込める、と聞かされたこともある（近年は全館冷暖房完備になったという）。そういえば近くを流れる鶴見川の汚染状況は相当ひどくなっていた。田園地帯だったアパート周辺でも風向きによってはアンモニアのような臭いが漂い、土地の人は近くの工場から出る排気のせいだといっていた。公害が問題になりはじめた頃である。

四月下旬には武研仲間が中心となって祝いの会を開いてくれた。百人近い人が参加して賑やかな会になった。記憶に残るのは大倉山校の石井先生が、小太りの体を精一杯揺さぶりながら「けっつまずいても、転んでも、すぐまた起きる……」と中国人民解放軍の歌を懸命に歌ってくれたこと、岡本勇さんがいかにもこの人らしく「社会発展の一つの基礎は『直接的生命の生産及び再生産』である」と色紙に書き込んでくれたことである。中国では前年から文化大革命運動が始まり、建国以来の騒乱時代に突入していた。

会の終わりに二人立ち上がってお礼の言葉を述べる。「私たちの約束は、年をとっても二人で山野をゆっくり歩けるよう一歩一歩息長く暮らす、ということです。末永くお付き合いください」と。肩肘張らずに平凡に生きたいとの願いを込めた心算だった。

しかし、時の動きは平穏な生き方を許すような状況にはなかった。むしろ何かを蹴散らして進むような方角にむかう気配がしだいに強まっていた。そのような荒れ模様の時代を二人で遮二無二、無我夢中で生き抜くことになる。

考古学の仕事は、学校や新生活とは次元を異にして増え、重くなる。武研では引きつづき時代ごとのテーマに沿った研究を活発にすることや歴史学の理論問題を深めることを中心に活動することを申し合わせた。同時に、開発が急速に進行している横浜市内の文化財をいま一度見直し、その実態を把握することの必要性を確認し合った。

当面急を要するのは、ニュータウン建設が予定されている早渕川の中流域遺跡の把握だ。そこで一月中旬から分布調査に出かけ、ニュータウンの中心区になる左岸を重点的に歩いた。今回からは、常連の武研メンバー、武蔵校歴研部員に大倉山校生が加わり、賑やかなフィールドワークとなる。

やや過ぎて五月の連休中には右岸を調べまわった。踏査した地域は、ニュータウンの枢要地区として鉄道の駅をはじめ大型施設の建設が予定されている。そのためか私的な開発が止められているらしく従来の農村風景のままで、分布調査は順調に進んだ。踏査域内には縄文・弥生・古墳各時代の大小の集落跡が存在することを確かめることができた。

確かめた遺跡のなかには、一九五五年に横浜市史編纂に関わって調査された南堀貝塚、その隣りの西ノ谷貝塚などが含まれている。しかし、当時はまだ大塚・歳勝土遺跡はその片鱗も見せていなかったし、港北地域における最大級の縄文時代集落跡とみなされていた三の丸遺跡もわずかに触れる程度だった。

一方、せまる大開発を予見させられて不気味な感じも湧いてくる。われわれがニュータウン地域の分布調査に力を集中しているあいだに、東名高速道周辺、田園都市線の北部エリアでは住宅造成が急ピッチで進んでいた。武研では、急ぎこれらの地域の遺跡分布状態を把握するため、市教委と相談し、「横浜市域北部埋蔵文化財調査委員会」を立ち上げ、組織的なフィールドワークに乗りだした。

谷本川上流域から、さらに前年に踏査のおよばなかったニュータウン周辺にも足をのばし、東は川崎市、西と北は町田市との境まで歩いた。多くの地区で宅地造成が進み、往時の風景は消え失せていて、遺跡のありかを探すのも一苦労だ。どこもかしこも一服することが許されないような状況に立ち至っていることを知る。

それは六月十五日のことだった。変わり果てる農村風景を目のあたりにし、あらためて開発のすさまじさに驚き、ある種の失望感を抱きながら、集合場所の市ヶ尾駅前に着き、座り込んでいたときだった。

そこへ谷本川左岸の鉄《くろがね》地区を調べ歩いた一隊が青天の霹靂といえるような知らせをもち込んだ。この隊のリーダーだった古山学さんが駅前に到着するなり「前方後円墳が見つかったぞ！」と叫んだ。「本当！」と問い返しながら立ち上がる。「見まちがいじゃないの」の声がつづく。私も半信半疑だった。この種のまちがいはよくあるのだ。

だが、参加者の大半は「めずらしい立派な古墳が発見されたのだ」と新ニュースを喜び歓迎した。私や小宮恒雄君らの武研会員は半信半疑だった。「まさか、この地域に前方後円墳が存在するはずはない」という知見が重く根づいていたからだ。しかし、ベテランの古山さんが実見したというのだ。その自信あふれる言動につられ「よし、見に行こう」と重い腰をあげ、全員で現地へ確認に赴いた。

気持ちがはやり、なかば駆け足状態で市ヶ尾の辻から金井石材店脇の道に入り、左手の小山に登った。頂上に立つと、前方の丘の上に、西日を受けて黒ずんだ盛り上がりがはっきり見てとれる。むかって右側が土饅頭状にふくれ、左側は平らな稜線を描き、先端がすとんと切れ落ちているではないか。明らかに前方後円墳の側面だ。

まるでお玉杓子を伏せたような格好だ。だが、「古そうだが、見誤りかも」の疑念は氷解しない。尾根づたいに円丘の高まりを目指して移動し、問題の場所に出た。みんなであれこれしゃべりながら高まりを調べ歩く。まるで蟻が残飯にとりつくように丹念に観察した。そのうえで「前方後円墳にまちがいなし」と全員で断を下したのである。

二重三重の衝撃だった。発見されたこの古墳は、見かけでは全長およそ五〇メートル。低い長方形の前方部をもつ古式の前方後円墳と判断された。あらためて後円部の上から見わたすと、足もとに谷本川の幅広くゆったりとした谷間が見え、その先に低い丘陵が浅い凹凸状を呈して連なり、さらに丹沢山系から遠くに富士山を展望できた。

いわば一等地に造られているのだ。「凄い古墳だ」と興奮する。同時にどうして見逃したのだろう、の反省と悔やしい想いが湧いてくる。甘粕さんと二人で足もとの稲荷前横穴群を測量したおり、この古墳の裾に腰を下ろして弁当を食べた。そのときは背後の山が墳丘とはまったく気づかなかった。なんということだ。

発見の直接の切っかけは住宅地開発だった。三菱系の土建会社が一帯の丘陵地を買収して宅地造成を始めた。工事に先立って山林を伐採し、丘陵が丸裸にされたことで、前方後円墳の雄姿があらわれたというわけだ。

さらに、周辺には古墳らしいコブ状の盛り上がりをいくつも目視でき、かなりの規模の古墳群が存在することが予測できた。一方、開発会社はすでに現地作業所を開設し、丘陵斜面にはブルドーザーが動いている。さあ、どうするのか。

朝光寺原遺跡の消滅

思いも寄らぬ発見の衝撃は大きく、かつ深刻だった。この古墳群の発見により、地域史認識について重大な修正をせまられたのである。武研は市ヶ尾遺跡群の調査で、鶴見川中・上流域の原始・古代の歩みの実態と地域的な特色を明らかにした、つもりだった。それは横浜市史編纂当時、かなり手間をかけて進めた分布調査と当時の考古学研究の達成状況を踏まえた見方と考え方に立っていた。

つまり、弥生時代後期から古墳時代前半期にかけて、広いデルタ地帯である多摩川・鶴見川の下流域は、豊かな農耕社会の形成を背景に大型の前方後円墳を含む有力な古墳群が営まれた先進的な地域とした。それに対して中・上流域は、零細な谷水田経営に頼る後進的な地域と捉えた。中・上流域にはさしたる規模の古墳もなく、古墳時代後期になって横穴群が盛んに造られる程度と判断していた。だから、われわれの頭の中には、港北の奥地に「前方後円墳などあろうはずはない」とする認識が固く閉じ込められていたのである。

それが眼前の事実によって大きな転換を求められたのだ。各地域にはそれぞれ固有の歴史の動きがあり、一概に先進的とか後進的とかいった進化主義的な見方で解釈することについて考え直しが必要ともなった。

なにはさておき前方後円墳の正確な情報を把握することが先だ。開発事業との関連もあって事は急を要した。発見四日後には武研・武蔵校歴研部で急遽測量隊を編成し、開発の会社現地事務所の了解の下で作業に着手した。作業は順調で、二日程度で全体図を作成することができた。そして、見つかったいくつかの古墳をまとめて稲荷前古墳群と呼ぶこととし、前方後円墳は一号墳として扱うことになった。

七月九日、武研会員と横浜市教育委員会の担当者が会議をもった。この場では二つのことが論議された。その第一は稲荷前古墳群の問題である。市教委は開発事業について縷々説明した後、事前調査による対応策を示した。ただ一号墳については態度を明確にせず、さらに取り扱いを検討するといい、問題は先送りになる。われわれも様子見に止まった。

もう一つは朝光寺原遺跡の宅地造成による破壊問題だった。市ヶ尾駅のすぐ南側にあるこの遺跡は大規模な集落遺跡であり、一角には円墳三基も存在している。万一発掘するとすれば、相当大がかりな調査になり、発掘組織をどう編成するかが当面する大問題だった。

文化財の取り扱いに全責任をもつべき市教委は、言葉巧みに早く「事前に調査を行ってほしい」とするだけで傍観者態度に終始する。われわれ武研メンバーとしては、横浜市史以来一貫して港北地域を研究フィールドとして取り組み、市民への啓蒙運動なども進めてきた立場から、「何とかきちんと調査し、できるならば遺跡を保存したい」と強く念願していた。

そうした想いがあって新年度早々に北部埋文調査委員会を発足させ、行政と研究者が力を合わせて組織的に対応する形をつくった。しかしながら、市教委は正面切って具体的に対処する構えも意思も見られない。結局、武研が主体となり、大学生や高校生に参加を呼びかけて発掘に臨むことになった。

こうして朝光寺原遺跡、稲荷前古墳群ともに夏休みを利用しての発掘となる。武研のなかでも即戦力となるのは数名の会員と武蔵校歴研部員（ＯＢも含む）、大倉山校社研部員たちだ。調査は八月上旬から開始。朝光寺原遺跡は岡本さんが総指揮をとり、中村、小宮、澤田の諸君らを中心に、日大・立教大の学生、日体荏原高・武相高生で取り組む。宿舎は谷本小学校とした。稲荷前古墳群の調査団は、甘粕さんをトップに、副団長格に岡田清子さん、調査員は佐藤さんや私、それに古山学さんらの武研会員、早稲田大・國學院大・東大の学生、武蔵校歴研部員、大倉山校生で編成し、鉄小学校を宿泊所とした。

学校は夏休み中だから寝泊りは大丈夫だが、問題はやはり食事である。朝食はそれぞれの学校の調理施設を使って作り、昼・夕食は、雇った婦人たちが谷本小で調理し、鉄小へ運ぶという不便を強いられた。

さいわい武蔵校歴研OBの一人が新車を購入し、参加していたので、彼が運び屋を買って出てくれて助かりはしたが、未舗装の凸凹道を走っているあいだにエンジン下部が地面に強く当たり、本体の一部に亀裂が生じるという事故も起き、修理代をどうするかで悩まされたりもした。かくのごとく、にわかづくりの調査態勢は穴だらけ。

待機するブルドーザーを横目にいよいよ調査が始まる。建設計画地内の馬蹄形に連なる丘陵北部から中央部にかけて、頂部から裾まで草木を払い山の姿をむき出しに。そして起伏の一つひとつが古墳かどうかを確かめるのだ。暑さと闘いながらの山仕事は骨が折れる。

人海戦術が効を奏して、三日目ぐらいで全容をつかむことができた。結果、古墳らしきふくらみ七カ所と斜面から横穴が見つかる。ふくらみには前方後円墳かと疑われるような箇所もあり、「これはなかなか厄介だぞ」となる。確認のトレンチ発掘に移る。それにより六号丘としたふくらみは、初期（四世紀頃か）の前方後円墳の可能性があるということになり、甘粕団長以下東大・早稲田大の精鋭が取り組んだ。

調査開始から二週間が過ぎた。約束の期間は残り数日になる。六号墳では入念な調査がつづいた。どうやら全長約三三メートル、尾根の凸部を円形に整えた後円部に細長く撥《ばち》形に広がる前方部をもつ前方後円墳と結論づけられる。他のふくらみは一カ所で、弥生時代後期の住居址一棟が掘りだされた以外、自然の凸部と判明した。見つかった住居址からは朝光寺原式土器が発見されたが、丘陵の高手に一棟だけとは、どういうことかと考え込む。

旧盆を過ぎても六号墳の調査は完了していなかった。開発会社は一日も早く「明け渡せ」の催促後に工事強行。ついにブルドーザー四台が丘陵の裾を削りはじめる。たちまち六号墳にせまり、調査員がやむなく退去するや否や、あっという間に古墳の姿は消えていった。

さらにブルドーザーは動きつづける。そのときだった。一台が大きく傾く。地面が陥没したのだ。オペレーターが慌ててエンジンを止めて降り、あらわれたくぼみを調べた。横穴の天井にぶちあたり、大穴が開いたのである。

調査だ。甘粕さんが会社と交渉し、二日間は待つと回答をえて、全員で横穴を調べる。三基が隣りあって存在することが明らかになった。ブルドーザーが天井を破壊した横穴は、造りが立派で遺体も残り、多数の鉄鏃や小刀が発見される。ていねいに調べる必要があり、時間がほしい。だが、ブルドーザーは真上で待機している。

夜間の突貫調査になり、武蔵校ＯＢたちがバイクを古墳の入り口付近に止めていっせいにライトを点けて内部を照らす。こうして不十分なままに緊急の調査を終えることになった。否、終わらさせられたのだ。

三週間程度の調査であったが、一号前方後円墳の位置する場所とは反対の丘陵上に初期の前方後円墳一基、弥生時代後期の住居址一棟、裾部に横穴群二カ所をざっと調べ上げることで矛を納めさせられる。八月二十日、鉄小学校の古墳群調査団は残業部隊を残して朝光寺原遺跡に転戦した。

佐藤さんと私が引率する武蔵校歴研部と大倉山校社研部の部員約二十名で朝光寺原にむかう。こちらも大苦戦していた。広い平坦台地の台地と丘陵の境に一条の大規模な壕が露出している。断面V字形の壕で、ところによっては二股に分かれてもいた。聞くと弥生時代中期末（宮ノ台期）の環壕らしいとのこと。

さらに見わたすと、台地のほぼ全面に住居址などの遺構が存在するらしく、調査員があちこちで調べを進めている。北西の一区域では方形周溝墓が群集状態で発見されているではないか。「やはりそうか」とうなずく。分布調査の際に予測したとおり、三殿台遺跡クラスか、あるいはそれ以上の大集落跡らしい雰囲気がひたひたと伝わってきた。

現地隊長格の小宮君の指示で、台地北東部の一角を担当することになった。さっそく手分けして住居址の発掘に着手する。四人一組で五棟の住居に挑戦。受けもった区域は比較的住居の少ない場所だったが、それでもかなりの棟数がある。懸命に調べた。

約一週間で武蔵校・大倉山校グループが掘りだした住居址は二十棟を越えた。これらのなかには複雑に重なり合うものが多く、単独で検出できたのは五棟に過ぎない。また、時代別には縄文・弥生・古墳・古代に分かれるも、大半は弥生時代の住居だ。それらも時期をちがえており、多いのは中期末のもので後期の例はやや少数だった。

朝光寺原遺跡に移って一週間があっという間に過ぎる。もう夏休み終了が目前だった。しかし、手をつけたばかりの住居址があり、このままで立ち去ることはできない。九月以降は土日や休日に作業をつづけることにして谷本・鉄両小学校の宿舎を撤収した。小宮君らの主力隊は引きつづき中山駅前の旅館を宿舎として、測量や写真撮影を行うことにする。しかし、未調査の区域が広く残り、前途多難を思わせる方針転換である。

九月、十月の休日は雨天を除けばほぼ全日、朝光寺原遺跡に通った。掘りだしたままだった住居址を調べ終えたのは十月はじめだった。この頃には早くもスクレーパーという大型重機が東側の丘陵を崩しはじめる。数台で轟音を立てながら大地を削りとる。見る見るうちに山の形が崩れ、押し出された土砂で遺跡脇の谷が埋まっていく。

圧倒的な開発攻勢に急き立てられながらも大事な事実を見逃してはならじ、と住居址を掘る。生徒諸君も目つきが変わってきた。目の前の現実をどう理解したらいいのか、そんな想いを抱きながらである。

九月はじめには甘粕さんたちが稲荷前古墳群の調査を終えて朝光寺原遺跡に移動してきて

朝光寺原遺跡を発掘する武蔵校歴研部員たち（背後の丘陵を重機が削っている、1967年8月）

いた。ただちに台地の南西端にある古墳（朝光寺原一号墳）発掘に携わる。われわれも十月から手伝いをする。ほどなく遺体を埋葬した箇所（主体部）を掘りあてた。棺内からは鉄製の冑《かぶと》、甲《よろい》と鉄刀や鉄鏃の束、首飾りの玉類が見つかった。さすが大型の中期古墳と思わせる成果だ。古墳時代にもこの台地が地域の重要な場所だったことを示している。

発掘作業は二号、三号古墳に移った。この二基の円墳は台地北西部の一段低い緩い傾斜面に造られている。これらは一号墳とくらべると規模のやや小さい円墳だが、馬具や鉄刀などが発見されて関心が高まる。いずれも有力な後期古墳で、調査は年末までつづいた。

さらに台地の下段からは弥生時代後期と古代の集落跡も掘りだされている。こうして東西約一八〇メートル、南北約二五〇メートルの台地のほぼ全面に、縄文・弥生・古墳・古代各時代の遺構が密度濃く残されており、遺跡の重要性は一目瞭然であった。

とりわけ、弥生時代中期末の大環壕集落や大きな古墳、あるいは南東部で掘りだされた古代の役所跡と見られる建物遺構群の存在は際立っている。谷本川筋の原始・古代史の核心部分を秘めた地域屈指の遺跡と見てまちがいない。しかし遺跡は風前の灯である。

こうして問題を残したまま朝光寺原遺跡の調査を終えた。稲荷前古墳群は、一号墳と周囲の古墳について保存するかどうか曖昧な状態のままに一九六七年が暮れる。学校、発掘と休む間もない毎日で、疲れて帰ってもアパート住まいはこのところどたばたつづきである。

十一月末には第一子（長女）が誕生した。麻理と名づけた。妻が最初の子どもが女子ならこの名前を、とひそかに用意していたらしい。長女の誕生でめでたいわが家だったが、家事のたいへんさも身に染むようになる。

台所に立ちながらふと思う。いつも遺跡の発掘や学校での仕事に振りまわされてしまい、妻への気づかいはそっちのけになっていたなと。彼女は、大きなお腹を抱えながら教師として存分に働き、生活上の負担も我慢を重ねながら頑張っていた。だが、子育てになると二人の力を合わせないと立ちゆかない。おそるおそる赤ん坊を入浴させたり、洗濯、家事に協力するように心がける。

時たま意思疎通を欠いて彼女が爆発した。それに、赤ん坊は気管支が弱く、入退院を繰り返す破目になる。付き添う彼女は病院から学校に通うこともあった。しばらくして、「それ、鶴見ゼンソクでは」といわれ、そのときはまさかと思ったが、案外あたっていたのかもしれない。とすれば、皮肉にもこの子も正真正銘の横浜人に仲間入りしたわけだ。

2

激闘、稲荷前の丘

革新市政への幻想

一九六八年、落ち着けない年明けの一月末に北部埋文調査委員会が開かれた。席上、稲荷前一号墳の保存問題が取り上げられる。開発会社は予想どおり「保存に協力できない」と明言する。市・県は「史跡公園として保存」としながらも、史跡指定と管理の仕方や責任の所在をめぐって互いになすりつけ合う。

その伏線は、一号墳が宅地造成により崖にかこまれ、高く孤立した状態の遺跡と化したことにあった。誰が見ても危険と映るようでは、管理がきわめて困難となるのは明らかだ。文化庁もそうした状況を知ってか「国指定は無理」という。こうした行政内で空々しい押し問答が行き来しているあいだに形勢はいっそう破壊へと傾く。

問題の根本は大都市である横浜市が文化財を保護するための法令や規則を定めず、文化財問題に対応する部署や審議会を設置していないことにあった。結局、「委員会として保存方を申し入れる」として当座はおさめた。しかし、これでは犬の遠吠えといわれても返す言葉がない。

なお、朝光寺原遺跡については「未調査区を国・市費で調査する」ことが約され、夏休みに発掘作業を行うことになった。また両遺跡ともこれまでの調査の概略を早くまとめて報告書を刊行することが申し合わされている。

委員会直後に現地視察を兼ねてフィールドワークを行う。寒風の吹きすさぶなかを稲荷前の丘に登った。そこに待ち受けていたのは驚くべき遺跡の改変状態だった。岡本、甘粕両氏以下全員が立ちすくみ、いっせいに「これは酷い！」と叫んだ。

なんと一号墳の西側に造成団地に出入りするための新道が開削され、その工事により墳丘西側が高さ約二〇メートルの急峻な崖になってしまっていた。瞬間、先日の遺跡の管理をめぐるやりとりが思い出される。少し前に、新造の住宅地へむけて新しい進入道を設けるという話を市教委の井上君から聞いてはいた。それが、まさか古墳の際に、しかも見るからに危険な崖になることを承知で造るとは。「これほどとは」の実感と「してやられたな」の悔しさが湧いてきた。

開発会社の確信犯的行為とはいえ、われわれにも油断があった。当時のことをよく知る金井英三さんはつぎのように話している。造成地への工事用車両の出入りについては、最初は川沿いにあった古くからの道路を使用するとしていたが、道幅が狭く、車両の往来で里人にも迷惑がかかる。そこで「やむをえず」一号墳が造られている山裾に仮設道路をつけさせてほしい、とのことで市教委と相談して工事に着手した。ところが、いつの間にか仮設から片側一車線の本格道路に化してしまったのだという。衣の下にしっかりよろいを着込んでいたのだ。

これで委員会での市教委事務局の腹づもりがわかってきた。井上君が言っていたように、開発会社は早くから一号墳とそのまわりの古墳を残すことに反対していて、あちこちから保存の声が高まることを懸念し、先手封じに出たのである。

そこで市教委とは工事用の仮設道路で了承をとりつけ、様子をうかがいながら通常道路に変え、できた高い崖面を理由に「古墳を残すと危険で管理はたいへんになる」状態に仕上げたのだ。市教委は「地元と会社が早く調査してほしい」との要望を紹介して委員会の場をやり過ごしたのだった。[*3]

このように一号墳の保存は客観的にはどう見ても難しい状況に立ち至っていた。しかし、われわれは希望を捨てなかった。否、捨て切れなかった。確かな根拠があるわけではない。ただ漠然とだが、全国では数少ない革新市政だから、最後は何とかしてくれるだろう、どうにかなる、といった想いを何のあてもなく懐いていたのである。

いまにして思えば、浅はかで空しい願望に過ぎないにもかかわらず、そこに期待を寄せ、自らの手で情勢を切りひらくことを躊躇していた。そのあいだに事態はますます難しくなっていたのだ。

三月に概報が刊行され、五月末には新しく設置された横浜市埋蔵文化財調査委員会（北部埋文調査委員会の上位の委員会）が開かれた。その席で市教委の態度が明確になる。予測どおり破壊前提の調査（事前調査）を県・市で実施すると提案してきた。

委員会ではこの提案は当座棚上げされ、なお保存の可能性を追求することが確認されている。そして、緊急に神奈川県在住、もしくは県と関係の深い考古学者にお願いして県・市に保存要請してもらうことになり、候補者の氏名があげられた。赤星直忠・大塚初重・大場磐雄・小出義治・坂詰秀一・桜井清彦・三上次男・三木文雄等の各氏である。しかし、問題はもはや抜き差しならないところにきていた。

七月はじめには三十六名の考古学者の連名による要望書ができあがり、岡本・甘粕さんらは、都教組出身の衆議院議員長谷川正三氏の介添えで飛鳥田市長に直接手渡し、面談した。市長は「原則的には残したい」としつつも、調査費の負担問題、「危険だから早く取り壊して」との地元要望のあることをあげて、保存は困難であることを示唆した。事ここに至り、われわれ武研の仲間はようやく現実の厳しさを身に染みて感じとることになる。

残された道は地元の世論を保存の方向に喚起すること、全国の学者・研究者に問題を訴えて市・県に保存要望を寄せていただき、いま一度攻勢に出ることだった。甘かった状況認識を反省しつつ、どうにかして保存への展望を開こうとやりぬく決意を固め、さらなる活動に乗り出す。運動の主力は文対協が担うことにした。

さっそく古墳群の周辺地域に保存を訴えるビラを作成し、一軒一軒に声をかけながら配ってまわる。受け取る市民は好意的で勇気が出た。同じ足で地域の元区長さん宅を訪ねて古墳群保存に協力を頼む。話は通じた。七月末、梅雨明けの蒸し暑い日だった。

一方、こうしているあいだにも、開発会社は一号墳の東側の尾根を削りとる工事を強行する。保存の可能性を少しでも削ごうとするねらいがあからさまに見てとれる。その結果、一号墳を中心とする古墳群の丘は地形的にまったくの孤立状態になった。いよいよ保存の正念場がやって来たのだ。

厳しさを増してきた稲荷前古墳群の保存問題では、たしかにわれわれに油断と隙があった。そのことは率直に認めざるをえない。しかし、武研や文対協は前年からいくつもの大きな課題を抱え込まされていた。その一つが朝光寺原遺跡の第二次調査だ。新年度を迎え、より具体的な対応策を求められたのは稲荷前古墳群よりこちらのほうだった。

四月下旬の北部埋文調査委員会では、未調査区（B区）の南西部で環壕のめぐり方を明らかにすることと、この区域にどの時代の住居址がどれくらい分布しているかをつかむことが主な仕事になることを確認している。

なお、委員会では今後も詳細な分布調査を続行すること、とくに港北ニュータウン計画地縁域、新幹線の新横浜駅開設などで変貌著しい鶴見川の本流地域でも分布調査を実施することが申し合わされた。課題の大きさや重さが思いやられる会議だった。

B区の発掘は八月中旬から開始された。期間はわずか二週間程度。岡本さんが調査団長、中村君と澤田君が調査員、それに日体荏原高の佐藤安平さんが生徒を連れて参加している。現地を訪れ中村君らから発掘状況を聞く（私たち武蔵校グループは宮ノ原貝塚を発掘中）。すでにブルドーザーにより住宅地の小区画割り道路がつけられ、その工事で犠牲になった住居址もいくつかあったようだ。

また、B区内では黒土が厚く堆積していて発掘作業はかなり手こずり、調査は、予定期限を大きく超えて九月中頃に終了している。かくて二次にわたる調査の結果、各時代における集落の構成、それが移り変わる様子をおおまかにつかむことができた。[*4]

顧みて思う。朝光寺原遺跡は横浜市の港北地域を代表する貴重な遺跡とみてまちがいない。そこに示された地域人の営みの姿は、以来、いろいろと変化しつつもおそらく戦後の高度成長期まで存続したのではないだろうか。そう考えるにつけ、かけがえのない地域史の大事な証人を失って言葉もない。

保存運動の火蓋を切る

開発側とのにらみ合いがつづく稲荷前、ブルドーザーに威圧されながらの朝光寺原と、われわれの目が谷本川筋の二つの遺跡にむけられていたとき、降って湧いたように他の遺跡の破壊問題がもちあがり、事前の発掘調査をどうするか、論議になる。

一九六八年六月中旬に開催された北部埋文調査委員会の席上だった。市教委の説明によると、鶴見川本流に面した低丘陵上の貝塚と集落遺跡が東急系開発会社の宅地造成により壊されることになり、緊急調査が必要とのことである。対象にあがった遺跡は、宮ノ原貝塚、原・若雷《わからい》神社遺跡（港北区新吉田町）である。

さらに市教委からは、港北区池辺町の丘陵地に市水道局のポンプ場が建設されるので、用地内の遺跡を調べてほしいとも要請される。寅ヶ谷遺跡と称され、縄文時代の集落が存在する可能性があるから試掘し、住居址などが見つかったら即本調査を、というのである。

私と佐藤さん、それに武蔵校歴研部OBは、フィールドや稲荷前古墳問題への対応、それに夏休みの部活で恒例となった発掘調査の計画を立てなければならず、あちこちに出むいて調査候補遺跡の選定と宿舎の確保に奔走していた。まさに手間も暇もない極度に忙しい状態に追い込まれた。

しかし、せまりくる事態を避けて通ることはできない。ここは横浜市史編纂以来大事にしてきた研究フィールドである。何としても調査して遺跡の記録を残し、可能ならば保存にまでもっていきたい、という一種の使命感に突き動かされる。

そこで、宮ノ原貝塚、原・若雷神社の三遺跡は、大学が夏休みになるのを待って調査団を編成することにし、寅ヶ谷遺跡は、田中・佐藤と武蔵校歴研部ＯＢが主体となり、日体荏原高の佐藤さんがクラブ活動の生徒を動員して対処することになった。発掘作業は、人員不足のうえに緊急性を求められたので、やむなくブルドーザーで表土剝ぎして遺構の存在を確かめた。

さいわいにも調査に時間を要する住居址などは検出されず、狩猟用の落とし穴群と蔵骨器数個を掘りあてて調査を終えることができた。それでも予備的な調査から測量・写真撮影終了までに約一週間を要している。蔵骨器の発見は事例が少なく貴重な成果となった。

さて、宮ノ原貝塚といえば、あの早大八号館地下研究室で出土縄文土器の拓本を初めて打った遺跡である。惨めにも拓本はごみ箱に捨てられていた。そのときの屈辱感はいまもって忘れることはできない。しかし、当時は横浜市にある貝塚と聞いていただけで、遺跡にはほとんど関心はなかった。それが、あろうことか破壊問題で遭遇することになったのだから内心穏やかではない。

工事着手の期日が提示されているのに対応は遅々として進まない。ようやく七月末に宮ノ原貝塚と他二遺跡への調査について取り組みが開始された。だが、この大事なときに、全体の指揮をとっていた岡本さんが虫垂炎を発症、入院して手術・加療のために研究活動から離れることになる。それまで市教委や開発側との折衝の陣頭に立ち、調整にあたってきた岡本さんの戦線離脱は大きな痛手だった。

難しい局面でリーダー不在となった武研は、小宮君らの若手会員が中心となり、調査完遂を目指すことと、合わせて遺跡の保存を追求する作戦で臨んだ。しかしながら、武研は小所帯の研究会のため調査員の確保に手間どり、調査団編成は八月中旬にずれ込み、旧盆明けにようやく発掘を始めた。

私は稲荷前古墳群の保存を成功させるため頻繁に地元に足を運ばねばならず、宮ノ原貝塚の調査には随時参加して側面援助することにしたが、大学生中心の調査団内では破壊前提の調査には抵抗感があり、緊張した雰囲気のもとでの発掘となる。

では、宮ノ原貝塚とはどんな遺跡なのか、事前に知らされていたのはつぎのような内容だった。まず貝塚の様相。低い丘陵の東斜面二カ所に貝層が残っている。一カ所には縄文早期の土器が包含されており、市教委の斡旋で武蔵野美術大学考古学研究部がすでに発掘を試みていた。武研会員らが調査を担当したのは、縄文中期の五領ヶ台式土器等が出土するもう一カ所の貝層である。

宮ノ原貝塚は、鶴見川本流の広い低地を見晴らす位置にあり、縄文時代前半期の海進・海退による環境変化を解明するうえで重要な遺跡と見られていた。したがって軽々に手出しはできない。工事に先立つ緊急調査となれば、発掘費用は開発会社もちになり、代償として遺跡の破壊を覚悟しなければならない。

だとしたら、最初から調査を拒否して全面保存で頑張るべきではないか。あるいは宅造計画を取り下げさせることが無理ならば、公園のような場所として保存するということも考えられるのではないか、と関係者から多様な意見が噴出した。結局は「調査しながらも保存を追求する」方針で進んだ。しかし、開発側には文化財の存在など眼中にないことが、やがて判明する。

ところで、当初、丘陵上の平坦地には貝塚と関わりある縄文集落があると推定していたので、この場所も急ぎ発掘して詳細をつかむ必要があり、こちらにも相当なエネルギーを注がなければならなかった。

そこで武研メンバーと志願参加の学生が二手に分かれ、貝層と平坦地の調査を同時並行して進めることにした。私も武蔵校歴研OBらと一週間集中して頑張り、平坦部の全容を解明することができた。掘りだしたのは、縄文時代中期の住居址、弥生時代中・後期の住居址などであった。調査したかぎりでは、貝塚と集落の関係ははっきりしていない。

しかし、予測に反して、弥生時代中期（宮ノ台期）の住居址五棟と土壙、北端でV字溝、南端で方形周溝墓を掘りあてたのは貴重な成果だった。すでに記したように、三殿台遺跡や朝光寺原遺跡では、宮ノ台期において複数の小集落が集合して大集落を形成していたことが知られた。それに対してこの宮ノ原では、五棟の家屋からなる一単位の小集落が土壙・V字溝・方形周溝墓を備えていたことが明らかになり、弥生時代中期の基礎単位となる集落が存在することを確かめたのだ。

原・若雷神社遺跡の調査は連日の厳しい残暑のなかで進められた。こちらは予想外に表土層が厚く、トレンチは調査員の姿が隠れるほどの深さになる。粘っこい土を掘りだすスコップの先端だけが地上に飛びでるような発掘だ。採取された土器は古墳時代のものが多い。どこかに住居址が眠っているはずと意気込むも正体はあらわれない。決められた期間内で果たして調査を完了することができるのか、不安と焦りが交錯する日々だった。

「遺跡は大事だ」、「遺跡を大切にしなければ」と考古学に携わる者は誰でもそう考える。そんな想いをもって集まってきた調査員に対する市教委や開発側のむき合い方は、まことに淡白で事務的だった。そのことを一番に感じたのは調査員の宿舎と食事である。当初、夏休みの小学校が宛がわれた。ある日の夕食に付き合って驚く。出されているのは御飯と味噌汁、副食は小皿に甘煮の豆数粒の一品がつくのみ。何たる粗末さか、これでは馬力は出ない。食事番をしていた市教委派遣の井上義弘君も申し訳なさそうな対応ぶりだった。

夏休み明けには、若雷神社遺跡の近くに二階建てのプレハブ宿舎が用意され、そちらが調査団本部になる。事務部屋には長机と椅子が数脚、調査員の寝所には目の粗い蓆《むしろ》が敷かれている。トイレは、手頃な穴を掘り、そこに板二枚を渡した「便器」、その周囲をベニヤ板でかこうといった粗悪極まりないあり様。まるでタコ部屋ではないか。なんとも屈辱的な調査環境に付き合わされ、調査員の面々はしだいにやり場のない怒りをためこんでいく。

調査が始まって半月が過ぎた頃だった。調査員のなかから「いったいぜんたい、市教委はこの調査をどのように考えているのか、問いただそう」との声が出る。これを受け、作業終了後にプレハブの事務所に全員が集まり、市教委幹部と話し合いがもたれることになった。私たちも同席する。席上、市教委側から調査に至る経緯や調査条件などについて開発側と行った協議の内容の説明があった。

宮ノ原貝塚ほか二遺跡は遺跡台帳に載っている「周知の遺跡」である。そこで市教委から開発側に対し工事着手に先立っては事前の調査が必要であり、経費は開発側が負担する慣行になっていることが提言されたようである。この調査方式は、すでに朝光寺原遺跡などでも採用されており、かなり定着してきている。問題は、調査費の額と調査期間である。また、発掘の結果しだいでは遺跡を保存するケースもありうる、といったことが十分交渉されたかどうかであった。

調査員たちはこうした問題点について厳しく追及した。市教委は文化財の取り扱いの最終的責任が行政にあることを棚上げし、もっぱら「この予算で期限内に調査を完了してもらいたい」の一線で押し通そうとする。やりとりしていくなかに、示された条件ではきちんとした調査は困難だということが明白になる。とりわけ、遺跡の実態をあまり考慮していない調査費と調査期間の決め方に批判が集中した。それに日常の調査員への待遇に対する不満もあって協議は紛糾して長時間に及んだ。

このように市教委が開発側の代弁に終始するような素ぶりを見せたことで、調査員の積もり積もった怒りが爆発した。「市教委の責任をどう考えるのか」の発言があちこちから出る。ついには「弁当代程度の日当を支給せよ」の要求も。市教委は、最後に「日当として三百五十円を出す」としながら、それも予算内で執行するから「お金がなくなったら調査は打ち切りになる」と脅迫めいた言辞を残して引き揚げた。

開発側の圧力、市教委の姿勢が明らかになり、学生調査員のあいだに「調査そのものを拒否すべし」の意見も強まるなか、調査員の総意として「宮ノ原貝塚保存会」が結成され、猛然とした活動が始まった。彼らは昼間に発掘、夜は保存にむけての討議、市民への訴えのビラ作り等々に取り組む。そして朝方には東横線綱島駅頭でビラまきしたり、付近の家にビラ入れ、署名集めの活動を精力的に展開していく。

呼応して結成して日の浅い「横浜の緑と文化財を守る会」の有志らも支援に動き、「貝塚を残せ」の声が地域にも広がりはじめる。すでに保存会を立ち上げ、活動を始めていた稲荷前のグループと共同し、九月十五日に大見学会を開催した。

私たちや調査員らは集まった百余の市民に発掘の成果を語り、保存を訴えた。さらには、

「稲荷前」、「宮ノ原」の二つの保存団体と文対協が中心になり、武研・横浜地方史研究会・下総考古学研究会などの九団体が集い、「横浜の文化財を守る連絡協議会」（浜文連）を結成して運動の盛り上げを図った。

だが、開発工事は調査の成果などに関係なく進み、十一月一日、宮ノ原では方形周溝墓の発掘中にもかかわらず、掘りだされたV字溝と住居址がブルドーザーのひとかきで葬り去られた。貝層の調査もトレンチ一本を掘り上げたところでストップさせられてしまう。そんな光景を目のあたりにして調査員一同は切歯扼腕。三日の「文化の日」には荒らされた遺跡の脇で抗議集会がもたれた。その後、若雷神社遺跡の調査は続行したが、こちらも大型のスクレーパーが行き来して大地が振動するなかの記録とりになる。

最後は、竈つきの住居址（七世紀頃の建物）を掘りあて必死に作業を進めていた。すると工事の現場監督らしき男がやってきて、「お前ら何をぐずぐずやっているんだ」と怒鳴りつけ、「ここに住宅団地ができれば、お前らのような安月給取りでも公団住宅に入れるようになる」、「さっさと片づけて出て行け」と吐き捨てるようにいった。

みんなが唖然としていると、病床から復帰した岡本さんが「とにかく、この住居址の記録は完成させよう」と告げ、「柱穴はボーリングで位置と深さを確かめるように」の指示。急ぎ三〇分ほど作業をして調査を打ち切り退去する。悔し涙の出るような結末だった。

ここで目を横浜市域南部に転じると、南部でも大規模な住宅団地開発で文化財の破壊問題が頻発していた。世間を驚かせたのは、広く知られた史跡「称名寺・金沢文庫」の背後の丘陵が大手の不動産会社による宅地造成で削平され、山にかこまれた閑静な寺域がむきだしなるという問題が発生したことである。

このことには横浜市立大学の学生がすばやく立ち上がり、「史跡称名寺・金沢文庫を守る会」を結成して寺域の景観保全を訴え、粘り強い運動の結果、開発側が造成計画の一部変更を余儀なくされている。

一九六〇年代後半になると、さまざまな開発行為による自然と文化財の破壊の波が横浜全市域をおおいはじめ、文化財として重要度が高い周知の貝塚や史跡でさえもが存立の危機にさらされた。もはや黙して語らずでは貴重な文化財を保護・保全することはできない。一九六八年は、無謀な開発から文化財を守るために研究者と学生が市民と共に保存運動へ繰りだした記念すべき年になった。

活発化する地域の保存運動

私たちは、宮ノ原貝塚の調査とその保存活動に精を出す一方で、稲荷前古墳群の地元に保存運動の砦をしっかり築くことにも力を注いでいた。当面する課題は、保存会のリーダーになってくれる人物を探しあて、地域住民の声が正しく活き活きと反映される運動を押し進めることにあった。

一九六八年六月のある日、願いかなってか幸運がおとずれた。稲荷前の丘と小川をへだてた対岸に、私立大に通う女子学生のKさん一家が住んでいた。神の導きか、当のKさんとばったり出会うことができたのだ。

われわれは、フィールド調査を終えて陽の落ちかかった市ヶ尾駅前に集まっていた。そこへKさんが電車を降りて改札口を出てきた。そのときだ。武蔵校歴研部OBのA君が「Kさん、こんにちは」と声をかける。「あらっ、A君！」と応じて立ち話に。両人は旧知の間柄らしく、しばらくとりとめのない会話を交わしている。

そのうちに彼女が稲荷前古墳群と至近距離の地に住んでいることがわかったのだ。「へえー！」と驚くと同時に、これ幸いとばかり「保存にぜひご協力を」と頼みこんだ。彼女は明言を避けながらも応じてくれる。われわれは有力な仲間の出現かと元気づいた。

さっそく発掘で多忙の合間をぬって私はA君と連れ立ってKさん宅を訪ねる。座敷に通され、庭先から前方の丘を見ると、一号墳やいくつかの古墳が横並びになっている様子が手にとるようにわかる。

挨拶もそこそこに目の前の古墳群について説明しながら「なんとしても保存したい」と熱を込めて訴える。Kさんのお母さんも同席されて話を聞いてくださった。二人は、住み慣れた土地に見慣れないブルドーザーが突然やって来て、親しんだ里山がみるみるうちに無残に破壊されていくことには違和感を覚えたらしく、保存の話を好意的に受け止めてくれた。

こうしてしばらくはKさん宅詣でがつづく。Kさんは実兄や中学生時代の仲間にも声をかけてくれて、同調者が一人二人とあらわれる。さらには、お母さんの勧めでKさんと彼女の仲間に連れられて地域農協の組合長を訪問することもできた。組合長の大曽根銈一さんは保存の訴えに理解を示し、協力を約される。手応えを感じる一瞬だった。

さらに、Kさんの仲介で地区の集会所を借り受けて小集会を開くことができ、三十数人が集まる。参加者に古墳の大切さをていねいに訴えた。やや急いだ感もあったが保存会をつくって運動を進めることが大事と語り、保存会の結成に賛意を求め「稲荷前古墳群保存会」として発足することが約される。合わせて署名集めも提案して了解をえた。

動きは早い。Kさんらの手配で直ちに署名活動が始まった。どうやらKさんの中学生時代の同級生たちが「この際、一発やってやろうじゃないか」と奮起。すぐさま出身小学校に出かけて署名用紙を印刷し、余勢を駆って地元全戸を訪ねたという早業。署名は約一週間で地域住民の一〇〇パーセントに近い四五〇名余を集め、八月十九日にKさんとその仲間、文対協の若者らが市役所と県庁に出むいて直接手渡し（第一次陳情）、古墳群の保存を要請した。先の集会から十日後の話、驚くばかりの展開だった。

もう一つ決め事だった保存会づくりは、未完成の状態だった。一番の課題は、会の代表と事務局長の人選である。私たちは、ここまで誠実に積極的に動いてくれたKさんに事務局長を引き受けてもらえるよう望み、期待していた。しかし、彼女は「私よりもっと頑張ってくれそうな人がいる」と語り、つづけて「石屋の英《ひで》ちゃんがいい」と具体的な人物を紹介したのだ。

真夏の暑い日の夕方だった。私は、かつて市ヶ尾遺跡群調査の宿舎だった建物の斜めむかいにある石材屋さんを訪ねた。「石屋の英ちゃん」に会うためだった。仕事中の家人に来訪の意を伝えると、すぐ「英ちゃん」が仕事着のままあらわれ、簡単に挨拶を交わす。金井英《ひで》三《みつ》さんとの初体面である。

彼は、東京の大学で日本史を専攻し、卒業後は家業に就いていた。中学生の頃、市ヶ尾遺跡の発掘に参加した経験もあり、理解は早い。このときは私がほとんど一方的に話をし、協力を求めたのに対し、彼は言葉少なに了解してくれている。内心、これで保存会の柱ができたと安堵して石材屋を後にした。

ここから金井さんとの二人三脚が始まる。彼が神奈川県歴史教育者協議会に属していたので、港北区内に住む仲間の会員に連絡をとり、二人で手あたりしだいに訪問活動を繰り広げた。商売柄区内の地理に明るく、複雑な田舎道の車の運転も慣れたもので、行動範囲はひとまわりもふたまわりも拡大した。

とりわけ会の代表として石山久男さんを迎えることができたことは、その第一の成果といってよい。また、金井さんの導きで地区選出の県会議員や市会議員を訪ねて署名陳情の紹介議員を依頼し、古墳群の保存を議会で取り上げてもらうよう頼みこんだ。
マスコミに保存問題の取材を要請することも、金井さんが登場して具体化する。八月末には朝日新聞と神奈川新聞の記者が相次いでやって来る。Kさん宅で田中・金井コンビで対応した。数日後にこの二紙が事のしだいを報道し、稲荷前古墳群をめぐる問題が県下に伝わった。

さらに、金井さんの親友で市役所に勤めるMさんが活動に加わり、保存会は人的な厚みを増す。また、Kさん宅を事実上、事務局・活動センターとして使わせていただくようになったのだが、このことを快諾してくれ、いつも親切に対応してくれた家族のみなさんには感謝の一語以外にない。

保存会は強力な助っ人をえて矢つぎばやに保存世論の高揚を目指して対策を練り、実行に移す。まずは文対協の後押しもあって全国署名に取り組む。私は、学校で授業の合間をぬって訴え文と署名用紙を作成する。そしてKさんたちの協力で九月十日頃には全国へ届ける作業を終えた。さらに、直後の十五日には宮ノ原貝塚保存会などと共同で大見学会を開くことになっていたので、その準備もしなくてはならない。そんなこんなで連日フル回転。

こうして稲荷前古墳群の保存運動は日々前進をつづける。しかし、市教委と開発側はいささかも引く気配はない。九月のはじめには第一次陳情の回答が出された。その要点は、①史跡指定はできない、②史跡公園化も遺跡の地形からして無理、③前方後円墳などの大古墳群は埼玉県にあるので見学はそちらで、といったものだった。

これにには保存会メンバーはもちろん、関係者全員が驚きと怒りの声を上げる。①については横浜市が文化財保護条例を定めていないことに素因がある。②は自らの行政指導によって変えられた地形ではないか。そして、③については開いた口が塞がらないほどの酷い内容だ（金井さん曰く、「市文化財行政史上不滅の迷言」）。稲荷前古墳群は紛うことない横浜市内の遺跡ではないのか。どこに替りがあるというのだ。

たしかに埼玉古墳群は全国的にも有名な遺跡だが、それは所詮北武蔵の古墳群であり、その地域固有の歴史遺産であって、横浜市域（南武蔵）の歴史遺産を代替しうるものでは絶対にない。いいかえると、稲荷前一号墳を含む古墳群は横浜市域の歴史のかけがない語り部（史料）である。

しかし、この呆れた回答は駆け出しの保存会に深刻な影響をおよぼした。保存会の一部の青年たちは「役所に保存の意思がないのなら、これ以上運動しても無駄ではないか」と活動から離れていったが、金井さんは落ち着いていた。そして、この事態についてつぎのように語っている。

「彼等は『仲良し同窓生』の絆を頼りに集まったのであり、古代史や考古学を十分理解して運動を始めたのではない。（中略）また、行政に対して組織的運動等全く経験したことのない若者達が、そのように反応するのも無理からぬことである。それに親や周囲の干渉もあっただろうし」と。「だが、『古墳を守ろう』と立ち上がったことを過小に評価してはならない」とも付け加える。[*5]

指摘のとおり、保存運動の口火を切ったのはまさしく「仲良し同級生」であり、その率直で果敢な行動は大きな意味をもつし、同時にある種の弱さも肯定的に認めねばならない。

とはいえ、開店早々の保存会から親しい仲間が離脱したことはKさんらに不安感を抱かせた。ただちに私と金井さん、それにMさんも乗りだしてKさんを励ました。そして、これまでの活動を振り返ると同時に、今後にむけて会の進め方を話し合う。結果は、もう少し古墳群や地域の歴史を学習して楽しくやろう、ということに落ち着く。

ハラハラしながらなりゆきを心配していたので、あらためて金井さんとMさんの対応ぶりには感心した。いつも「かくあるべし」といきり立つ者にはいいお灸をすえられた想いである。この話し合いでは、週二回の会の一回は保存活動と学習に、もう一回は遺跡見学や演劇・音楽鑑賞など会員の趣味や文化的要求に沿った活動にあてることにした。

保存会はこうして息を吹き返し、運動をさらに前進させていく。急ぎの仕事は、地元宣伝を強めたり、第二次、三次陳情にむけて署名活動を広げることだった。かねて折衝していた地区自治会の会議への参加を許されて古墳群の話をする。すると、市民からは「私たちは本当のことをあまり知らされていない」という声も聞かれた。そこで、地元むけに「稲荷前古墳群を史跡公園として残しましょう」と訴えたビラ千枚を作成して配布する。また、宮ノ原保存会などと協力して横浜駅頭で両遺跡の保存の訴えと署名集めも行った。一連の行動では宮ノ原の会の大学生たちが奮迅の活躍をしているが、Kさんら稲荷前保存会の青年も負けじとばかり、大勢の乗降客に精一杯の訴えをした。成長を感じる一幕だった。

そのほか金井さんの働きかけにより、地元中里農協の郷土史編纂委員と話し合いをもつことになり、出かける。こちらの訴えの後、先に協力を約された大曽根組合長が集まった委員らに保存活動への協力を要請された。心強いかぎりである。

ちなみに『中里郷土史』編纂は、農協合併のため中里農協が廃止されることを機に企画された事業だった。委員らは稲荷前古墳群に早くから関心を寄せ、甘粕さんの講演を聞いたり、映画『石器時代の村』や『防人の村』の鑑賞会を開いて理解を深めていた。保存運動そのものには、各人の想いや立場もあって直接加わることはなかったが、県・市当局への要望書には署名し態度表明をしている。

こうした地域の動きを背景に、私は文対協や横浜の緑と文化財を守る会代表らとともに国会・文化庁交渉を繰り返し、さらに、第一次陳情後に集めた署名を携えて市議会に二度、三度おもむき、広報課・教育委員会への要請行動を重ね、記者会見をする、というように忙しく立ち働いた。「収穫あり」の実感があまり湧かないやりとりばかりだったが、やらずにはいられない気持ちが己を突き動かしていた。

「古墳の博物館」を残そう

一九六八年の秋が深まる頃、宮ノ原貝塚が破壊され、若雷神社遺跡も絶望的な状態に陥り、学生中心の保存会の動きはめっきり鈍くなった。保存を訴えた遺跡が失われたのだから無理もない。その影響は稲荷前古墳群の保存にもおよんでくる。地域の世論は、「古墳群を残すことに反対はしないし、残せるものなら残したほうがよい」という域から先に出ない。集会を開いても参加者は限られてきた。

保存会の訴えには何かが足りない。考えついたのは、地域の歴史の語りが誰にでも理解できて身につくような内容になっていないことだった。そこで、もっと地域史の学習を深める必要がある、と一歩前進する。

あらためて先の市の回答にあった埼玉古墳群とはどんな遺跡なのか。「前方後円墳が見たければ、『埼玉』へどうぞ」とはひどすぎる文面だが、実際に一度は見ておいたほうがいいだろうと話し合い、即実行した。

晩秋の晴れの日に二台の車に分乗して埼玉古墳群の見学に出かける。国道一六号を北上。途中、「吉見の百穴」を見学する。蜂の巣のように無数の横穴が口を空ける壮大な風景にみんな驚いた。まるで横穴のアパートではないか。史跡「市ヶ尾横穴古墳群」とまったくちがう。なぜだろう……。

つづいて車を飛ばし、昼過ぎにさきたま古墳公園に到着、大古墳群を見てまわる。みんな度胆を抜かれた。小山のような丸墓山古墳（円墳）、壕のなかに浮かぶ巨大な前方後円墳の二子塚古墳、隣りにも大きな前方後円墳がいくつか並んでいる。

みんな圧倒され、「うーん」と考え込んだ。私は二度目の見学だった。以前とくらべ整備されて見応えはあるものの「ここまで改造していいのか」と疑問も湧く。それにしても頭抜けたスケールのちがいには心を揺さぶられた。

帰途に就く。私が乗った車では、衝撃と疲れかしばらく車内は静かだったが、やがて口々に驚きと感動を語りはじめた。そして、稲荷前古墳群とあまりにもちがう古墳と古墳群の規模に話がおよんだ。それぞれが印象を披露した後で、『日本書紀』「安閑紀」にある「武蔵国造の地位をめぐる争い」の話を紹介した。[*6]

大古墳群を目のあたりにし、それが北武蔵の豪族「笠原直使主《かさはらのあたいおみ》」らの墳墓かもしれないと聞かされると、数時間前の体験でえた臨場感と史話が重なり合って盛りあがる。そして、争いに敗れた南武蔵の豪族「小杵《おき》」の仲間だった考えられる谷本川筋の豪族（稲荷前一号墳や朝光寺原古墳群に葬られた人物）は、政治的経済的な力が弱く、どうやら小ボス扱いだったのではないか、と余談をとばした。

みんなも「そうかも」と妙に納得しながら、こうした土地の歴史も「古墳群が見つかったからわかったことだ」とわれに帰る。「壊しても代わりが埼玉県にあるから」などとはとてもいえないことだと理解できたのである。それからは車中で歌を歌ったり、楽しい話題で大騒ぎして里に帰る。私のメモには「帰宅午後十時」とあった。ただし、妻がどんなふうに迎えたかの記載はない。たぶん、相当のお冠だったのだろう。

こうしてじわりじわりと「古墳群を残したほうがいいのではないか」という世論が地域に形成されはじめ、全国の考古学・古代史ファンからも声援が届いてくる。しかし、依然として市教委と開発側は事前調査→破壊の手順をいささかも変更する意思はない。それどころか、市埋文調査委員会を数回にわたり開催し、「調査に早く着手して十月いっぱいで終えてほしい」とか、「調査費は、会社もちで額は百万円程度」と調査の早期着手・完了をせまっていた。

開発会社は、「古墳群は工事最中に発見されたことでわれわれには何の責任もない。宅地化はお客さんと約束済み。すでに移転手続きをした方もおられる」などと脅迫めいた発言で調査の早期着手を要求し、市教委は文化庁や県の姿勢を忖度しながら、相変わらず「史跡化は手続的に無理」、「あの場所は危険だから早く片づけたい」と逃げ腰一辺倒だった。

だが、こんな言い分で調査委員会の先生方は承知しない。「一カ月の調査期間とはどういう判断から出したのだ」、「百万円の調査費算出の根拠は」と具体的な条件の当否から市教委にせまる。また、調査団をどう編成するのかでも議論になったらしい。同席した甘粕さんから伝え聞いたところでは、論議をリードしたのは三上次男先生らしかった。先生は、識見と責任感を欠く市教委をときには優しく、ときには厳しく説得されたという。

おそらく考古学という学問の特質から遺跡の普遍的・個別的存在の意義、それに行政がどうむき合うべきかを説かれたのではないかと推測する。そして三上先生の発言を岡本、甘粕、小出の若手委員が援護射撃する形で問題の検討が進んだのではないだろうか。

会を重ねた委員会の議論は十一月になってようやく結論に達した。市教委は、この期におよんでも事前調査遂行の手をおさめず、「重要記録保存」などという珍語をもって自己主張を貫いた。話を聞いた保存会のメンバーや支援の学生たちは、「重要でない『記録保存』などあるのか」、「これまでの調査記録は重要ではないというのか」と疑問や怒りで心のやり場がない。

委員会で決まったことは以下の諸点である。調査はする、期間として次年の二月二十日から三月末までの約四十日間、調査団は団長に三上先生自ら就任され、現場総指揮は甘粕さん、団員は考古学専攻の東大生・早大生・国大生そのほか十人程度とした。

そして、この段階では望みうる最良の調査団が編成され、作業員と宿舎は開発会社が負担することになる。調査費（整理費を含む）百五十万円、これも会社負担となった。即座に「これでは、開発会社の丸抱えではないか」の批判も出る。

朝光寺原遺跡や宮ノ原貝塚の破壊を許してしまった研究者の立場からすれば、「またか」

の想いがする一方で「これが現在の力関係の限度かな」と渋々ながら「受け入れざるをえないな」といった感じだった。保存会をリードしてきた金井さんは、ここまで開発会社に譲歩させたのは保存運動の成果としながらも、「これは最後通牒的な意味が強く、破壊の危機感は一層深まった」としている。

一九六九年二月二十日、いよいよ発掘が始まった。この日を前後して調査団と保存会は意見交換を繰り返し、調査に対する相互理解と協力を約した。事前調査において、調査団と保存団体が互いの主張と立場を尊重し、共同して遺跡の意義を明かし、保存を追求する、と。こうした対処の仕方は通常容易には成り立たない。その意味で稲荷前古墳群のケースは一つの教訓を残している。この間の事情に関する金井さん発言には示唆するところが多々ある。[*7]

古墳群調査の最大の眼目は、群主墳の一号墳である。横から見ても下から仰いでも、その端正な姿は印象的だった。これをどう調べつくすのか、調査団は衆知を集めて策を練る。その結論は可能なかぎり築造時の様態を再現することだった。やがて発掘が進み、墳丘全体の被覆土がていねいに剝がされる。こうして、まさに一皮剝けたありし日の雄姿が白日の下になった。

調査団は有線放送を使って昼時の見学を地域に呼びかける。すると野外作業の手を休めた農家の人たち、在宅の主婦、小・中学生など約五十人前後の見学者が一号墳の脇に立ち、調査員の解説を受けながら感動の一瞬を享受したのである。三月はじめの日曜日だった。この

後に破壊された稲荷前１号墳の上で作戦会議（中央の眼鏡を掛けているのが甘粕さん、右手前の地図を持っているのが岡本さん、その左の帽子を被り地図を覗き込んでいるのが著者、そのほか小宮、須貝、山口、森、伊東の諸君。後方は谷本川の谷間）

発掘公開は継続されていく。

早春の天候不順に悩まされながらも調査は進む。一号墳の表情が明らかになる。通常見られる墳丘上の葺石や埴輪といった外部施設は存在しない。しかし、精度の高い調べ方によって、全面的にきちんと整形された状態が明らかになる。加えて墳丘の東側からは壕の一部が発見されたことなどにより、一号墳が前期型式（四世紀末〜五世紀初頭）の前方後円墳の外形の特徴を逸していないこともわかってきた。

調査はやがて後円部中央の埋葬部（主体部）発掘に移る。「いよいよだな」と傍目《はため》にも気持ちの昂ぶりが伝わってきた。私は、ひそかに「三角縁神獣鏡の一枚も出たら保存確定だ」と勝手な期待をする。この不遜な考えはただちに一蹴された。学生諸君から「先生、何を考えているんですか。古墳群の大事さがわかっているんですか」と強烈に批判された。われに帰った。「そう、そう、かけがえのない古墳や古墳群だし、この土地の宝だ。みんなの共有遺産なんだ」と自らに言い聞かせる。

調査員は竹べらの先端に全神経を集中させて遺体を納めた棺の検出にせまる。長方形の大きな坑のなかから、長大な割竹形木棺を被覆した粘土が土管状をなしてあらわれ、その底のほうから碧玉製管玉とガラス小玉がとりだされた。一瞬、女性首長の墓かな、との想いがよぎり、あらためて古墳群の丘を見上げる。

そのときだった。主体部調査と並行して一号墳南側、尾根南端の二つの小山の調査が大きな成果を上げた。なんとこの二つ山が一体の前方後方墳（一六号墳）であることを確かめたのである。さらに、墳丘の裾から祭儀用の壺形土器などを多数掘り出し、土器型式からこの古墳が一号墳に先立って造成されたことを突き止める。快挙だった。前方後方墳は県下初の発見でもあったから。

三月中旬に入る。古墳群の調査は佳境を迎えた。保存会も呼応して大規模な見学会を開く。市ヶ尾駅から数十人の見学者が徒歩で、保存会のメンバーに誘導されながら列をなして約二キロの道をぞろぞろとやって来る。古墳の丘には地元の大勢の人たちが集まって待ち受け、合流後に調査員の解説を聞きながら古墳群全体を見学してまわった。

見学が終了すると保存会の会員が参加者に訴える。「前方後円墳あり、前方後方墳あり、方墳・円墳もあります。斜面には横穴が並んでいます。ここにはいろんな古墳が勢ぞろいしています。私たちは、これらをまとめて『古墳の博物館』と名づけました。どうかこの古墳博物館の保存に協力してください」と。*8

参加者からはこんな声が聞こえてきた。「歴史教育の教材としてこれほど適切なものはない」と。学校の先生だろう。「緑地があるところに（と思って）越して来たのに（壊されたら）赤土だらけなってしまう。公園にして残してほしい」と言ったのは主婦だった。そして、地元の農家からは「いろんな墓があるので驚いたが、説明を聞きながら見るとよくわかる」との感想が寄せられる。

案内の先頭に立ったＫさんは、乳飲み児をおんぶした主婦のつぎのような発言に勇気づけられたという。「土地は地主さんのものでも、こんな文化財はみんなのものだから、簡単に壊されてはたまりませんよね」と。語りの様子から古墳群の近くに住む市民らしかった。

この言葉を聞いてＫさんは「そうだ、土地は地主さんものだが、古墳はみんなのものだから、残して大事に守っていかなくては」と得心し、いっそう運動に励む決意を固めたようだった。聞きながら市民の励ましに支えられ成長する姿がたくましく見えた。

3 波乱の一九七〇年前後

闘い破れて山河なしか

約束の三月末になる。しかし、調査は真っ最中。調査団は当初の宣言どおり固い決意のもと、懸命に発掘をつづけ、状況を地元文化会館で二度連続して報告した。保存会も「宮ノ原・若雷遺跡の二の舞を踏んではならじ」と宣伝、見学会、対市交渉、国会陳情を繰り返し、開発会社の工事強行の手を抑えた。四月を迎えても会社は動かない。というよりも動けない状況が生まれていたのだ。

このように保存会と調査団はそれぞれの立場から懸命の努力を重ねていたが、それだけでは事態を有利に展開させることはできない。さらにもうひと踏んばりと思っていたとき、保存会が県内の学者や文化人、中里郷土史編纂委員らから保存の声を上げてもらえるよう訴えたことが効を奏した。なんとこれらの人士が、東大文学部長で西洋中世史研究家の堀米庸三氏を代表者として「稲荷前古墳群保存要望書」に連署し、県・市に提出したのである。また、発掘の成果がつぎつぎと発表されるのに応じて、『神奈川新聞』が稲荷前古墳群について十回にわたる連載特集を組み、世論喚起に大きな役割を果たした。さらに日本考古学協会も総会で保存決議をあげた。

こうした動きに後押しされながら、保存会は横浜駅西口で連日の街頭署名に取り組み、二万数千名に達した全国の署名も合わせて市長交渉に臨んだ。地元農家や主婦、市内文化サークルの仲間が同道してくれる。四月十日だった。市長は、これまでの決定、すなわち、あの「重要記録保存」を白紙に戻すと言明したのだ。私は勤め先の学校の入学式を欠席して交渉に加わる。もう処分覚悟の行動だった。

しかし、予定地の八割方を造成し終えた開発会社は最後の攻勢に出る。一号墳とその周辺の工事を一挙に推進したのだ。その背後には地権者と同調する数十名の地元市民の連名による工事促進の要請があった。これをうけて市議会第五委員会は「破壊やむなし」との結論を出す。開発側がとる常套手段によって状況は急転した。

市は「重要記録保存」といったり「白紙に戻す」と宣言したりと、終始態度が煮え切らない。この優柔不断が圧倒的な保存世論を裏切ることになったのだが、「このままでは市民を納得させられない」の想いはあったらしく、対策として「横浜市文化財保護措置要綱」の策定をひそかに進めていた。

稲荷前1号墳の発掘調査（周辺では宅地造成が進む。稲荷前古墳群は調査後、16号墳を残してすべて破壊された。森昭撮影、1969年）

ただ、これを「何月何日施行」とするかで内部調整がつかない。裏でこの情報に接した開発会社は、もし要綱が実施されると工事そのものが中止に追い込まれる、という危惧を抱えていた。そこで、工事促進の要請を切り札として提出することになったのではないかとの観測もあった。

こうなると保存抵抗勢力は「わが意をえたり」とばかりに一瀉千里だ。四月三十日、市長が大勢の職員を引き連れて現地入りし、一号墳の上に立った。そして、二十分程度の視察の帰り際に発した言葉が「イワシの頭まで残せといってもねえ」だった。この発言、「前方後円墳なら埼玉県へどうぞ」という不見識きわまりないあの回答の言辞と、どこがちがうのだろうか。それにしてもイワシの頭とはひどい。これが革新市政かと怒り心頭だ。

五月中旬、正式に古墳破壊のゴーサインが出た。会社は待っていましたとばかりに工事を再開する。しかし、調査団は徹底抗戦を試みた。一号墳の墳丘を削除したところで弥生時代後期の集落跡が存在することを突き止め、工事の進行に再度待ったをかけたのである。

発見された竪穴住居址は十棟を数えた。これらの住居跡には重なり合う例もあったので、二時期にわたって集落が営まれていたことが予測された。より詳細に観察すると、一棟の大型建物を中心に四、五棟がグループをなして存在したことが判明し、さらには、この集落の長《おさ》を葬った方形周溝墓も見つかった。調査団があくまでも最初の宣言を守りとおした成果だった。

大きな前方後円墳の下から弥生時代集落が発見されたことには驚いた。そのうえに大型建物内から蛇紋岩製勾玉、土製勾玉、同じく土製の小銅鐸が出土したことにも括目させられる。他の建物跡からも銅鏃、ガラス製小玉、土製勾玉、土製小銅鐸がえられた。当初は、一種の防御的高地性集落と見ていた。しかし、同じ時期には朝光寺原遺跡や鹿ヶ谷遺跡にも人々は住み、平時の暮らしをしていたのだから、抗争時代という見方はあたらないし、争いを避けて高いところに集落を定めたとも言い難いように思われる。

また、出土遺物を見ると一号墳などの遺物を凌駕する内容で、司祭的様相がきわめて濃厚で多彩な遺物群といいかえてもよい。だとすれば、弥生時代の終わり頃から地域祭祀を司る集団が、台地の一般集落から独立して稲荷前の高台に居住地を構えたのではないか、との考えを導くことができるのではないか。

要するに、稲荷前の丘は弥生時代後期頃から谷本川流域の聖地として崇められ、地域祭祀の場となっていたのである。やがて古墳時代を迎え、そこに司祭と地域統括を使命とする首長が登場し、前方後方墳や前方後円墳を築いたのだ、と言えるかもしれない。

こうして調査団の不屈の粘りとそれを支えた保存会の頑張りが、地域の歴史に新しい知見をもたらした。そして、古墳群全滅の危機から一六号墳を県指定史跡として保存することができた。辛うじて地域史の証人を確保でき、わずかに心がなごむ。

しかし、一号墳ほかの貴重な遺産は永遠に失われた。稲荷前古墳群の保存運動をどう振り返るのか、このことはいくつかの部分的な成果を引き合いに出して、あれこれ評するよりも大事なことであろう。地元保存会のリーダーとして運動を推し進めた金井さんは三つのことを指摘している。

その一は、文化財保護の根本的責任は行政の側にある。しかし、そのことを攻め立てるだけでは文化財は守り切れない。市民の日常的な愛護活動なしには遺産の健全性を保てない。

その二は、研究者の役割についてである。もろもろの文化財のなかでも埋蔵文化財はありものが多様で即物的には理解をえにくいし、感覚的にとらえることも難しい。これはどういうもので、なぜ重要なのかが示されて、初めて理解の入り口に達する。この導きはひとえに研究者が担わねばならない。

その三は、文化財保存運動は、直接的には文化財そのものの保全・保護を求める運動であるが、その活動を通じて地域や国の歴史、文化の学習をも視野に入れ、全体として郷土を大切にする市民の輪を広げていく必要がある。

さらに、金井さんは総括として以下のようにも指摘している。

稲荷前古墳群の保存運動は都市化の波をもろに被りつつあった近郊農村が舞台であった。そこでは近郊という地理的有利性を活かした商品作物作りが営まれ、地域にある種の安定と活気をもたらしていた。そして、進歩、保守と色をたがえながらも農村的人間関係、つまり共同体的な人のつながりが生きていたのである。保存運動を支えたのはこの人間関係であった、と。

　保存運動の根城を提供し、運動の原動力の一人となったKさんとその一家、先陣を切り、理屈抜きで頑張った保存会の若者、中里農協の大曽根組合長、郷土史編纂委員の諸氏、地域の有識者、署名用紙に名を連ねた農家の人たちの言葉少ない支援の手が運動を持続させ、不十分ではあったが遺跡の全壊を防ぐ主体になったのである。

　そして、横浜市史編纂事業のなかで行われた市ヶ尾遺跡群の発掘に直接、間接に加わったことが、地域の住民の心の底に「大事な土地の歩みの調べに関わっている」という認識をとどめることになった。その潜在的意識が「残せるものなら残してほしい」という表現になって発露し、運動を下支えしたのではないか、と。

　しかし、開発という名の外部強制力はこうした人間関係はもとより、それを包んできた地域の自然や暮らしを丸ごと解体し、消し去っていく。芽吹きつつあった細やかな地域民主主義も吹っ飛んだ。故郷の香りを、稲荷前の丘の一六号前方後方墳や市ヶ尾横穴群にかすかに残して。[*9]

　一九六九年六月、稲荷前古墳群保存問題は多くの教訓と課題を残して終焉した。宅地造成工事が一号墳などの発掘と並行して進んでいたので、調査終了後まもなく新団地が誕生している。新しい住民たちは団地名を「弥生の丘」と名づけた。ここに遺跡があったことを知って採用された名称だという。

振り返ると、私たちは六〇年代後半の数年間、フィールド調査や朝光寺原遺跡、宮ノ原貝塚、稲荷前古墳群の発掘を通じて、遺跡の破壊を告発し、保存運動に関わりつづけた。だが、研究者としての責務を全うできたかと問われれば、「十分やりつくした」と胸を張って答えるには躊躇する。

肝心の遺跡を保存することがほとんどできず、忸怩たる想いを拭いきれない。また、金井さんが指摘するように、保存運動を通じて地域民主主義の芽をどう育てるのかにまで考えがおよばなかった。

かといって一服するまもない。近く始まる港北ニュータウンの開発にともなう遺跡の調査とその保存問題をどうするのか、みんなが集まるたびに議論になる。肝心なことは、稲荷前の丘にやって来た一主婦の「文化財はみんなのもの」の発言にどう答えるのか、その住民の自治意識をどう高めるかにあった。

さらに、六〇年代後半期に生まれた大きな課題、文化財破壊の全国化にどうむき合うのか、個々の遺跡の保存運動をバラバラに進めるだけでいいのか、に答えを出さねばならないことであった。文化財保護活動のための全国的センターを設立する必要が叫ばれ、その準備が始まったのである。

文化財保護の全国組織づくり

時間は少しさかのぼる。一九六六年四月三十日、日本考古学協会の総・大会終了後に文化財問題に関する全国交流集会が開かれた。東は宮城県から西は岡山県までの研究者四十人が集まり、各地の情報が紹介された。私の知るかぎりでは、このような規模の会は初めてだった。和島先生や岡本さん、甘粕さんらが関文協の石部正志さんらと連絡をとり合って開くことになったのだと思う。東京開催ということで、文対協が会場の確保と運営を取りもった。

当日の様子を記したメモよると、山陽新幹線・農業構造改善事業（岡山）、近郊ニュータウン（大阪）、バイパス問題（奈良）、工業地帯と貝塚（千葉）などが報告され、首都圏・近畿圏を中心に遺跡破壊が急速に進み、さらに全国化する状況が生まれていたことがわかる。そして、地域研究者が行政と協力しながら破壊前に調査するケースが増大し、そのかたわらで闇に葬られる遺跡が少なくないことを案じる意見も出されていた。

国をあげての大開発事業に対して、研究者の自発的・犠牲的対応には限度がある。抜本的な政策的措置を講じる必要があり、同時に研究者自身も遺跡の重要性をしっかり捉え、遺跡を残すことの大切さを広く伝えていかねばならない、といったことを参加者が共有した。

このような集会は翌一九六七年も日本考古学協会の総・大会開催時に開かれている。話題は、しだいに慣例化されていく事前調査＝記録保存をなりゆきまかせにしていいのかと、研究者の姿勢や社会的責任を問うことに集中した。

メモには「司会は石野博信氏、森浩一さんが問題提起」とある。報告としては、新産業都市建設（佐賀・宮崎県）、農業構造改善事業（岡山県）、住宅団地建設（鳥取県）、新幹線・空港（兵庫県）、バイパス（奈良県）、高速道路（静岡県）、ニュータウン・空港（千葉県）の埋蔵文化財問題が取り上げられた。

神奈川県からは下原遺跡や東名高速道問題が報告されている。遺跡破壊の嵐が全国を席巻する気配濃厚になってきた。この年の十月にも全国集会があり、そこで、初めて「文化財を守る全国組織をつくろう」と提案され、早期に結成することを申し合わせている。

一九六八年四月下旬、全国集会は東京御茶ノ水の全電通会館で行われた。日本考古学協会の総・大会は明治大学で開催され、焦眉の埋蔵文化財問題とされる大阪の池上・四つ池遺跡保存問題に関する総会決議が採択されている。

その余勢を駆って文化財問題の集会は参加者多数で活気に満ちている。当日のメモには「文対協・関文協の合同集会大盛況。問題一段と深刻化」と記してある。この集会をうけて文化財を守る全国組織づくりを目指して具体的な準備が始まり、東京がどうやら事務局を引き受けることに決まったらしい。動きはにわかに慌ただしくなってきた。

先に述べたように、この頃は文対協・武研のメンバーのほとんどが朝光寺原遺跡、稲荷前古墳群、宮ノ原貝塚の保存問題に関わり、多忙をきわめていた。そこへ全国組織結成の準備、成立後の事務局分担とははなはだ荷が重い。「果たしてやり切れるのか」といった心配、懸念を何人もが抱いた。しかし、目前の最大課題はやり遂げなければならない。それには不退転の意気込みが必要だったし、全国組織結成も「文化財を守る国民的運動を繰り広げるのだ」という信念で乗り切るほかはなかった。

一九六九年に入ると、準備活動は急速に進む。一月に開かれた文対協と関文協、岡山県文化財を守る会の合同会議では、翌七〇年前半には旗揚げすることが決定され、文対協が全国組織の役割、組織形態、規模、財政などに関して具体案を作成することになった。

しかし、事務局を担当するメンバーや各地域の準備委員の多くが、それぞれに遺跡破壊問題を抱えていた。全国組織結成をなんとしても成功させたいとの想いは共通していても、まずは目前の破壊を止めることにむかわざるをえない。

だが、文化財の大量破壊は国土の大規模開発、列島改造政策によることは明瞭である。ということで、全国組織の結成はこの二面をどう統一して「やろう」「創ろう」の機運をつくり、決断を促すかにかかっていた。

文対協では、全国組織結成後に組織を残すのか、解散するのかの議論となった。文対協を支える有力メンバーの一つだった下総考古学研究会の面々は「文対協存続、全国組織は団体加盟の連絡協議体とすべし」と強固に主張した。同調する者も少なくない。しかし、大きく見れば、国の開発政策あるいは「国づくり」そのものを告発し、是正を求める運動の中心組織を創る、という話だ。寄り合い団体が折々に集まって相談し、対処するような形態では太刀打ちできない、という意見も根強い。この考え方は、「個人加盟を基礎とする幅広い、持続性のある保存運動の核を」の声となり、しだいに広がっていった。

組織の全体像が見えるようにすること、合わせて意思統一が急がれる。諸準備をまかされた文対協では、月例会議のほか臨時会議を開き、四月末開催の全国集会に備えた。この頃の手帳を見ると、文対協、稲荷前保存会、浜文連等のメモでぎっしり埋まり、なかでも全国組織の検討状況に数ページが割かれている。四月末の全国集会では、文対協の組織づくり案が加盟形態問題を除きおおむね了承され、発足にむけての動きが加速された。

以後、六月と七月に京都で準備会議がもたれ、組織のイメージがしだいに明瞭になる。とくに七月会議は、首都圏・近畿圏のメンバーに加えて静岡・石川・三重・岡山・鳥取各県からも参加者があり盛り上がる。さらに、九月末には静岡県袋井市で文化財保存の全国組織結成準備会が正式に立ち上がり、常任委員会が設立された。静岡県での開催となったのは、焦眉の文化財保存問題となった浜松市の伊場遺跡への配慮ないし対処という事情があった。

六九年後半の結成にむけての作業は、文対協常任委員会で進められ、綱領・規約・組織形態・財政、他団体との共闘問題等々の案が固められていった。明けて七〇年一月には八王子市で全国組織準備委員会・文対協等の呼びかけで東日本集会がもたれた。私や佐藤さん、武井君等の武蔵校歴研部ＯＢも参加した。手帳には「夜半三時過ぎまで討論」と書かれている。多くの意見は、全国組織の誕生で各人が当面している遺跡保存問題がどうなるのか、に集まる。はやる気持ちと現実が複雑に交錯していた。

同年一月末の常任委員会は、六月頃に結成総会を開くことと『埋蔵文化財問題―一九六九年―』（活動年報として）の刊行を決めた。この冊子は、六九年度の文化財問題の総括をおもな内容としているが、そのほかに文化財保存運動の歴史とか全国組織結成への歩みも盛り込む重要な文書となっている。金井さんが稲荷前古墳群の保存運動について、私が東日本の情勢・運動を紹介し、全国組織結成への訴えを認めて投稿した。このあいだに年来の課題であった加盟形態は個人会員を主軸に団体参加も排除しないということに落ち着き、結成への機運は熟していっている。

七〇年七月十一日、東京は芝増上寺の一室で最後の準備委員会が開かれる。雨の中参集した委員たちは意気軒昂だった。そして翌十二日午前、雨も上がった豊島区池袋東の厚生会館で結成大会が開かれ、文化財保存全国協議会（文全協）が誕生した。代表委員には岡本勇さんと芝田文雄さん（伊場遺跡の保存運動で大活躍の元新聞記者）の二人、事務局長は八面六臂の準備活動で奔走した甘粕健さんが選出された。常任委員は在京と関西の若手の研究者らが名を連ね、各地の活動家が全国委員として参画することになる。私は全国委員の一人となった。

十二日午後には豊島振興会館で全国組織結成の記念講演会が開催された。甘粕健「文化財保存運動の成果と課題」、黒田俊雄「文化財保存運動と七〇年代の歴史学および歴史教育」、川名吉衛門「現代の都市問題と文化財」の三講演を会場一杯の二百名余の参加者が熱心に聴いていた。

黒田先生の講演中、司会席にいた私の手元に「情勢が緊迫しています。進行を早めてください」と書かれた紙切れが届く。甘粕さんからだった。会場の外には、全国組織発足に反対する人たちが講演会を阻止しようと実力行動を繰り広げていた。彼らは、午前中の結成大会にも押しかけて大会運営委員ともみ合いになり、会場玄関のガラス戸を壊すなどの妨害行為に出ていた。私は、たいへん失礼とは思ったが、講演中の黒田先生にメモを渡し、状況を理解願う。先生は動じない。きっちり語られて演壇を降りた。川名先生も同じだった。無事、終了。

つづいて参加者百名ばかりで新橋駅近くの土橋までデモ行進。蒸し暑い都心の道を「文化財を守りましょう」と叫びながら歩いた。デモの先頭には岡本・芝田の新代表、甘粕事務局長らが「国民の団結の力で緑と文化財を守ろう」と大書した横断幕を掲げて進む。二時間近く歩き、土橋に着いた。解散後には近くの食堂で乾杯。音頭は岡本さん、本当に美味しいビールだった。

経済の高度成長の下でさまざまな問題が噴出した一九七〇年前後、それは「市民」と呼ばれる社会層が歴史の前面に出た、いや出ざるをえなかった時期であった。「公害」と称された自然環境破壊と大衆生活の安寧・保全を脅かす現象、明治百年問題・学園紛争・沖縄返還・石油危機等々の多様な矛盾のぶちあたる混沌とした世情のなかで、多くの国民が、初歩的ではあるが、互いの力を寄せ合って「命と暮らしを守る」ことに乗りだした時代でもあった。文全協の創設もそんな社会情勢に対する考古学・歴史学徒の一つの回答であった。[*10]

大苦戦の子育て

さて、話は一九六九年夏のわが借間に戻る。問題を残しながらも稲荷前古墳群の保存運動が幕を降ろし、一息つきながら横になって新聞に目を通す。せまい二間の部屋はうだるような暑さだ。小さなラジオが甲子園の高校野球の熱戦を伝えている。松山商対三沢高の決勝戦。どうやら延長引き分け、再試合になる気配だ。熱気につられて一仕事するかと腰を上げ、ランニングシャツ一枚でラジオを聞きながら文化財保存の全国組織結成にむけた書類作りをするも、神経は甲子園の試合のほうに注がれている。

台所では山口から駆けつけた義母が夕飯の支度をしていた。じつは八月末に第二子が誕生するというので応援に来てくれたのだ。妻は大きな腹を抱えて横になり、二歳になった長女の相手をしながら団扇で涼をとっていた。

それから一週間後に長男が生まれた。分裂と対立の激しい世相が治まって希望がもてる落ち着いた世の中になってほしいとの願いもあり、「統一」の「統」と「行」の二文字で「のりゆき」と名づけた。が、世の混乱以上に難しい読みになってしまう。そして、この子もまた早々と鶴見ぜんそくの洗礼を受けてたびたびの病院通いになる。

　それにもまして難題だったのは、妻が職場復帰したら二人の子どもの世話を誰に頼むか、どこに託すか、ということだ。あてはぜんぜんなかった。「そんな無謀な……」と非難されるかもしれないが、保育所とか学童保育がようやく行政上の課題になりはじめた頃である。「ああ、それなのに」の古い演歌の歌詞のように、私も妻も仕事を辞める気などさらさらなかった。「生まれてからどうにかしよう」程度の考えしかなかったのである。思い返してもこの無責任ぶりにわれながらあきれるばかりだ。

　やがてこれが現実になる。妻は必死に預け先探しに走りまわった。そして、産休明け近くに、通勤途中に「保育ママ」（家庭保育所）*11さんのいることを市役所から紹介され、さっそく二人でうかがった。薄暗い民家で中年の女性一人が数人の子どもの世話をしていた。事情を話してお願いすると、渋々ながら引き受けてくれるというので、とりあえずはなんとか見通しが立つ。しかし、てんやわんやの子育てがやって来たのはそれからまもなくだった。

　まず、朝の出勤前がてんてこ舞い。私と妻は、パンと紅茶の簡素な食事をとりながら、手がかかる長女をせかし、長男にはミルクを飲ませる。そして、四人のそれぞれの出立準備だ。私は、子どものおむつと着替えを風呂敷に包み、自分のカバンを持ってあたふたと部屋を出る。

私が長女の手を引き、妻が長男をおんぶしてバス停留所に急ぐ。乗車後二〇分、途中下車して家庭保育所に着く。すでに何人かの子どもが来ている。保育ママさんへの挨拶もそこそこに、まるで二人を置き去りにするようにして失礼する。

妻は元の停留所から、またバスを乗り継ぎ、京浜工業地帯のど真ん中の学校へ。私は別系統のバスで南武線の駅へ。そこから登戸を経由して成城の学校へ通うも、毎日三〇分の遅刻になる。大目に見てくれていた教頭は、私が出勤したのを確かめてから出勤簿を閉じた。この人、卒業式に「生徒着陸」といって大失態を演じたが、根は優しい思いやりのある人士でずいぶん助けられた。感謝はつきない。

こんな送迎もいつも都合よくいくとはかぎらない。晩秋の冷たい雨の降る日だった。夕方、妻が会議で遅くなるため、私が子どもの迎えに。教頭に事情を話して早退し、家庭保育所へ急行した。まだお包みの長男を左手に抱き、右手には着替え一式の風呂敷包みと傘を持ち、長女には私のズボンの端を握らせて停留所を目指す。

途中、歩道橋の昇り降りがたいへんだった。傘が小さいので雨がかかる。長男を濡らしてはいけないので左側を中心に雨を防ごうとする。すると右側は雨水が滲み、長女が濡れ鼠のようになってしまう。もう泣きたい気分だった。

やっと来たバスに乗り、親切な方に席を譲ってもらって座り込む。長女の濡れた頭や肩を拭いてやっているうちに降車の停留所だ。運転手さんの気づかいに助けられてようやく降り立った。ただの一回のお迎えでこの様だ。妻は毎日これを繰り返しているのか、と思うといたたまれなかった。一日も早く免許を取得して自動車で送迎できるようにしなければと、痛切に思い知らされた。

それまでに「車の免許がほしい」と思ったことは一度や二度ではなかった。市内南東部の鶴見区に住みながら港北区をフィールド歩きしたり発掘調査に出かけるには、車なしでは不便きわまりない。電車とバスの乗り継ぎでは行き帰りで三時間以上の浪費になる。稲荷前古墳群の保存運動では金井さんの車にずいぶんとお世話になった。車をもつOBの学生諸君が頼りでもあった。

このような状態では存分に活動できないと感じつつも、周囲の車持ちのおかげですませてきた。しかし、子育てのことになると自前での運転を避けて通ることはできない。思い切って車の免許とりに挑戦することにした。長男誕生から一カ月後である。

通勤途中にある自動車学校に入学する。厳しいことで知られた学校だった。第一日目からこっぴどく怒られる。ハンドル操作の練習中だ。「一〇時一〇分の形で握れ」と指示されたが、緊張して指示内容がよく理解できていない。適当にやっていると「お前は時計の見方も知らんのか」と怒鳴られる。

その後も「キープレフトだ」とやかましくいわれるので、思いっ切り左に寄るとコースの縁石にあたって車輪のホイルがはずれ前方へコロコロ転がった。指導員が急ブレーキを踏み、「馬鹿もんが、出て拾ってこい」と罵声が飛んだ。少々震えあがり、あらためて生徒たる者の悲哀を痛く感じさせられる。

つらい想いをかこちながらもせっせと通った。途中で何度やめようと思ったことか。あまりの屈辱である。しかし、撤退は許されない。同じ学校を卒業したある同僚は、「このヘタクソが！」と蹴られたというから、俺はまだましかと我慢を重ねながら二カ月後に規定の課程を修了する。直後に神奈川県から交付された免許を手にしたときは、天にも昇るような爽快な気分が体いっぱいに広がる。生涯忘れられない一時だった。

初冬の一日、取りたての免許で三浦半島一周の家族ドライブに出かける。車は体育科のN先生の紹介でえた格安の新車だった。もちろん、なけなしの貯金をはたいての買い物だ。小春日和ののどかな海を眺めながら四人がそろっての小旅行。初めて味わう細やかな一家の和と潤いに浸りながら語りつくせない充足感を覚えた。

しかし、年が明けるとまた難題がもちあがる。せっかくの家庭保育所から、馴染まないとの理由で長女の預かりを断られた。さて、どうするか。今度も妻は奔走する。そして、懸命な努力のかいあって勤務校近くの公立保育園に入所できることになった。

では長男は、となる。こちらは私が頑張った。教え子の母親の紹介で通勤途中の知人宅でお世話になることにする。毎朝、妻は長女を連れてバスで勤務校へ。私は、小さな保育カゴに長男をのせて車を走らせ、知人にカゴごと預けて学校へと急いだ。帰りには迎えだ。

ある日会議が長引き、子どもを引きとる時間が過ぎてしまった。中座し大慌てで運転していると妙なライトにかこまれた。気がつけば四台の白バイ。緊急停車を命じられ、「三〇キロ以上オーバーの暴走」と宣告を受けて赤キップを切られた。なんたるめぐり合せか、勤務を終えた白バイが集結している眼前を「暴走」した結果だった。

「この、間抜けが」と己に腹が立つ。それでも「お迎え」が待っている。やりきれない想いにさいなまれながらハンドルを握り、送迎の役目を終える。後日、裁判所に呼び出され、「免停一カ月」の処分に罰金一万五千円を支払う。月給の半分近くが吹っ飛んだ。

やがて長男がハイハイできるようになり、狭い借間がいっそう狭く感じられてきた。たまたま田園都市線江田駅近くのマンションが目にとまり、ドライブかたがた見学することにした。目的の建物を案内されているうちに気持ちが大きくなり、「買おう」と妻共々意気投合したが、蓄えはゼロ。

乗り気になった妻は「私が親友のHさんから借りる」という。それではと「金井さんにも頼むか」で借金を申し込んだ。金井さんは二つ返事で応じてくれる。おかげで手続き完了してめでたく入居する。引っ越しも金井さんが仕事用の大きなトラックで家財すべてを運んでくれた。もう、金井様さまだ。口数の少ない彼は、われわれのとんだ素っ頓狂夫婦ぶりに、心中あきれていたにちがいない。

長女２歳の誕生日を祝って（長男は４カ月、鶴見区のアパートにて、1969 年 11 月）

武蔵校退職を記念して家族旅行（摩周湖畔、1981 年 7 月）

新しい住まいはニュータウンの境界外に建築された八階建の高層建物だった。南側のベランダに出ると低い丘陵にはさまれた早渕川の谷間が一望できる。高台の森、斜面の畑、低地の水田地帯が遠くまでのびていた。

すべて港北ニュータウン建設により消し去られる運命にあるのだが、それは少し先のことで、しばらくはこの田園風景を満喫できる。妻は金井さんの母校だった谷本中学校に転勤し、二人の子どもも学校近くの私立保育園に入所が決まりひと安心する。

それに電話と風呂が家にある。借間時代は近くの銭湯で妻と時差入浴だった。先発の彼女が二人の子どもを洗い終わるのを見計らって後発の私が受け取り、連れ帰った。そんな苦労も解消する。月給の倍もするカラーテレビを武蔵校ＯＢの電気屋さんから月賦で購入。借金だらけだが、とにもかくにも「三種の神器」のそろった文化生活が始まったのである。

新居暮らしになり、私は電車通勤、妻は車で子どもを保育園に送ってから出勤となる。田園都市線はいつも満員。もみくちゃになりながら二子玉川園駅（現・二子玉川駅）で下車してバスで武蔵校へ。駅前のバス停には生徒が長い列をなして待っている。バスが着くと列関係なしにわれ先にと車内に雪崩れ込むので、他の乗客が困惑してたびたび学校へ「なんとかしてほしい」の苦情を寄せていた。

私は乗客の一人である前に当該校の教師である。乱れた状態を見過ごすことはできず、注意するも効き目はない。やがては怒鳴る！　だが効果は一時だった。これで神経をすり減らし、始業前からヘタル。勇をふるっての授業も冴えない日がしばらくはつづいた。

だが、帰宅して窓の外を眺めると「ほっ」とした気持ちになる。静まる故郷の一員に戻るのだ。休日には四人で田圃や畑の脇の細道を歩く。長女は草花を手にして喜び、長男はザリガニなどに興味津々。ふと気がつくと、あの「鶴見ぜんそく」の症状が影を潜めている。妻も通勤が楽になり、機嫌がいい。

私は、道端に石像が置かれているのを見つけては、この地域の歴史の厚みに心が揺さぶられる。マンション近くの荏田小学校は木造のままだったが、すでに廃校が決まっていた。ニュータウンができるのに合わせて近くに鉄筋の校舎が建つという話は、移転時に不動産会社から聞かされていたものの、実物を見るとやはり寂しい。

和島先生逝く

私たち一家が港北地域の里人となる直前だったと思う。港北ニュータウンの埋蔵文化財調査団が結成され、本格的な発掘調査が始まった。調査団の本部は港北区折本町の大きな農家を借り受けて開設し、調査事業のみならず、多くの住民や学校と結んで地域の歴史学習の拠点としての役割を果たすことになる。称して「折本大学」だ。

このようなスタイルは、和島先生が手をつけた考古学的地域史研究を継承するもので、同時にそれを広め深めようとする構えとうかがって期待感を抱く。そうしたおりだった。突然、先生が病をえて入院したとの報に接した。がく然となり、一刻も早く詳しいことを知りたいと折本大学に駆けつけた。國學院大学を卒業して調査団の専任となった坂本彰さんが出てきて、「はっきりしたことはわからないが、入院して手術を受けられたようだ」と教えてくれた。

先生は若いときに肺結核を患い闘病生活を送っている。ひょっとするとその再発かなと想像するも、詳細不明で心配する。しばらく後に甘粕さんに会った際に聞かされた。どうやら内臓の病気らしく、かなりたいへんな手術だったようだと。そして、先生がいま抱え込んでいる原稿の口述筆記をしてほしい、と頼まれた。

一九七一年の三が日過ぎに甘粕さんと岡山大学宿舎に先生を訪ねる。先生は自宅療養中で、炬燵の上に山と積まれた年賀状に目を通していた。見たかぎりでは比較的元気そうで少し安心する。甘粕さんが「集英社の件は田中君が手伝いますので」と伝えると、「ああ、そう」とあまり乗り気ではない様子。自分で書く心づもりかなと察した。その後、話は学術会議に再出馬するかどうかに移ったが、先生はこちらもやる気のようで、甘粕さんはそれ以上深入りせず、雑談して終わりになる。その夜、甘粕さんは近藤義郎さん宅に泊り、私は先生の家に厄介になった。

翌日は、甘粕さんが近藤さんと一緒にやって来て、考古学界の動向や学問研究の現状について意見交換しながら、暗に先生に対して療養に専念するよう勧めたが、効果はなさそうだった。帰りの新幹線内で甘粕さんから「先生の病気（膵臓癌）は相当深刻だから代筆を頼む」と念を押され、編集者と一度会って今後の進め方を相談するよう指示された。

直後に集英社に参上して編集者と打ち合わせする。問題は進捗状況だが、社専用の二百字詰め原稿用紙十枚ほど書かれてはいたものの、全体的には未着手に近い状態とわかり唖然とする。加えて写真やコラム欄などは他の研究者に依頼しており、これらとの折り合いをどうつけるのか見当もつかず、暗澹たる気持ちになった。企画そのものは集英社の記念事業だったので刊行期日に間に合わせることが至上命令である。

六月になって学術会議の総会出席のため先生が上京するというので、この機に執筆内容を詰めようと決意して待つ。だが、先生は会議中に倒れ、それでも座席に伏したままの状態で議事進行に参加し、会議終了直後に中野区江古田の自宅に帰って床についてしまった。

武井君と連れ立って訪問すると、先生は次男の実さんの家族や甘粕さんらに見守られながらつらそうに息をしている。とても原稿の話をもちだせる状態ではなかった。それから数日後、やや元気を回復したところで岡山に帰り、即入院加療生活に入り、執筆活動など望むべくもない事態に行き着いた。

そこで甘粕さんや編集者とも相談して、武井君に口述筆記を頼むことにする。八月、彼は先生のベッド脇に座り、約二十日間先生から聞き取り、記録の作業をつづけた。武井君の話では、先生から話を聞くと、研究室へ行って話の内容の考古学的事実の裏付けになる報告書を探しだし、夕食の後に文章にまとめた。ハードな作業だったという。しかし、努力空しく未了に終わる。一休みして後日を期したが、結局、これが最後の草稿になってしまった。

九月になって病状が日ごとに悪化し、考古学研究室の助手を務める春成秀爾さんからは「早く来て話を聞かないと間に合わなくなる」と電話が入る。心は急ぐも授業をサボルわけにもいかず、ようやく十月はじめの学園祭の期間を利用して休暇をとり、武井君と二人で岡山大病院に駆けつけた。

先生はすっかり痩せ細り、看護婦さんから体を拭いてもらいながら、「和島先生の干物を見てくれ」と自虐的な言葉で、どうにもならなくなってきたわが身に対する無念の想いを吐露する。こんな姿の先生を間近に見るのはつらいし、なんとも忍びない。二人で目を合わせながらゆっくり話を聞く。声が小さくてあまり聞きとれない。

それでも先生の必死の語りを一言も漏らしてはならじと懸命に聞き耳を立てる。私が聞き役で武井君が記録し、作業を小一時間くらい進めた。と、先生の呼吸が怪しくなる。危篤状態に陥ったのだ。慌てて看護婦さんを呼びに走る。だが、看護婦さんは落ち着き払い、「難しい病気だからねえ」といいながら酸素吸入の措置をしてくれた。

こうなるともう口述筆記どころの話ではない。すぐ二人で手分けして関係者に連絡をとる。ご家族、岡山大関係者が急ぎ来院する。私は岡本さんと甘粕さんに緊急電話を入れ、状況を伝えた。翌日午後に両氏や小宮君らが病室に飛び込んできた。

岡本さんは、少し安定してきた先生を覗き込んで、「先生、早く治してくださいよ」と懇願するように話しかける。先生はか細い声で「そんなに早くは治らないんだ」と答えた。甘粕さんは「先生、好物の『梅鉢』買って来ましたよ」と伝える。先生はちょっと笑顔になったように見えた。

つぎの日もこうした重篤状態がつづく。岡本、甘粕のご両人は近藤さんらと打ち合わせ、待機して様子を見ようということになり、私たちはいったん引き揚げて自宅へ戻る。いずれにしても原稿をどうのこうのといった段階ではない。十月中頃には、見舞いに訪れた三枝朝四郎さんらに先生はことづけたという。「若い人にもっと勉強するよう伝えてください」と。これが遺言になった。そして、この月の二十九日、先生はこの世を後にしたのである。享年六十一歳。もっと生きられただろうし、なによりも生きていてほしかった。

十一月初めに岡山大学で追悼式が行われ、出席した。近藤さんが先生の経歴、研究、そして闘病経過を報告し、終わりに岡山大コーラス部が「母なる故郷」を合唱した。先生の大好きだった歌が葬送の曲となった。涙が出て止まらなかった。あの市ヶ尾遺跡群の調査のとき、緑いっぱいの遺跡群のなかを忙しく駆けまわる姿、土煙の巻き上がる三殿台遺跡での陣頭指揮などなどつきない想いがいっきょに溢れでる。人としての中身が途轍もなく強靱でかぎりなく柔和な先生だった。

十一月十五日には東京の岩波ホールで「和島先生を偲ぶ会」が開かれた。石母田正先生が追悼の辞を述べ、歴史学の一分野としての考古学を追い求め、文化財保護に一時代を画する働きを高く評価して葬送の言葉にしている。杉原荘介先生ら多くの学友、薫陶を受けた諸氏が参加し、会場を埋めつくした。

宿題となった集英社の原稿は、武井君と相談しながら先生の著作に忠実に従って完成させた。「できたら佐原君にぜひ見てもらってくれ」といわれていたので、某日、佐原さんにお願いして横浜のわが家に来ていただいた。佐原さんは一晩泊まりで草稿に目を通し、一、二の修正箇所の存在を指摘したが、全体としては「和島先生の直筆といってもいいぐらいのできだ」と褒められて安堵する。本は一九七四年に無事刊行された。*12

和島先生が逝去して十年後に岡山大学考古学研究室を訪ねる機会があった。応対した近藤さんから整備なった考古学陳列室の案内を受けながら実現に至る苦労話を聞く。部屋の外には先生が特注で製作させたというスウェーデン製の長大なボーリングパイプが置かれていた。海進・海退研究以来、遺跡立地の探索にかけていた先生の志に触れてほろっとさせられる。

足かけ五年の短い赴任期間であった。着任早々に津島遺跡破壊問題に遭遇し、全力投球で保全活動を展開した。旭川沖積地に営まれた広大な集落遺跡の意義を明らかにするうえで立地論の組み立ては重要な意味をもつ。沖積化の様子をこのボーリングパイプを使って解き明かそうと考えていたにちがいない。

一方、大学内部では学園闘争の渦に巻き込まれる。研究室に閉じ込められ、窓から雨樋を伝って出たと洩らしていた。落ち着いて本来の教育と研究に勤しむことはほとんどなかったのだろう。過酷な環境が寿命を縮めたのかもしれないとときどき思う。

4

焦点は大塚・歳勝土遺跡

憂苦を越えて

「折本大学」は一九七二年度から港北ニュータウン計画地の中心部、港北区中川町に移転した。綱島街道脇に大きな二階建てプレハブの屋舎がドンと建ち、いよいよ開発計画と正面からむき合う本格的な遺跡調査が始まった。

これまでにニュータウン全域では私たちが四年間に手弁当のフィールド調査によって存在を明らかにした遺跡、さらに七〇年度から調査団の地域総あたりの分布調査で確認された遺跡が全部で約五百カ所に達し、そのなかで住宅公団の造成区には約二百七十カ所の存在が判明していた。

これらの遺跡を群としてとらえ、その広がりを一定のエリアとして保存することが、考古学的な地域研究にとって絶対に必要である。同時に自然環境保全の面からも大きな意義がある。調査団はこうした観点に立ち、「どうあっても保存が必要な遺跡」三十カ所、「エリアとして保全すべきところ」五区、その他は「ケース・バイ・ケース」の取り扱いを提案して住宅公団と交渉していた。

私たちとしては、この案でも六割以上の遺跡が消滅することになるので、内心は不満であった。しかし、この期に至ってニュータウン建設を全面的に拒否するわけにはいかない。四割の遺跡が保護されれば、多摩ニュータウンの場合よりは半歩程度は前進と受け止めておさめる以外ない、としていた。

ところが、公表されたニュータウンのマスタープランでは、九割以上の遺跡が破壊されることになっていた。念入りに調べると、確実に残るのは十遺跡程度であり、それらも偶然、公園地内に存在していたことから消去をまぬがれたに過ぎない。これでは数多くの遺跡はほぼ壊滅状態になる。

それは同時に、自然環境が全面的に改変されることを意味している。都市建設の基本方針に謳った「緑の自然環境を最大限に保存するまちづくり」、「〝ふるさと〟をしのばせるまちづくり」はいったいどうなったのだ、と憤懣やるかたない。

こうして、二度、三度と括弧つき「革新市政」への期待が打ち砕かれる。幻想を抱いてきたことへのしっぺ返しとはいえ、無念さは募り、失望感にさいなまれるわが身が恨めしい。残された道は、文化財、自然、地域を守る運動を起こして対決する以外にない。

この無残なプランの提示を受けて調査団長の岡本勇さんは、あらためて「各遺跡の実態をきちんと把握し、遺跡の相互関係、遺跡の群としてのあり方」を徹底的に追究して、領域としての遺跡群把握とその面的保存を実現させるために、調査団打って一丸となって努力することを鮮明にした。

これは、和島先生が進めていた市民と共に進める考古学的地域研究の継承発展を再度宣言したものである。私も文全協第四回東京大会（一九七三年五月）で「港北ニュータウン建設と文化遺産・自然の保存問題」と題して報告を行っている。闘いが始まろうとしていた。

せまる大開発を前に港北の山野は静まっていた。今日も学務で遅くなる妻に代わって夕食の準備に勤しむ。手を休めて窓の外に目をやると、夕暮れ近い早渕川左岸丘陵の森がふわりとした薄緑色に映えていた。この風景がどう変わるのか見当がつかない。

ふと脳裏をかすめるのは、やはり和島先生の一言である。先生は、日本考古学協会埋蔵文化財保護対策特別委員会の初代委員長として、『埋蔵文化財白書』（学生社、一九七一年）の編集を主導した。

その『白書』の「あとがき」で「文化財の破壊問題が存在する限り、われわれは、それを告発することを止めるわけにはいかない」と記している。出来たての『白書』のゲラ刷りが、臨終直前に先生の許へ届けられた。編集委員の久保哲三さんが「どうしても先生の目に」と懸命に走りまわって実現したことだった。久保さんからは「先生は満足そうだった」と後で聞かされた。「そうだ、『告発を止めるわけにはいかない』のだ」とわれに帰る。

調査は、造成の対象となっていた数カ所の遺跡の発掘から始められたが、調査員に怪我人が出て遠出できない事態が発生した。そこで、事務所背後にある大塚遺跡にむかう途中の坂道に縄文時代中期の竪穴住居址の断面が露出していたので、それを掘ることになった。

四月から始まった調査は、七月に入って重要な事実を突きとめた。先に述べたように朝光寺原遺跡で多くの方形周溝墓を数基発見したのだ。弥生時代中期末の宮ノ台式土器をともなう方形周溝墓に遭遇したが、いつ頃のものかははっきりせず、それまでの事例から弥生時代終わり頃の墓と推定していた。

しかし、今回は周溝墓に宮ノ台式土器が共伴することを確認し、その所属時期を明白にしたのである。やはりそうか、弥生時代中期末頃から方形周溝墓が群集して営まれていたのか、と唸らされる。宮ノ台期に方形周溝墓が単独で造られているケースは、宮ノ原貝塚でつかんでいたし、ほかにも二、三の例があった。しかし、群集する事例は今回が初見である。ビッグニュースがもちあがったのだ。遺跡は小字名をとって歳勝土《さいかちど》遺跡とされた。

歳勝土遺跡の北隣りには先の大塚遺跡がある。ちょうど夏休みの部活で調査する遺跡を模索していた武蔵校歴研部は、岡本団長のはからいで大塚遺跡を発掘することになった。宿舎は調査団事務所の二階を借りうける。何しろ大きな畳の部屋がいくつもあり、台所設備などの整った建物だから合宿にはうってつけだった。

七月下旬から八月上旬にかけて二週間にわたって東の部分にトレンチを入れ、四棟の弥生時代住居址を掘りあてた。これらは、いずれも宮ノ台期に属する住居であることがわかった。歳勝土遺跡の方形周溝墓群との関係がにわかに注目されるところとなる。そして、両遺跡の密接な関係は調査が進むに従っていよいよはっきりしてきた。

引き続いて、大塚遺跡では、武井君らが後輩の発掘の後始末をしながら、丘陵西縁に大きなV字溝があることをつかんだ。弥生時代中期の集落構造に関し、いまだ知られていなかった貴重な事実が積み重なり、「これはただならぬことになりそう」の予感に包まれる。

私は、部活の発掘をすませてひっそりのわが家に戻る。妻と子どもたちは三人目の子どもの誕生に備えて五月中頃から山口の実家に帰省していた。三人目は六月初めに生まれた。女の子だった。少し難産だったらしいが、無事出産との報に安堵した。写真ではくりくりした目が印象的だった。義父母は壮健で、孫の面倒をよく見てくれ、妻も久しぶりの田舎暮らしでのんびりできた様子にこちらもひと安心。

名前は、新聞などを賑わした「明日香」保存にちなみ「あすか」としたかったが、先例があるというのであきらめる。そして一歩譲り「奈良の都」の一字「奈」と人のつながりの大切さを思って「緒」を加え「奈緒」とした。妻も納得、満足の名づけである。松下奈緒、小平奈緒も生まれる前のこと、少々自慢の選択だった。

発掘を終え、急ぎ新幹線と在来山陽線を乗り継いで、山口の里を訪れる。大阪からは寝台

方形周溝墓がならぶ発掘調査時の歳勝土遺跡（1973 年）

列車になる。車中眠れないままにニュータウンの遺跡群のことを考える。とくにいま発掘中の大塚・歳勝土遺跡が、あのまま破壊されることはとうてい許されないことだ。何とかしなければと考え込む。名案は思い浮かばない。また保存運動かと重い結論に行き着くうちに眠り込んだ。明けて山口の家に着き、奈緒と初対面。元気に生まれて来てくれて、言うことなし。ただただ「よろしく頼むからね」と語りかけてみる。

しかし、この子には乳児期からたいへんな試練を与えることになる。出産前から妻は手をつくして乳児の預かり先を探していた。ひそかに期待していた上の二人が通う保育園でも、生後半年以内は預かれない、とかたくなに断られる。

考えあぐねた末に出した結論は「半年間、田中の実家で育ててもらうしかない」だった。母は戦中、戦後に六人の子を育てあげている。その後も近くの中学校（私の母校）に勤める女性教師から乳幼児を預かった経験が何度かあり、当人心身ともに達者で、乳児養育そのものに不安はなかった。

しかし、スキンシップが生長の鍵となる時期だ。肉親の温かい愛情あってこそだと思うと内心穏やかでない。妻ともども思案を重ねたうえの苦渋の決断だった。冷静になって考えても、これ以外の良策は思いつかなかった。妻にとっては耐えがたい選択となり、その心中を察するにあまりある。

夏休みが終わりに近づき、いよいよしばしの別れのときがきた。妻は奈緒を抱き、何度も何度も小さな頭をなでながら、無言の別れを告げる。私ものぞき込んで「すぐ迎えに来るからね」とささやいた。母は「大丈夫だよ。心配しないでいい、しっかり育てるから」と励ます。二人の子どもは「奈緒ちゃん、バイバイ」と手をふりながら歩きだすが、さすがに別れのつらさが伝わったのか声は小さい。

　後ろ髪を引かれる想いを断って車中の人となり、山陰線・東海道線経由で横浜にむかう。寝台列車「第二出雲」だった。妻は口数も少なく、憔悴したようにぼんやりしている。残してきた奈緒を思いながら悲しみとつらさに耐えているふうだった。彼女の苦悩の半分でも肩代わりしなければと思いつつも不器用で何もできない。寝台の席にもたれ、夜行列車が立てるガタゴトという走行音、ときどき響く「ピィー」という鋭い汽笛に心をまかせながら苦衷の旅を終えた。

　秋になり、わが家では遠くにいる奈緒のことに想いを馳せる日々がつづいた。定期的に、益田の母から「奈緒ちゃんは元気だから」の連絡を受けて、心を鎮める。もう少しの辛抱だと、家族みんなが言わず語らずの毎日である。

　丘のむこうで視界に収めることはできないが、住まいの二キロ南にある大塚・歳勝土遺跡では発掘調査が精力的に進められ、つぎつぎに新たな成果が出ていた。遺跡の意義と重要性は争う余地のないところまで判明し、わが身を揺さぶる。なんとしても残さねばならない。だが、どこから切りだすかと思案しながら、港北地域を対象にした運動団体をつくる覚悟決めた。あれこれと考えに考えた挙句の結論である。時間もかかった。

振り返ると、一九七三年五月、甘粕さんの推薦で日本考古学協会埋蔵文化財保護対策委員会に加わり、以後活動の幅を広げる。また同月に開かれた文全協第四回東京大会において「港北ニュータウン建設と文化遺産・自然の保存問題」の報告を行い、保存活動のピッチをあげてきた。そして、いよいよ正念場を迎えることになったのである。

勤務校では、相変わらずのつらさと厳しさにむき合わされ、いささかの油断もできない毎日。それでも少数組合の悲哀をかこちながら連日ニュースを出し、「煙突闘争」（画用紙を煙突のように丸め、表面に要求事項を書いて机の上に立てる）などという新奇な手法も使って、働きがいのある民主的職場づくりにはげんだ。

そこにきて幸運が訪れる。経営側との難儀な交渉の結果、金井さんが一九七二年度から講師に採用され、七三年度からは専任として勤めることになった。加えて歴研部ＯＢの須貝千里君も大学を終え、国語科の講師に採用されたのだ。飛び切りの出来事が重なり、明るい光が差し込む。いうなれば「百万の援軍来たれり」でわれわれは活気づく。

さらには特筆ものといえる事態が到来した。「武蔵工大付属中・高校教職員労働組合」（武蔵校教労組）が結成されたのだ。われわれは単一労組武蔵分会を解散して新労組に結集することにする。非組合員だった教師や第二組合を脱退して新組合に参加する教師もあり、職場の過半数が一つの組合にまとまることができたのである。

ここに至るには、職場内の人間関係のありよう、結成後の見通し、外部の動向を熟慮し、論議を重ねつくした。最終的には、教師の幅広い民主的なまとまりなくして「良い教育」は実現しない、との意見が全体を制した。清水の舞台から飛び降りるほどの選択である。[*13]

ところで、わが家の春望はどうなったか。時来たれり、待ちに待った春休みになる。妻はすべてを差しおいて奈緒の迎えに飛びだした。そして、二日後に飛行機で帰ってきた。私は二人の子どもを連れて車で羽田まで出むき、帰還を待ち受けた。ターミナルから出てくる妻に抱っこされた奈緒を発見すると、子どもたちは車から飛びでて歓喜の声を上げる。「お帰り」だ。

全員が車におさまった。私は、万感込めて「ご苦労さん」と妻をねぎらう。暖かい日差しを受けながら第一京浜、中原街道、二四六号とゆっくり走ってわが家に着く。畳の部屋に寝かされた奈緒のまわりをみんなでかこみ、無心で歓迎の想いを伝えているうちに長くなった陽も暮れかかる。外では早渕川の春が一家を静かに寿いでくれているかのようだった。

年度明けからは、三人とも同じ保育園通いになる。送り迎えの苦労は変わらないが、負担感は軽くなる。妻はとくにそうだった。一方、奈緒の去った益田ではまた父母二人が寂しい暮らしに戻る。父の衰え（出征して広島に滞在し、間接被爆で発病、後遺症に苦しんでいた）が気にはなるものの、直ちに入院というような状態ではない。山口の義父母も二人きりの日々だが、こちらは地域の世話などに忙しく立ちまわっていて当座の心配はない。何にしても、一族がそろってそこそこ健康に生活できていることが肉親それぞれの大きな支えになっていることを痛感しつつ、目前の課題に挑みつづけた。

「港北」の文化遺産と自然を守る会

大塚・歳勝土遺跡の調査が進むのを横目にしながら、保存運動をどう組み立てたらいいのか自問自答する。とても独りでは考えきれない。ここはまず稲荷前古墳群の保存運動仲間の金井さんたちと相談することにする。

私が思案していたことは、港北ニュータウン問題に対して批判の声を上げている団体との共同関係の組み立て方であった。すでに「横浜の緑と文化財を守る会」がニュータウン計画に対して告発活動を始めており、「小規模宅地所有者の会」や「農専問題研究会」なども批判的な論陣を張り、運動を進めている。市民運動として、これらの団体とのあいだで文化財保存運動としての独自性と連携をどのように打ちだしていくのか、集まった仲間の鳩首会談が重ねられた。まとまったのは、およそつぎのような考え方だった。

いまニュータウンが建設されようとする港北地域は、大自然の懐のなかで紡がれてきた歴史の歩みがあり、水と緑がほどよく保たれている。大開発時代を迎えた現在においては、とりわけてかけがえのない貴重な自然的歴史的遺産というべきであり、大事に保全されなければばならない。

都市化に席巻されつつある横浜北部地域の地域的特色と意義を明らかにし、その保全を求めていくことが必要である、ということで意見が一致した。新保存会の名称は「『港北』の文化遺産と自然を守る会」とする。鶴見川の中・上流地域に込めた私たち考古学研究者の想いと金井さんらの故郷に寄せる感慨が融け合った結果だった。

だが、一エリアの自然を保全し、そこに眠る遺跡群の保存を目指しての活動である。直前まで頑張った稲荷前古墳群の保存運動に学び、継承することは当然ながら、それよりもひとまわり広い範囲を、遺跡も自然も丸ごと守ることを掲げたのだ。

それだけに準備には時間をかけ、慎重に進めた。取っかかりは組織の骨格づくりであった。活動の柱は目前にある地域の丘や森、横たわる歴史をむげに破壊させないことだ。この仕事は、住民の自治意識を高める運動ともつながっていく。とすれば、保存会の顔ともいえる会長に誰を据えるか、ここから検討が始まった。

できるならば港北地域に在住し、かつネームバリューのある人を求めることにして人選を急ぐ。武井君の紹介で、立教大学助教授の藤木久志先生にお願いした。先生は戦国時代研究の権威として知られ、港北区日吉町に住んでいた。さっそく参上、引き受けていただき、歓声を上げる。また、稲荷前古墳群の運動でお世話になった歴教協の石山久男さんにも引きつづき協力をお願いした。運動の中核を担う事務局は金井さんを長に、先生ほやほやの武蔵歴研ＯＢの須貝君と彼の大学時代の学友、大倉山校社研ＯＢの大沢真知さんたちが局員になってくれる。須貝君の学友のＳ君は、自宅がニュータウン計画地内にあり、農業を営んでいた。彼からのニュータウンの造成計画や進捗状況に関する情報、地域住民としての運動への提言は貴重だった。こうして保存会立ち上げの準備は一歩一歩進む。

保存会結成にむけた取り組みと同時に、大塚・歳勝土遺跡の完全保存の世論を呼び起こし、関連して考古学を軸とした地域史の学習運動を盛り上げることが当面する大きな課題となる。

準備グループは、まず手はじめに大塚・歳勝土遺跡と中世茅ヶ崎城跡の見学会を開いた。二月末の日曜日、まだ寒さの残る頃にもかかわらず集合場所の江田駅前には百三十人の見学者が集合、バスで調査団事務所へ。岡本調査団長の歓迎の挨拶、調査員の小宮君から見学上の注意を受けて歳勝土遺跡に登る。見学者は、累々と広がる方形周溝墓群を見て異口同音に驚きの声を上げた。

大塚遺跡は、調査があまり進んではいないが、広い平坦部全体が集落跡だとの説明を神妙に聞いた。その後に事務所内の遺物収蔵庫では、ずらりと並ぶ土器や石器を見て、調査員のていねいな説明に感動しながら一時を過ごした。

午後のメイン見学地は中世城郭の茅ヶ崎城跡。早渕川を臨む台地に建物の輪郭がよく残されている。専門の研究者の話を聞きながら、二千年前の大塚・歳勝土遺跡、千年前の城跡が指呼のあいだに残る歴史的風景をしっかりと脳裏に収める。すべてが終了し、城跡で集会を開き、「見学会アピール」を横浜市長に送ることを決めた。大塚・歳勝土遺跡、茅ヶ崎城跡を自然景観と一体で残してほしい、と。

一九七三年四月二十二日、いよいよ設立総会を迎える。会場は日吉の箕輪町会館。藤木久志先生が準備会を代表して挨拶に立たれ、自然と歴史遺産を大切に保存することは、人間生存の基本的要件であることを強調し、この要件を大きく損なうニュータウン計画を厳しく批判。そして、地域保全・文化財保存の運動を広げていく決意を披露した。

つづいて金井さんが保存会設立の趣旨と準備状況を説明、会則を決め、役員を選んだ。代表は藤木先生、事務局長には金井さん、事務局員として須貝君らが承認される。ここに「『港北』の文化遺産と自然を守る会」（「港北」の守る会）が正式に誕生した。

さらに岡本さんが記念講演。港北地域の考古学的意義について熱く語り、無謀な開発は許されない、と力を込めて訴えた。終了後に『石器時代の村』を上映する。

谷本中学校の教師Iさんは、稲荷前古墳群以来の仲間であるが、この結成大会に生徒数人と参加し、あらためて会員登録した。一緒にやって来た生徒が五百円払って入会したのには驚いたと感想を語る。

地元日吉地区の「ひまわり文庫」会員（若いお母さん方）も多数参加して会を盛り上げる。事前に、この文庫の町内散策会開催を準備会がお手伝いし、慶応大学付近の遺跡を案内したのが好評でこの日の参加につながったようである。私たちはこんな町に住んでいるのだという感動の連鎖反応である。

曙光があらわれる。われわれの設立総会直前に「港北ニュータウンの緑と文化財を守る連絡協議会」が結成され、さらに神奈川県歴史教育者協議会（神奈川県歴教協）が定期総会において『港北』の文化遺産と自然を守ろう」のアピールを採択した。

こんな動きも出てきた。東京都が進行中の多摩ニュータウン建設計画について手直しを発表した。当初の収容人口を四十一万人から三十五万人に削減し、一人あたりの公園緑地面積を七平方メートルから一〇平方メートルに拡大する、というのである。おりから高度成長の負の遺産ともいえる公害が各地で発生してくる。

これに抗して人命と人権尊重の立場から環境権の主張が活発になり、「緑は公共の財産」とする考え方が広がりを見せるようになった。東京都の「東京における自然の保護と回復に関する条例」（一九七四年）、川崎市の「緑の憲法」制定運動などは、このような動きを背景とするもので、巨大な過密都市づくりの港北ニュータウン計画推進に対する警鐘とも受けとれる。

しかし、丘陵を削って谷を埋めることにより広大な住宅地を建設するニュータウンの工法では、「緑」はおろか地域そのものが根こそぎ消滅させられる。「港北」の守る会としては、地域が自然と人の共生、人同士の共同の塊であり、その保全と継承なしに土地住民のくらしの保障や将来を見通せるまちづくりは実現不可能と主張した。

保存運動が世間に見える形で進んでいくと、そうした考え方に賛同して協力し合える団体がつぎつぎにあらわれてくる。なかでも日本科学者会議と連携ができたことは、運動の幅を広げることに役立っただけでなく、ニュータウン構想の根本的な問題点の洗い出し、構想全体のなかで遺跡を保存することの重要性を明らかにするうえで大きな意義があった。

さらには、神奈川県歴教協と文全協が組織をあげて、日本科学者会議と共同してニュータウン問題に取り組んでくれることになる。小規模宅地所有者の会、農専地区に反対する農民の発言、さては学校や保育所の増設運動に至るまで、さまざまな要求運動が公然と立ちあわれて、行政当局とむき合う形勢になった。この頃港北ニュータウン域の外でも「菊名貝塚を守る会」、「親横浜駅南再開発に反対する会」などが活動を展開した。

「港北」の守る会は、これらの団体とも連絡をとり合いながら、何よりも実態を、現実を見て考えてほしいと訴え、何度も講演会、見学会を開催し、ニュータウン構想そのものの見直しをせまる。影響は首都圏全域に広がりはじめた。

こんなこともあった。埼玉県蕨市のある中学校が修学旅行に備えて「文化財から学ぶ」をテーマにした事前学習会を開くことになり、その講師派遣を「港北」の守る会に求めてきた。応じて金井事務局長と須貝君が出かける。講演では、文化財保存の大切さを語り、映画『月の輪古墳』を上映して歴史を探究することの意義を伝えた。

また、神奈川県立工業高校が課外活動の一環として「遺跡めぐり」を計画し、その進め方について相談がもちかけられる。あるいは、横浜市内の女性を中心とした教育懇談会から遺跡見学の案内をしてほしいとの申し入れがあったり、たまプラーザ団地自治会からも遺跡見学を兼ねた「歩け歩け大会」開催の協力要請がくる。もちろん、いずれも大歓迎して対応した。さらには茌田地区のある自治会がニュータウン地内の自然と住環境の保全に努めるよう、市長宛てに要望書を提出したことも忘れられない。

一九七六年三月三十一日の『毎日新聞』は、「遺跡群はどうなる」の見出しで「港北」の守る会の活動を紹介しながら、革新市政下におけるニュータウン開発の問題点を指摘する記事を掲載した。そこには「山を削り、谷を埋め、コンクリートで固める」都市づくりへの疑問が率直に述べられている。マスコミも黙視できない運動になってきた。

最優先、大塚・歳勝土遺跡の保存問題

一九七四年、保存運動は山場をむかえる。私は、月一回の日本考古学協会埋蔵文化財保護対策委員会において、全国から寄せられる遺跡問題への対処で忙しく、職場では中学生の担任を命じられ手が抜けない。長女は小学校に入学し、放課後は学童保育になる。こちらも制度化のための署名や陳情運動に参加する。息つく暇がないほどだ。

港北ニュータウンでは、調査団がフル回転の調査を進めるなか、大塚・歳勝土遺跡の保存

問題が当面の焦点である。歳勝土遺跡の方形周溝墓は十七基に達し、さらに南側に墓域がのびることが判明。また、周溝墓群の北西で見つかった弥生時代後期の朝光寺原式土器をともなう集落址も一家族集団の居住遺跡とわかり、周溝墓群と一体の保存を求めることになった。調査団は市教委に取り扱いの再検討を要請。それを受けて文化財審議会が現地視察し、二月はじめに委員立会いのもとで公開見学会が行われ、遺跡の取り壊しは先送りされた。

一方、大塚遺跡では、歳勝土遺跡の状況をふまえながら、急ぎ態勢を整えて全容の解明を目指した調査が始まった。弥生時代中期の集落と墓地をセットで捉えることが可能だとの課題意識に立ち、全域をくまなく調べあげるという意欲的な挑戦である。

調査員には、小宮君や武井君らを中核に遺跡群研究の実働部隊の面々が選ばれた。そして一年後には、丘陵平坦部に楕円形にめぐらされた壕、その内側に約百個程度の竪穴住居址が存在することを突きとめた。弥生時代の環壕集落と墓地がほぼ丸ごと掘りだされたのは全国でも初めてである。誰が見ても、残して後世に伝えるべき遺跡と胸を張って言る。だが、ここはきちんとした学問的裏づけが必要だった。

調査団は、大塚遺跡が、弥生時代中期末（宮ノ台期）の環壕集落であり、ほぼ完全な形で残されていることを突きとめた。また、近接する歳勝土遺跡の方形周溝墓群との同時性も立証されたのである。関係者は色めき立った。調査団は、その後、さらに綿密な調査を続行、一棟一棟の建物のあり方を根気強く追求すること六年余、一九七八年度にようやく全調査が完了している。

さて、一九七四年の秋半ばだったと思う。ふと立ち寄った調査団事務所で岡本さんから話しかけられた。「来年度、岡山の考古学研究会大会で大塚・歳勝土遺跡について研究発表することになった。ついては報告を頼む」と。一瞬迷った。権威のある学会だから軽はずみなその場逃れの報告はできないし、大塚遺跡のおおよその様子はわかってきたとはいえ、詰めの調査は進行中であり、調査を進めている人たちの手前もある。

岡本さんからは「みんなで協力するから」と重ねて懇請され、「本当に自分でいいのか」の想いを引きずりながらも、引き受けることにした。直後に、岡本さんを中心として私、小宮恒雄、武井則道、坂本彰、山口隆夫の諸君で「南関東（神奈川県域）弥生時代集落研究会（仮称）」が発足する運びとなった。ただ、考古学研究会大会は四月開催だからゆっくりはできない。報告の素案づくりが急がれた。

まず、どこから手をつけたらいいか。関東地方からの報告となれば、大方の期待は弥生時代の集落構成についてであろう。ならば調査経験のある三殿台遺跡を出発点とするのが適当と決断して報告書を取り出し、入念に読み込むことから始めた。

とはいっても、ねらいの的は大塚・歳勝土遺跡がもつ意義、保存すべき理由を明快に示すことにある。弥生時代全期間にわたる集落構造とその移り変わりを追求するよりも弥生時代中期末（宮ノ台期）にしぼるのが得策と考えるに至った。

環壕集落の全体像があらわれた大塚遺跡(まだ豊かな自然が残っている。大塚遺跡の先、写真中央右あたり見学用に1基だけ表出した歳勝土遺跡の方形周溝墓が見える。遠くの集落のなかを早渕川が流れる、1975年)

そこで、最初に宮ノ台期の築造と判定された竪穴住居址をリストアップする。建物の平面形は、壁に膨らみのある長方形を呈し、だいたい主柱四本が基本形である。この平面形と出土した土器を頼りに選り分けていく。

しかし、すべての住居址から宮ノ台式土器が発見されているわけではない。しかも住居址同士で複雑に重なり合っている。この状態をていねいに整理して前後関係を固めながら住居址の時期を確定することになる。これがじつに手間のかかる仕事だ。苦闘の末に捉えた。どうやら確実に宮ノ台期に属する住居址が四十数棟、重複関係から同時期と考えられるものを含めると総数六十棟はあると判明した。

この作業を通じて住居址の重なり方には二つの様態があることに気がつく。住居の改築や新築に関連することと見るが、一つは建物を同心円状に拡張しているケース（連続的重複）である。主柱の位置を外側に少しずらしているので上屋全体を含めた模様替えが行われたと考えられる。屋根の葺き替えなどによる大がかりな改築工事だったのかもしれない。

もう一つは、廃棄された古い建物跡の一部もしくはほとんど全部を処理して新たに家屋をつくるケース（非連続的重複）である。この場合、旧家屋を解体するとともに新しい建物を再建したと判断できる例は見出されなかった。おそらく古い建物を取り壊した後に竪穴住居が埋まりきり、更地になったところを整地して新たに家屋を建てたのが通例だったのではないかと推定してみた。

考古学的手法で集落構成を明らかにする場合、一番難しいのはいわゆる「向こう三軒両隣り」の復元である。一ヘクタールの平坦地から約百五十棟にものぼる弥生時代建物跡が折り重なって掘りだされているのだ。

これらを住居の平面形と出土土器でおおまかに選別し、さらに「連続的重複」「非連続的重複」の基準を援用して、建物を古いものから新しいものへの順序に従って並び替えていく。ところが同じ宮ノ台式土器が発見された建物同士でも重なっている。同一型式の土器を使った人々が住み家の場所を変えながら数世代にわたって住みつづけていたと考えざるをえなくなる。

ここで和島先生の住居類焼説を援用することにした。先生は三殿台遺跡で、宮ノ台式土器が出土した竪穴住居址のなかで火事に遭って廃棄された例が数棟存在することに目をつけ、それらは大火災が発生して建物がつぎつぎに類焼した結果だと解釈した。つまり、「向こう三軒両隣り」の家々が火事でつぎつぎに焼け落ちたというのだ。火災の原因とか火元などはもちろんわからないし類焼かどうかも検討が必要であるが、仮説として類焼住居の分布を調べた。すると特大の建物（三〇六C号）を中心に十棟前後で円弧状の家並みを形成していたことが明らかになった。

類焼説に従えば、宮ノ台式土器をともなう住居址でも、火災以前に存在した建物と以後に建てられた家屋に分けられるし、さらに、火災期以前も二時期に小分けすることが可能になってくる。三殿台遺跡の住居址の前後関係について厳密な操作をつづけた結果、宮ノ台期をI期からIV期の小期（時間幅は不定）に区分することができそうだとの結論に達した。一型式と認定された土器群（この場合、宮ノ台式土器）も、その使用期間が三〜四世代にわたることを想定しえたのである。

南関東弥生時代集落研究会は一九七五年の一月から隔週の日曜日に開かれた。第一回目の会合だった。午前一〇時にセンターの二階一室に座長役の岡本さん以下、予定のメンバーが集まり、私の三殿台遺跡の分析結果について検討した。

小宮君、武井君は大塚遺跡を発掘中だから関心も高く、報告内容にも手厳しい指摘を繰り返す。岡本さんからは宮ノ台式土器の新古と集落の移り変わり具合がどう対応するのかと問われる。熱のこもった討論がつづいたが、三殿台遺跡の宮ノ台期集落全体を四つの時期に区分する、という案は大筋了解された。

つぎの作業は、この三殿台遺跡の分析からえた結果を朝光寺原遺跡にあてはめるとどうなるか、を調べることだ。この遺跡も宮ノ台期屈指の環壕集落である。住居址リストと全体図を頼りに、「連続的重複」「非連続的重複」の原理を応用して住居址一棟一棟を細かく調べ、宮ノ台期に属する四十五棟の建物群を三小期に細分することができると判断した。

この結論があたっているとすれば、朝光寺原においては、弥生時代の集落経営が三殿台より一世代程度遅れて始まることになる、との予感が湧いてくる。そして、もう一つ環壕の外にある方形周溝墓群は、大塚・歳勝土遺跡の関係に照らして、どうやら宮ノ台期の墓地ではないかと考えてよいように思われてきた。「よし！しめた」と小躍りする。

第二、第三回目の会では、三殿台、朝光寺原遺跡のように宮ノ台式土器の使用期中にあって複数の小家族的集団（世帯共同体）が数世代にわたり集住して集落を営んだ遺跡と、宮ノ原貝塚で確かめられた一～二小期間、一小家族集団が一～二世代に限って独自に集落経営を行った遺跡との二タイプが存在することを確認する。そして、前者が多数の方形周溝墓からなる墓地をともなうのに対して、後者では一基程度の方形周溝墓しか認められないこと、埋葬者は小家族集団の家長層ではないか、といったところまで論議を煮詰めた。

こうなると三殿台、朝光寺原遺跡のような大型の集落と宮ノ原貝塚などの小型の集落が、地域的にどのような共存関係を形づくっているのかが問題になる。そこで三殿台遺跡が立地している横浜南部の大岡川流域で宮ノ台式土器が発見されている遺跡の分布状態を調べ、さらに朝光寺原遺跡のある谷本川筋も洗ってみることにした。

地図を広げて見ると、大岡・谷本川流域では枝状に分かれた谷から小川が流れでて主流と合流している場所があちこちにあり、大型の集落遺跡は、この合流点近くの台地や丘陵裾の平坦部に位置している。それに対して、小型の集落はおおむね谷の中間から奥部に点在することがわかった。「これだ、これだ」と勢いづいた。

仕上げの研究会では、これまでの到達状況をまとめて報告し、各人の意見を聞く。満点とはいかないが、ほぼ同意されたと感じた。ここにきて大塚遺跡の発掘が進み、宮ノ台期の集落構造の概要もより鮮明になってきている。

調査担当の小宮、武井君らからは、大型の集落では複数の世帯共同体が同居する可能性があり、それを壕で囲っている、集住するのはなぜかとの問いが発せられる。にわかには答えられない。岡本さんは「それは今後の課題だろう」と助け船を出し、大型の集落では大工道具の磨製石器類を製作していることなどに留意するように、と問題を考えるうえでのヒントらしい言葉を付け加えた。

いずれにしても、大型の集落が拠点（親）となり、これに小型の数集落（子）があたかも衛星のように取りつく形（イエ分け）で小さな谷ごとに農耕集団が形成され、さらにはそれらの農耕集団数個が大岡川のような小河川流域でまとまって、ひとまわり大きな地域協同団体をつくっていたのではないか、との結論を導くことができたのである。

いうまでもなく、ここに取り出した農耕集団あるいは地域協同団体の集団内部の様相や相互の関係性は、コメづくり農業を営むにあたっての共同・協力関係にもとづいている。追い求めているのは、こうした基礎的研究をふまえた横浜地域における稲作農村誕生物語の組み立てである。その「むらづくり」が、約二千年前に鶴見川や大岡川下流の臨海地域で始まって急速に港北の奥地へと広がったことを突き止めて、岡山行きに少し自信がついた。

以上の成果を一九七五年四月二十日の考古学研究会大会で報告した。弥生時代の集落のあ

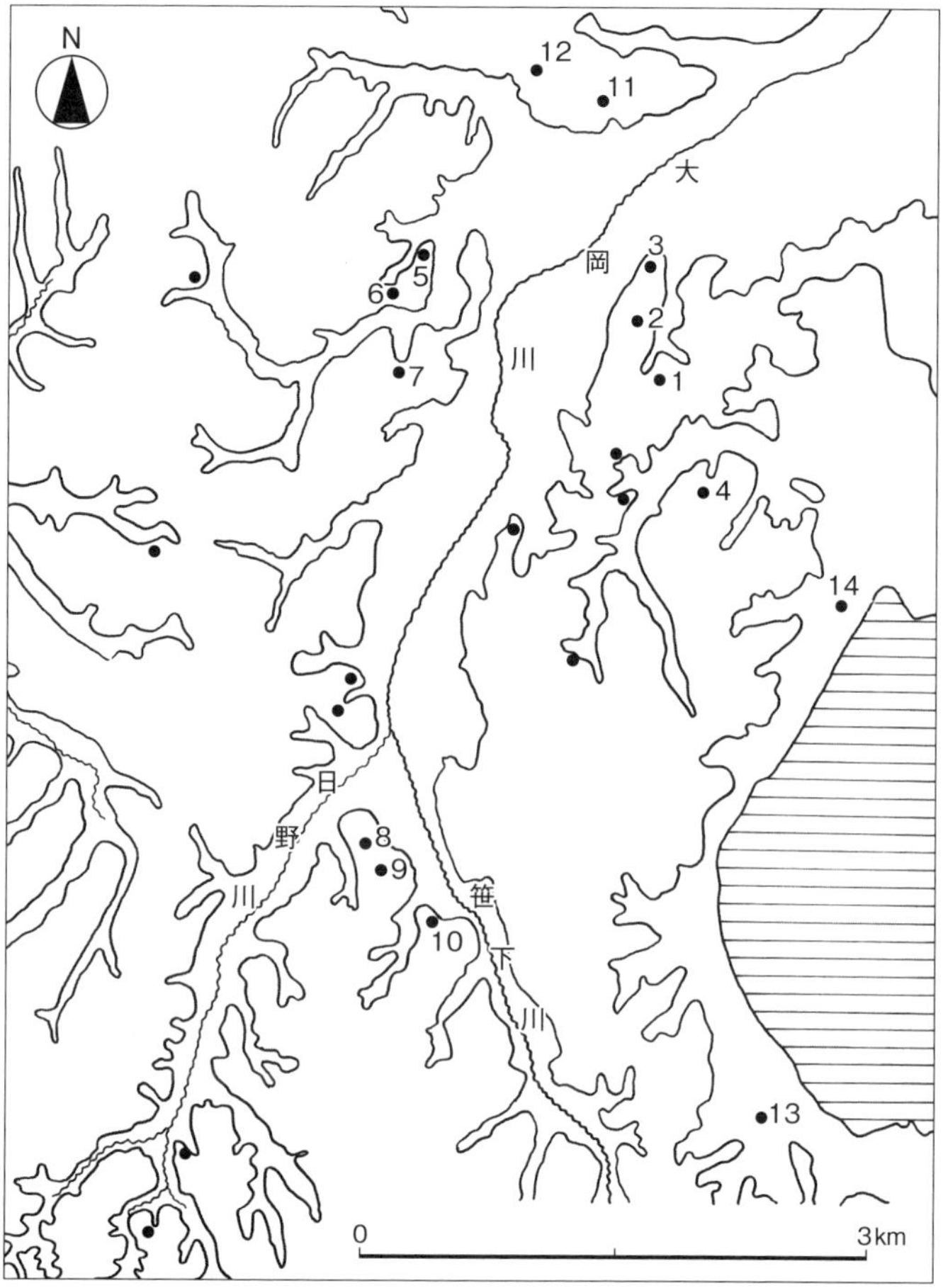

大岡川流域における弥生時代遺跡の広がりとまとまり

Ⅰ 三殿台グループ：1 三殿台　2 勝国寺裏　3 横浜英和女学院　4 岡村天神

Ⅱ 東台グループ：5 東台　6 六川町 123 番地　7 六川町 360 番地

Ⅲ 清水ヶ丘グループ：11 永田町東 3 丁目　12 清水ヶ丘 A・B

Ⅳ 港南区役所付近グループ：8 刑務所西方　9 刑務所南方　10 笹下町 5 丁目付近

＊番号のない●印遺跡の多くは後期。13 東漸寺遺跡（中・後期、古墳、海浜の拠点集落）、14 室の木古墳（横穴式石室墳）

り方を一棟一棟の建物跡の分析から出発して初期の農村を復元しようとする試みは、一九五九年に近藤義郎さんが「共同体と単位集団」（『考古学研究』六―一）を発表して以来のことであり、聴衆の関心も高かった。

それだけに質問も厳しい。小笠原好彦さんから「大型集落と小型集落の関係性をどうやって証明するのか」と聞かれ、返答に窮したことが忘れられない。ここがミソなのだが、要するに「たぶんそうだろう」の域を出ない話で、この関係性を考古学的に実証することははなはだ難しい。多くの状況証拠を積み重ねて確実性を高めるほかはないのだ。質問を受け、壇上にあって立ち往生する。心中は振り出しに戻された感じだった。「先は長いのー」の溜息。

全開したニュータウン造成

話を保存運動に戻そう。一九七四年、大塚・歳勝土遺跡と保存運動が大きなニュースになり、ニュータウンに対する批判的世論が高まりだしたが、横浜市と日本住宅公団は計画を見直す素ぶりも見せない。「港北」の守る会ほかの団体、各種の集会から提出される文化財と自然の保護・保全に関わる要望書には、まるで木で鼻をくくったような回答を連発するだけで、ほとんど聞く耳をもたない風だった。一九七三年十月から始まったニュータウン計画の縦覧に対しても三百通を超える意見書を送ったが、すべてとおり一遍の回答ですまされた。

この縦覧が終わるや、一九七四年三月に神奈川県都市計画審議会が開催され、全面着工にむけた手続きが完了する。この審議会へも意見具申は許されたので、「港北」の守る会としては「駄目もと」で要望書を提出することにした。

私は罫紙五～六枚にぎっしり、切々とニュータウン地域の自然環境や文化財の特色や意義、それらを個別的にではなくまとまった形で保全することの必要性を書き綴った。ほとんど夜を徹しての作業だった。

提出後かなり経ってから審議会の日を迎える。当日は、「港北」の守る会会員のほか応援団体からの参加者をえて十数名が会場に押しかけ、陳情に努めた。横断幕やプラカードを掲げ、必死の訴えである。

しかし、ほとんどの委員が無表情に通り過ぎた。会議は短時間で終わる。会議室から出てきた委員に状況をたずねてもみな素知らぬ顔。「これが民主主義か」と嘆く。後日、「意見書却下」の通知が来る。いっさいが徒労に終わった。

国会にも出むいた。甘粕文全協事務局長を先頭に文全協、関文協の仲間と共に議員会館を訪れる。神奈川県選出の佐藤一郎議員（自民・衆議院）をはじめとして衆参両院文教委員会所属の議員に陳情した。長谷川正三・小林武議員（社会党）、山原健二郎・加藤進議員（共産党）らが直接応対してくれた。

陳情項目のメインは、文化財保護法の改訂問題、浜松市伊場遺跡に関わる文化財訴訟の件、それに加えて、港北ニュータウンや大阪の池上・四つ池遺跡の保存問題などなど数え切れないほどの項目がある。首都圏と近畿圏を中心に大開発が引き起こす遺跡破壊は、全国を席巻して目をおおうばかりの状態だから、あれもこれもの陳情にならざるをえない。

そして、大規模開発そのものがもたらすさまざまな問題に対して反対・批判・見直しを求める声があがっている。環境や歴史を度外視した非民主的措置が告発されはじめてきたのである。各議員との面談は時間いっぱいつづけられた。

切迫する情勢の下で「港北」の守る会は、「やれることはすべてやろう」と全力投球の活動を進めた。当初から課題にしていた各界有識者にむけたニュータウン問題の訴え、自然と歴史、住民の暮らしを大事にする計画に手直しするよう求める賛同の署名集めに取り組む。

三百七十人を超える人たちが賛意を示してくれる。なかでも考古学の大家、江上波夫先生、三上次男先生、作家の阿部知二さんらの名前はいまも鮮明に覚えている。署名簿は当時早大講師だった久保哲三さんと「港北」の守る会代表の藤木久志先生が横浜市に持参したが、まったく反応はなし。これも無視かと憤る。

学術団体の要望書も相次いで出されている。日本考古学協会、歴史学研究会、日本科学者会議などのそうそうたる団体からである。なべて要望の趣旨は、ニュータウン計画地内の自然環境と遺跡・遺物が示す地域史の特性、その意義を説きながら、それらをほぼ全壊させるような開発手法の是非を問うものとなっている。そして、言外にはこのような無謀な開発の修正にこそ革新市政の存在意義があるのではないかと訴えてもいた。

　一九七四年八月、ついに建設省がニュータウン造成工事着手の認可を発表した。呼応するかのように農専地区の農民団体からは事業の促進決議が出され、小規模宅地所有者の会では「文化財を保存すると宅地減歩率が悪くなる」といった風評が流され、ニュータウン建設に対する会の批判的な姿勢は後退した。

　ためにする噂の震源地は、稲荷前古墳群の経験からおよその察しはつく。時同じくして発掘調査団に対しても、現状のような調査体制は一九七八年度もって終了するように、との指示が降りた。「いよいよ来るものが来た」と受け止める。

　こうなると焦眉の課題は大塚・歳勝土遺跡の現状保存である。調査団は大塚遺跡の全容をあますところなく調べつくすとして全力を投入する。現場の調査員の厳しい顔つきにこちらも緊張する。後世の損傷をほとんど受けず、約二千年前よりこのかた無垢な状態で維持されてきた弥生農村遺跡、その全面的な解明に手をつくすのだという意気込みが伝わってきた。

　かくして大塚遺跡は一九七六年三月に調査が終了し、成果が写真版のリーフレットになって公表された。あらためてその威容に唸らされる。「すごいっ!」の一言につきた。そして、この環壕集落が三、四箇の家族的小集団からなる共同団体であり、歳勝土遺跡における計画的に造営された方形周溝墓群と互いに密接な親縁関係でつながる集団と捉えられたのである。前例を見ない画期的な成果といえる。

大塚・歳勝土遺跡の意義と重要性は誰の目にも明らかであり、ついに文化庁長官も認めざるをえないこととなる。「港北」の守る会は、両遺跡および周辺景観を取り込んだ史跡公園化を求めて月ごとに見学会、学習会を開き、市民の保存要望の声を重ねて市・国へ届けた。だが、結果は期待を大きく裏切るものとなる。横浜市と住宅公団は、歳勝土遺跡を保存する、大塚遺跡は南三分の一だけを残し、北三分の二は削除、と決定したのだ。その理由として、都市計画審議会により東西幹線道路通過が決定ずみであり、変更はできないというのである。

この報を受け、迂回が無理ならトンネルで通すという手もあっただろうにと恨むが、一帯はニュータウンのセンター北地区なる中心街の設置が計画されており、些細な改変も許されないのだ、と聞かされる。割り切れない、やり切れない。共に頑張った金井事務局長、須貝君ほかの事務局員みな同じだった。ましてや岡本団長以下調査団の面々の心境は……。また保存に賛同し、懸命に支援した団体や市民各層にも無念、残念の声が広がった。

以後、調査団も苦境に追い込まれる。事業促進の号令が出され、調査団には「造成工事に支障のない範囲で公団の工事計画等に合わせて」調査を実施することが求められた。重要遺跡は一カ月、ほかは一週間以内と調査期限が切られる。

一九七六年度からは調査団の規模が縮小された。多くの調査員は身分の保障がないまま夜を日に継ぐ現場調査に追いやられ、出土品の整理などに手をつけることもできなくなる。稲荷前古墳群の突貫発掘と同じような事態になってきた、と感じる。

しかし遺跡を見殺しにはできない。調査団は、市民に対して「開かれた調査団」を標榜し、遺跡群研究による地域と地域史の保全を目指して厳しい挑戦をつづけた。ちなみに、一九七五年度から七八年度までに調査された遺跡数は百四十カ所にのぼり、一九七一年度から七四年度の四年間の約四倍に達している。

掲げた遺跡群研究は固く厚い壁に突き当たり、容易に成果を出すことができなかった。その最大の要因は横浜方式とされた開発事業の仕組みにあった。調査団がむき合うのは港北ニュータウン事業推進連絡協議会と銘打たれた地権者団体である。

この体制では、文化財の保全や取り扱いに関して最終的責任を有する横浜市が、調査団と地権者団体の引き合わせ役の位置に止まっている。事前調査体制の典型と言ってしまえばそれまでだが、これでは遺跡群研究の実をあげることは難しい。

文化財は貴重な国民的財産（保護法第四条2項）である。この規定を順守する根源的な責務は、国民の負託を受けた行政機関によって果たされなければならない。にもかかわらず、市は一貫して開発側の主張を調査団に押しつける態度に終始した。

このことはすでに宮ノ原貝塚や稲荷前古墳群の保存問題において浮き彫りになっていた。しかしながら追及しきれないままにニュータウンの調査に踏み込まざるをえなかったのである。言うまでもなく文化財保護法にも限界があるし、遺跡の保全を求める側が非力であったことも否めない。何よりも広大な開発計画を告発するには運動論が未熟であった。[*14]

こうして一万年余の長期にわたる数々の歴史遺産、それを包む豊かな自然はことごとく消え去った。いや消し去られた。科学的な検討をおろそかにした開発がもたらす地域のダメージは不可避的であり、犠牲になった資源と遺産の意義や価値の大きさは計り知れない。そのことがいずれの時にか明らかになることを一研究者の声として残しておきたい。未来は現在を介した過去の延長線上にあるのだから。

跋

愛惜、消えゆくわが学びのサト

遺跡群研究へ希望を託して

一九七六年、ついに大塚遺跡の命運が定まった。「港北」の守る会が懸命に取り組んだ課題に最後通牒を突きつけられたわけである。繰り返しになるが、弥生時代の集落跡としてその全容をうかがうことができる稀に見る遺跡であった。その三分の二が葬り去られる。何という無謀無策なまちづくりか、と言いつくせない思いが広がる。

岡本調査団長は「人間が手足を切り取られたらどうなる」と苦痛の心境を吐露した。「港北」の守る会の会員も士気がなえ活動は沈滞気味になる。一九七七年十月に発行したニュース『都筑だより』No.一九号（ガリ版刷り）には「重大な局面を迎えて」と題した冒頭記事があり、調査団の小宮君からの投稿も載せている。

事務局の想いを須貝君は、「ニュータウン建設工事はいよいよ急ピッチで進められ、丘を削り、谷を埋めています。私たち『守る会』で見学・調査した原始・古代の遺跡はもはや見る影もありません。……こんなにも根こそぎ破壊してしまっていいものだろうか。荒涼としたブルドーザーの爪痕に立ち改めて無念の想いがする」と述べている。

小宮君は、「ところで調査は今年で八年目になりましたが、当面の開発対象地域である住宅公団施行区域内には未調査の遺跡がまだ多数残っています。一方調査団の活動は今年度末で終了することになっていることから、……来年度以降、現調査団を基礎に新しい体制を編成する方針で目下検討中……。工事の進行とともに情況は今後一段ときびしさを増すことが予測されるだけに、残る遺跡に対しては万全の保護対策を立てることがぜひとも必要となっています」と、これまた尋常ならざる苦悩を抑えながら今後の取り組みについて決意のほどを語る。

目の前に展開する大規模開発、蹂躙される遺跡、その破壊力にたじろぐ会員の様子がリアルに伝わってくる。そして、調査団が抱える苦悩と不安、そこにあって何とかして遺跡群研究の志を貫きたい、滲み出るそんな想いが痛ましい。

この『ニュース』№一九は前号の№一八号から約十カ月後の刊行だった。そして、結果的には最終号となってしまった。「港北」の守る会は、なお遺跡見学会を開くなど細々と活動していたが、発足当時に掲げた運動の目的や活動方針は店ざらし状態になり、残念ながら生気を失っていった。

私のやる気も完全にトーンダウンした。のめり込みすぎではないか、と批判されるかもしれない。しかし、大塚・歳勝土遺跡の魅力、文化財としての価値、地域史上の意義は絶大である。そのことを訴え切れなかった。

さらには、小宮君の言う「残る遺跡」への対処にも越えがたい困難さを痛いほど感じさせられる。「どうなるのだ」、「どうするのだ」とうそぶく。このような言い方をすれば、調査団の外にいる者として不見識、無責任のそしりはまぬがれないだろう。

しかし、長年のフィールドである。強く印象づけられた遺跡が少なくない。縄文時代中期を中心とする大集落の三の丸遺跡、和島先生調査の記念碑的遺跡である南堀貝塚、矢崎山遺跡群等々。これらが跡形もなく失われることなど耐えられないが、事ここに至っては遺跡群研究の成果を祈り、願うだけである。

顧みて、気落ちしたとはいえわれわれの主張そのものが誤っていたとはさらさら思わない。しかし、ニュータウン建設という公共の大開発事業に立ちむかうには組織的にまことに非力だったし、地上に姿を見せない多くの埋蔵文化財の意味や重要性を引き出して訴える知恵や方法がいかにも未熟だった、と反省する。

あえて言えば、文化財保存を目指す活動が地域を知り、そこに生きることの意味を問い、新たな地域づくりに役立つことは証明されたのではないだろうか。あるいは、保存運動に直接・間接参加した会員をはじめ多くの見学者や関係団体が、自然と共生する遺跡を見分することによってその存在意義意と価値を認識し、後世に伝えていくべきことを理解し、その声を開発側に示していくつかの譲歩をかちえたのだ、と思い返す。

また、多摩ニュータウンでは取り組みえなかった地域住民と協同関係をつくること、日本科学者会議等の学術団体と連携することを一部では実現しえている。そこには文化財保存運動の前進面として評価できることも少なからずあったとは思う。

しかしながら、地域史、または列島史に貴重な発言をなしうる大塚遺跡を瀕死状態に、朝光寺原遺跡、稲荷前古墳群はほぼ完全に失ってしまった。損失の痛手は計り知れないことを思うにつけ、運動の構えが小さく、その持続的発展を開拓し切れなかったことは明らかだし、悔やんでも悔やみきれない。ただただ無念というほかに発する言葉が浮かばない。

一九八六年一月、残った大塚遺跡と歳勝土遺跡の国史跡指定が決まった。全面保存の声を上げてから十年の歳月が流れている。そして、一九八九年には横浜市埋蔵文化財調査委員会は解散し、横浜市埋蔵文化財センターが発足した。地域史研究の一時代が終わったという想い一入《ひとしお》である。

金井英三さんは、序で記した市ヶ尾横穴群と稲荷前一六号墳の見学後に、つぎのような所感を寄せてくれている。曰く、『『港北のむかし』の見学会をやっていた頃を思い出す。住居跡があり、古墳があり、石仏があり、富士塚があり、谷戸があり、土器片があり、湧き水が

整備後の大塚・歳勝土遺跡（右手が2/3削り取られた大塚遺跡。左手の歳勝土遺跡の多くは埋め戻されている。左後方の建物が横浜市歴史博物館。高架は横浜市営地下鉄。その手前の道路周辺は現在、ビルが立ち並んでいる。保存整備事業の竣工時、1996年）

あり、街道があり、念仏堂があり……と原始から近世の人々の足跡を歩きながら、地域の歴史を肌で感じた。

開発の論理はいろいろあるだろうが、原則的には地域のこれらの歴史遺産を生かす事が大切な事ではないか。しかし、現在の開発は必ずしも地域社会の発展に繋がっていない。それどころか地域の自然と社会の破壊の元凶になっている、そういう現実を見せ付けられた。

そうして、「市ヶ尾横穴群、稲荷前古墳も人間の匂いがしない無機質の存在で、私たち先祖の生きた息吹が伝わって来ない、保存運動の成果が生かされていない」と付け加える。

さらには、「思うに稲作文化によって二〇〇〇年も歩んできた日本での土地開発＝都市化は社会の発展にストレートには結び付いていない。近世の地域共同体の協力・共生を現代の民主主義の発展という展望にたってどう再生していくのか、そんな難しい課題があるのではないか」と言って結んでいる。

稲荷前古墳群保存会・「港北」の守る会事務局長を務めた彼は、この地に生まれ、ここで少年期を過ごし、学業成った後の青年期にあって家業に勤しんできた。地域への思い入れや愛着心には、われわれの会得し切れないものがある。

そして、大規模開発が近代化の芽となる「地域共同体の協力・共同」を断ち切ってしまったのではないか、との指摘には思わず「はっ」とさせられた。殷賑な大都市を造る開発イコール近代化か。根無し草になった地域に共同体の再生などは考えられないが、古くから育まれてきた農村生活の共同・協力関係のなかには「現代の民主主義の発展」にとって継承すべき教訓やヒントがあるのではないか。彼はそう言いたいのだろう。

だが、保存運動が地域再生までを視野に入れていたかと問われても、はっきりそうだとは答えられない。まったく考えていなかったわけでもないが、運動の過程で抜け落ちて行ってしまった。「遺跡を残せ」に無我夢中だったのである。

しかし、もし保存されたらどうなるのだ。人は一代、遺跡は末代ではないか。地域社会のなかでの健全な共同・協力関係が存在しなければ保存された遺跡も「無機質」になる。あるいは、地域社会において人々の連帯・連携を広めたり強めたりする動きに一役買うことができる、そのような遺跡保存こそ意味があると言えるのだろう。

一昨年夏、末娘の奈緒夫婦に案内されて谷本川右岸の「寺家ふるさと村」を訪ねた。一つの谷戸（水田域）と周囲の雑木林（里山域）、谷口から川岸のあいだの平地（梨園）あわせて約九〇ヘクタールの観光農村が営まれている。

近隣の百人近い農家の人が集まって活動しているようだ。金井さんの友人たちが運営に加わるとも聞いた。きちんと整備された谷田は青々とした稲がゆっくりと葉波をそよがせる。山裾の用水溝では野外見学にやってきた親子がザリガニ釣りを楽しんでいた。

谷奥には貯水池があり、鯉の泳ぐ姿が見える。里山の高みには古くからの神社やお堂が残っていた。地蔵さんもいくつか見られる。似たような風景はニュータウン地内にもあった。

歩くと、あちこちに庚申信仰の石塔が見つかり、その由来を金井さんが調べて、発表してくれたことを思い出す。近世の農村が生きつづけている証拠だった。

「ふるさと村」には、休憩所や食堂、農産物の直売所があり、多くの人が出入りしている。一隅には展示場もあり、そこには旧寺家村の歴史などが簡単に紹介されていた。眺めていると大曽根氏一族のことが随所に書かれており、稲荷前古墳群の保存運動に協力してくれた大曽根組合長がその後裔であることを知らされる。

この「ふるさと村」づくりにも中心的な役割を果たされていたようで「さすがだ！」と感心した。人口集中地の街域と鄙域の共存もこうした在地に育まれてきた自治力抜きでは成り立たないのだ。

「防人の村」は見えたのか

ここで棚上げにしたままの宿題を思い出した。あの市ヶ尾遺跡群の調査は、要するに古代東国農村の社会構造を探求することであった。あるいは、『防人の村』と題した映画が作成されたように、防人が出征した村の暮らしや村々の関係性等を明らかにしようとしたのであった。では、「防人の村」は見えたのか。答えは……、宿題にしていた。あらためてむき合う。

復習すると、鹿ヶ谷集落跡では七世紀から八世紀の竪穴住居址七棟が掘り出され、これらは約百年間にわたって順次建てられた家屋群と判明した。世代順で祖父母－父母－子どもの三世代にわたる家族の棲家群ともいえる。

また、単純に割り算すれば一世代（二十年前後か）のあいだに二、三棟の家屋が建っていたことになる。実際に、発見された土器の型式から判断しても、隣り合って建っていた家屋の数は多くて三棟、場合によると一棟のみの場合があったかもしれない。建物の規模からは、2Kタイプ一棟に1Kタイプが一～二棟で一組の小集落をなしていた、と考えた。

つぎには、このような小集落は鹿ヶ谷遺跡に限られた特殊な事例なのか、それとも一般的なあり方なのかが問題になる。武蔵校と大倉山校とで共同発掘した長谷遺跡では、七世紀後半から八世紀初め頃の方形竪穴住居址五棟が見つかった。親子二世代にわたる小集落と考えられよう。建物としては2Kタイプ一棟に1Kタイプが二棟の組み合わせである。

もう少し調べを進めてニュータウンの調査事例を引こう。都筑郡役所跡とされる長者原遺跡の南東約一キロ、早渕川右岸に柚木谷と呼ばれた長さ約二キロの細長いウナギの寝床のような谷がある。

谷奥は二股に分かれた小支谷になっていて、その一つが「ごかん谷《やと》」と名づけられている。じつはこの谷間からは七世紀前後に営まれた小集落跡が七カ所発見されている。これらは、小集落ごとに多少のちがいはあるが、いずれも一辺七～八メートルの大型の竪穴住居と一辺三〜四メートルの小型竪穴住居二、三棟が組になって集落をなす点でほぼ共通している。先の長谷の小集落と基本的に変わるところはない。

まとめると、七世紀から八世紀頃港北地域の集落は、2Kタイプの大きな家屋を中心に1Kタイプの小さい家屋二、三棟から成り立つ小集落が一般的だった、と言えそうである。

集落員数は二十人にも満たないと考えておこう。この二十人未満の集落員には高齢者が含まれるし、子どもも当然数の内である。そうすると水田耕作や畑作、あるいは山仕事をこなす働き手は何人ぐらいになるだろうか。単純に割り出すことは難しいが、農家経営を中心的に担う労働層は多くても十人には届かなかったのではないだろうか。

もう少し宿題を詰める。「ごかん谷」の場合、七カ所の小集落が同時に存在していたのではない。このことは各小集落跡から出土した土器の型式に微妙なちがい（時期差）があることから「向こう三軒」ふうに谷間の水田をはさみ、二、三小集落があい対していたと考えることができる。さらに、細長い「ごかん谷」には他の場所にもこうした「向こう三軒」グループがいくつか存在しており、これら小集落は、谷全体で日常の暮らしを通じてムラ（親縁共同体）を形成していたのではないだろうか。

「ごかん谷」の村落風景を考える際、もう一つ大事なことがある。矢崎山遺跡の集落のことだ。この遺跡は、「ごかん谷」の入り口の平坦な台地上にある。前方には早渕川が流れている。平坦部は広く、そこから縄文・弥生・古墳・奈良各時代の土器が大量に採集されており、弥生・古墳時代から奈良時代に至る中心的な大集落と判断される。

ニュータウン建設にともなう調査により、台地の南西部面積約一ヘクタール（全体の五分の一）から古墳時代中期（五世紀頃）から奈良時代の竪穴住居が百棟以上掘り出された。これらは傾斜に沿って横に整然と立ち並び、計画的に営まれた集落と考えられる。もっとも繁栄した時期は七世紀頃のようだ。

出土土器は整理箱で六百個になるという驚くほどの量である。ほかにもネックレスの玉類や鉄製品があり、鎧の破片も見つかっている。鍛冶屋もあった。また、集落の脇には十三基の横穴があり、鉄刀・鉄鏃・玉類・耳輪等が発掘された。台地南の矢崎山の頂上には横穴式石室を納めた古墳があり、横穴に葬られた有力家族の先代の墓と考えられている。

矢崎山遺跡の古代集落の詳細は、残る五分の四の範囲がきちんと調べられないかぎり断定的なことは言えないが、発掘された住居跡や出土品から矢崎台地の平坦部に有力な大集落が営まれていたことは十分想像できる。

言いかえると、早渕川に面した台地の平坦部に弥生時代、古墳時代、奈良時代に地域の拠点となる大規模な集落が陣取っていた可能性はきわめて高い。そして、この矢崎山大集落こそが、「ごかん谷」の各小集落など柚木谷全小集落群がまとまって形成される親縁（小字《こあざ》規模）共同体の中心集落で、共同体全体の元締めのような役割を果たしていたのではないだろうか。

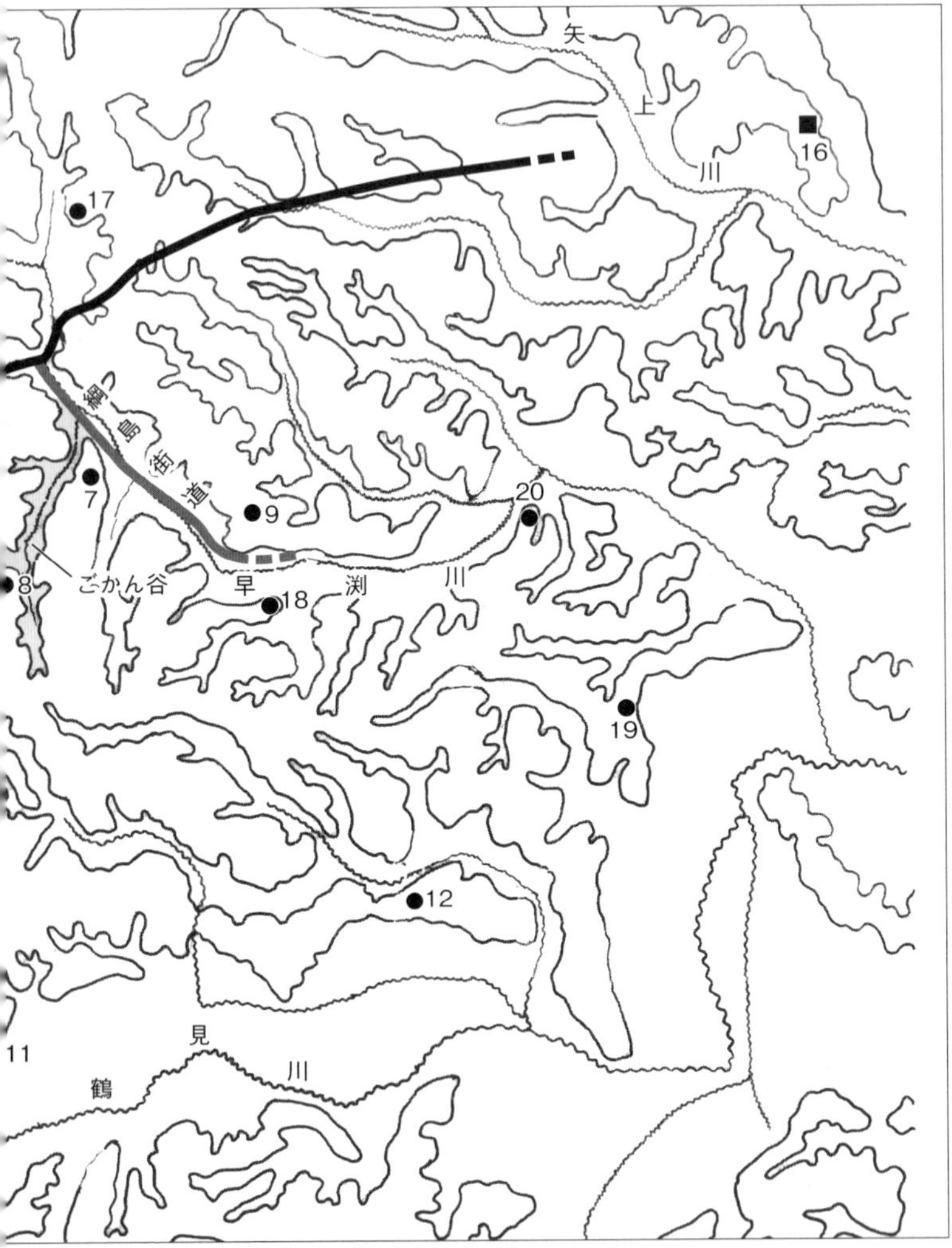

15 長者原遺跡（古代都筑郡衙跡）　16 古代橘樹郡衙跡　17 荏子田カンカン穴　18 茅ケ崎城跡（中世）　19 宮ノ原貝塚（縄文・弥生）　20 北川遺跡群（弥生・拠点集落）

＊都筑郡内の郷推定域

立野郷：1・2・3・4・6・13・14 を含む谷本川流域、針斫郷：10・11 を含む谷本川・恩田川流域付近、高幡郷：7・8・9・18 を含む早渕川流域

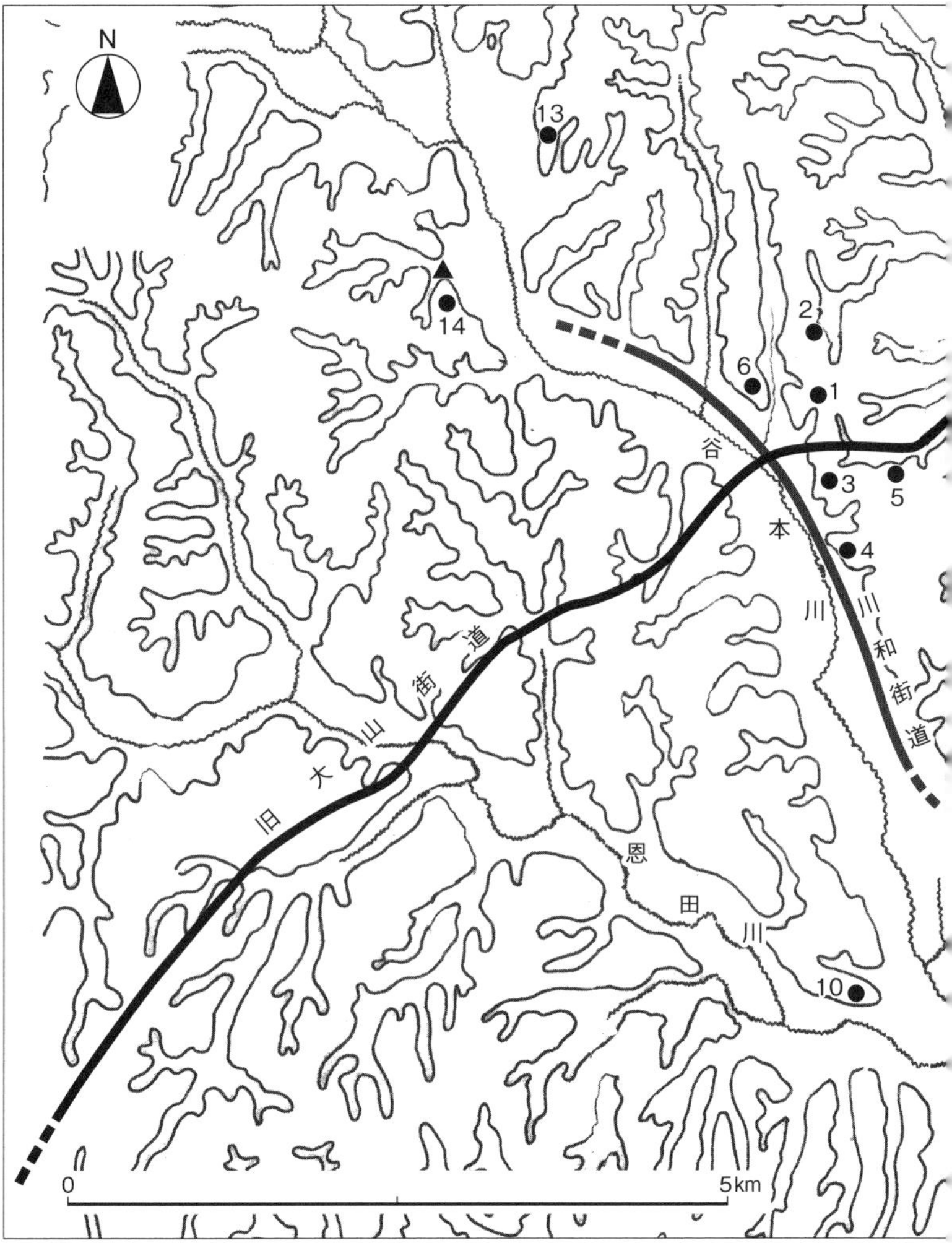

横浜市港北（古代都筑郡）地域の主要遺跡
1 市ヶ尾横穴群　2 大場衛門谷横穴群　3 鹿ヶ谷遺跡群　4 朝光寺原遺跡群　5 長谷遺跡
6 稲荷前古墳群　7 矢崎山（由木台）遺跡　8 ごかん谷遺跡群　9 大塚・歳勝土遺跡
10 谷津田原遺跡　11 佐江戸宮原遺跡（弥生・拠点集落）　12 折本遺跡群（弥生・拠点集落）
13 早野遺跡（弥生・拠点集落）　14 甲神社遺跡（弥生・拠点集落、▲ 寺家ふるさと村）

では、お目当ての「防人の村」つまり防人が出征した村はどこにあったのか、それは果たしてどのような内容の集落だったのだろうか。確かなところから探ってみよう。『万葉集』巻二十に収められたつぎの防人歌が大事な手がかりになる。

「我が行きの息衝《いきつ》くしかば足柄の峰延《は》ほ雲を見とと偲《しの》はね」都筑郡上丁服部於田《はとりべのうへだ》の歌
（巻二十　四四二一）

「我が背なを筑紫へ遣りて愛《うつく》しみ帯は解かななあやにかも寝も」服部部於田の妻呰女《あさめ》の歌
（巻二十　四四二二）

この二首は、八世紀中頃、武蔵国都筑郡出身の防人服部於田（由？）とその妻呰女が詠んだものである。おそらく、国司からの召集令状を受けて急ぎ府中におもむき、他の郡からの兵士らと共に武蔵国軍団として国府から出発し、多摩川を渡り、「多摩の横山」を越えて南下して市ヶ尾に着く。

ここから大山街道を西にむかい、遠い筑紫の国を目指したのであろう。途中、徒歩で東海道を下り（約一カ月）、難波津からは船で瀬戸内海を西下した、とされている。東国全体ではおよそ二千人の防人が召集されており、大軍団が隊列を組んで街道を進んだのだろう。

防人に選ばれると、携行する武器（刀・小刀・弓矢等）、小物（砥石・塩入れ）、衣服（帽子・脛当て等）、米袋、水筒、履物（草履か）、食料（道中は通過する土地で調達）などはいっさい自己負担で調えなければならない。しかも出征兵士には「上丁」を当てるとされており、壮健な男子が選ばれることになっている。

ここでは、服部於田家の働き手の中心であり、呰女の最愛の夫が帰還の当てもないままに慌ただしく出征していくのだから、出て行く者も後に残る者もその心情は推して知るべしだろう。では、防人服部於田は都筑郡内のどこ（集落）から選ばれたのだろうか。ほとんど見当がつかない。

しかし、手がかりがないわけではない。『駿河国正税帳』によると、七三八（天平十）年のこととして、伊豆・甲斐・相模・安房・上総・下総に帰る防人一千八十三人に食料を給したことが記載されている。しかも国ごとに人数が記してあって関心をひく。もっとも多数は下総国の二百七十人、続いて常陸国の二百六十五人、相模国の二百三十人、上総国の二百二十三人となり、最少は安房国の二十三人である。

武蔵国等については記載がない。だが、東国防人軍は二千人ばかりとされるから残余の千人ぐらいがすでに通過したか、これからやって来るかのいずれかである。下総・常陸・上総の三国は律令制下の国ランキングでは大国とされ、相模国は上国、安房国は中国である。武蔵国も大国に位置づけられていたから、下総・常陸国同様に三百人近い防人を派遣したのではないだろうか。

では、武蔵国ではどこから防人が集められたのだろうか。七一五（霊亀元）年に施行された郷里制のもとで武蔵国は二十一郡百二十郷に編成されている。その中で都筑郡は、余戸・店屋《まちや》・駅家・立野《たちの》・針斫《はさく》・高幡・幡屋の七郷からなる中規模程度の郡だったらしい。

では、これらの郷は現在のどの地域に該当するのか。考古学の調査をたより候補地域を特定すると、たとえば針斫郷は緑区内に西八朔町・北八朔町の町名があるように、鶴見川支流の恩田川筋に置かれた郷と見てまちがいなさそうである。

高幡郷は、どうやら早渕川の流域にあったようだ。先に記した柚木谷親縁共同体はこの郷の一角を占めていた可能性がある。また、ニュータウン調査団によれば、早渕川を少し下った右岸の北川遺跡群が郷の中心的な集落であったとしていることが注目される。

北川遺跡群は、早渕川にむかって突き出た半島状の台地の三カ所で大小多数の竪穴住居・掘立柱建物・鍛冶屋・寺などの遺構が発見され、「舘」の文字のある墨書土器も掘り出されている（『埋文よこはま』二八、二〇一三年）。

谷本川筋はどうだろうか。この流域は立野郷とされている。隣り合う高幡・針斫・店屋の三郷との境は定かではないけれども、南辺は川和町付近に、北辺は寺家町付近にあったのだろう。中心域は市ヶ尾・大場町一帯になることはこれまでの調べから疑いないところだ。旧村名が「中里」とされていたのも関心を呼ぶ。

この呼称が「上里」「中里」「下里」の名ごりとすれば、郷里制のもとでの三里構成となる。

そして置かれた里の範囲として、上流の寺家町域、中流の市ヶ尾・大場町域（右岸の上・下谷本町も含まれるか）、下流の川和町域を想定することも可能ではないかと思える。

ここまで追求して来たところで、あらためて防人の出身集落を見定めよう。武蔵国百二十郷から約三百人の防人が招集されたとすると、一郷で二人か三人が指名を受けたことになる。都筑郡では服部於田のほかにもう一人か二人が応召したのであろう。

防人を送り出した集落は、労働人口に多少の余裕があり、武具や携帯品を直ぐに用立てしうるだけの経済力が必要だったと考えると、あの「ごかん谷」や長谷の小集落などはとても適わないのではないか。

となれば、労働力と財力に比較的恵まれた矢崎山遺跡とか北川遺跡群のような有力集落（拠点集落）から選ばれたと考えるのが自然であろう。それに出征する兵士は、歌を詠むような素養も身に着けた壮健な男子であり、かたや聡明な女性が伴侶となっていたのである。選考対象は、郷内の拠点集落の某家族の誰と、あらかじめ白羽の矢を立てられていたとも考えられる。

一九五六年の市ヶ尾遺跡群調査当時は、横穴の様相と鹿ヶ谷集落の住人の暮らしぶりを比較して2K＋1Kの小集落に住む農民が横穴に葬られたとは考え難い、と結論づけていた。思い起こせば、あの山上憶良の貧窮問答歌からえられた古代民衆像の影響などもあって、小集落の生活がまことに貧相なものにみえていた。

そんな想いは、現在も根元から崩れてはいないけれども、小集落の住民が懸命に生き抜こうとした意志や気力を読み取る努力が不足していたことは確かだ。このような理解は、長谷・鹿ヶ谷南遺跡の調査、ニュータウン調査団の発掘成果などから古代集落の具体的な様子が明らかにされるにつれてかなり克服され、その延長線上で「防人の村」の実像にも相当せまることができたのだ、と言ってよいかもしれない。

とはいえ、「防人の村」は見えたのかと正面切って問われれば「見えた」とはっきりは言い切れない。けれども早渕川筋の古代集落のあり様から推し測ると、谷本川中流域では横穴の存在が語るように、非常に優勢な家族集団が市ヶ尾・大場町域に大きな集落（拠点集落）を構えていた可能性は高い。そして、この大集落を核にしての周辺の鹿ヶ谷遺跡などの小集落群が寄り合い、こぞって村（親縁共同体）をつくっていたのではないか、と考える。

防人は、そのような村から選ばれたであろうし、直接選出の母体となったのはそこで横穴を営んだ有力な農民家族と考えても差し支えない。とすれば、服部於田の一族が市ヶ尾近辺に住んでいた可能性も多分にありえる。「防人の村」についてはここまでは探りだせた。

さて、防人が出征した村、歩んだ街道のことを調べていくと、大山街道筋には時代をたがえながらも拠点的集落が集中していることに気づく。念入りに観察しよう。街道は、西端の駿河国から相模国府を経て武蔵国都筑郡の中心地を通り、さらに橘樹郡衙に出てここら辺りから多摩川岸を遡り、渡河して武蔵国府に到達する。市ヶ尾・荏田地区はこの古代幹線ルートに乗っている。

また、橘樹郡衙を東に進み、多摩川を渡ると荏原郡になる。この東西幹線ルートと谷本川・早渕川沿いの南北道が市ヶ尾・荏田地区内で交差していたことが考えられる。南北ルートの北端には武蔵国府があり、南下すれば、東京湾沿岸の交流ルートに遭遇したのであろう。

現在の大山街道と結ばれる川和街道と綱島街道はその旧道を引き継いでいる可能性も大いにある。言いかえると、市ヶ尾・荏田地区は東西南北交通の要衝地であり、歴代の拠点集落群は、四方向のヒトとモノの往来から生まれる果実を手にして大きな集落に発展したのではないだろうか。いま一度、市ヶ尾横穴群、長者原遺跡、矢崎山遺跡のことを思い返してほしい。[*1]

本来、「ミチ」は人（動物）が歩行を繰り返すことによって大地につけたスジである。道という文字の語源はそのように説明される。往時の家屋なら、土間が家族往来の場所だ。だいたい、表面は固く締まる。つぎは隣り同士。互いに行き来すると家屋の入り口と入り口のあいだにスジがつく。木戸路（暮らしの小径）としよう。同時にこの小径は「向こう三軒両隣り」もつなぐ。それぞれが暮らしの協同によって結ばれている証拠の「スジ」である。

ニュータウン調査団は、大塚遺跡の発掘の際に「向こう三軒両隣り」の小集落同士間の小径、あるいは環壕集落内の幹線道を探究した。結果、幹線道についてはおよその察しがつけられた。さらに、大塚大集落と付近に点在する小集落とのつながりも追究している。発見には至らなかったが、そこには弥生時代にもスジ（里道）があり、それらは血管のように広がり、どこかで川沿いの基幹道と結ばれていたのだろう。

屋内の土間や小径にはじまり、それが集団間の協同関係の広がりによって里道と化し、さらには、街道風の基幹道路（大山街道のような）に大小の集落が取りつく形で字《あざ》程度の協同の枠が形づくられたように思われる。基幹道路は、政治的社会の下では官道として営まれたということになるのだろうか。

このように道の性格は、基本的には集団の協同関係のあり方に深く関わっている。ただし、小径から里道、その先に基幹道へと順を追って出来上がっていく、というわけではない。協同関係の成り立ちや展開の仕方は多様な形をとるものと考えるべきであろう。

研究者、教師、家庭人の三つどもえ

一九七〇年代後半をわが身に引き付けると研究者・教師・家庭人の三つどもえの日々がつづいている。むろん三足の草鞋を一度には履けない。履き替えながら毎日てんてこ舞いの忙しさを託《かこ》っていた。

こんな状況の下にあっても和島先生が言い残した「文化財の破壊問題が存在する限り、われわれは、それを告発することを止めるわけにはいかない」の文言が脳裏から離れたことはない。言い訳めいて気が引けるが、この遺言に従って、「港北」の守る会の活動、文全協の手伝い、それに日本考古学協会の委員としての仕事もこの小柄の体で務めとおした。

なかでも先生の導きをうけ、『第二次埋蔵文化財白書』（『二次白書』）を刊行することができたことにはささやかながら自負心を抱いている。刊行に際しては編集委員や多くの協会員との打ち解けた協力関係が優位性を発揮した。

一九七〇年代後半、日本考古学協会は一時の混乱期を乗り越え、新しい民主的な学術団体として前進しはじめた。私は在京委員会の一人として組織担当係となり、総・大会の設営、会員動向の把握、埋蔵文化財保護対策委員会の運営に携わり、『二次白書』の企画・編集はこの委員会の手で行われた。

「鳥の鳴かない日はあっても遺跡が壊されない日はない」状況の渦中あっては、何が問題かを正しく把握し、整理し、的確に問題点や課題を提言することが求められる。だが、口で言うほどたやすいことではない。さいわい、委員会に結集した若い研究者らの熱意と豊富な情報把握に支えられ、三年余の時間を要して一九八一年に無事刊行に漕ぎつけた。私は「埋蔵文化財の破壊と保存の経過」と題した総論を認めて責務を果たした。

いまひとつ心に残る仕事として、一九七七年度秋の大会を、故郷松江で開催することができたことを上げておきたい。その前年の秋季に開かれた熊本大会の際に私が発案し、在京委員会では各委員から諸手を上げての賛同をえた。学会の運営も軌道に乗ってきている。西日本は熊本での大会開催の流れを汲み、未開催の山陰に大会を誘致するのも意義ありと考えた。さいわい島根県の日本考古学協会員も積極的に開催を支持し、準備万端整えて大会成功へ導いた。長くご指導いただいた山本清先生をはじめ、常日頃お世話になっている先輩・同輩研究者への恩返しがなり、ささやかな充足感を味わうことができた。

松江大会では、地域的な課題であった「弥生墳丘墓の問題」、とりわけ四隅突出形墓を「初期の古墳」とする研究者と、これを弥生時代の所産と見る研究者が一堂に会して意見交流したことに大きな意義があったと思う。

この大会での討論が契機となって、弥生時代後期の墳墓の問題や古墳の定義、あるいは弥生時代と古墳時代の区分そのものの検討へと論議が発展することになった。また、当時学界全体では関心があまり高くなかった古代国府の問題、中世の輸入陶磁器や武士の城館がテーマに取り上げられ、尼子氏の城跡、城下町の調査などをめぐって報告討議が行われている。以後の古代・中世考古学の研究を盛り上げのきっかけとなる大会にもなった。

ところで、本務の教師稼業のほうはどうか。相変わらずの忙しさで席の温まる暇もない。しかし、侃々諤々、角を突き合わせるような雰囲気はなくなった。教労祖の結成以来、学内が「生徒・父母の負託に応える学校を」とか、「働き易い職場づくり」を目指して進むようになってきた。各部署での会議が増えて右往左往するような場面もあったが、負担感はあまりない。

記憶に残るのは、学内教研集会においてかつて第二組合員の数学の先生が報告者を引き受け、日頃の指導ぶりについて熱を込めて語ったことである。この先生、始業式当日早朝に自宅で急死した。学級通信第一号を作成中の出来事だったという。訃報を受け、それまでに抱いたことない尊敬の念が湧いた。同僚意識が強まったのだろう。唯々合掌だった。

こんなこともあった。毎年、東京都から私学教職員の待遇改善補助金が支給されていた。その総額を増やしてもらうために都に署名・要請行動をすることになる。ここでは学内の代表と世話人の選出が課題だった。職場の様子が変化したことで署名者数は七割程度に達し、代表も二つの組合員以外から選ばれた。数日後に代表と世話人数名にＰＴＡの父母も加わって都に要請に赴く。その結果は学内集会を開いて報告された。このように問題によっては学内が大きくまとまれることを実現しえて嬉しくなる。

一九七八年四月からは二度目の高校一年生の担任を引き受ける。何とまた、あのＩ先生と組むことになった。だが、私のほうには心の余裕のようなものがあり、「今度は仲良くやろう」と決めた。それまで担任、教科、部活とさまざま経験したが、大事なことは教師が集団として機能を発揮することとわかってきた。

意見の相違はあって当然である。だからこそよく話し合い、一致点を見出し、まとまって生徒指導にあたる、そのことの大切さを胸に収めてむき合うと自然と笑顔になれた。互いに、受け持った生徒を全員滞りなく無事卒業させる、そんな想いが重なり合っての新学年の出発となったのである。
生徒指導にあっては、やはり個々の志向や環境をきちんと把握することが大事、と肝に銘じる。クラスづくりにも念を入れた。どうしても英語や数学の苦手の生徒は落ち込むし、仲間から遠ざかる。そこで放課後に「フータ教室」（生徒が名づけ）を開いて協同学習だ。

クラスの仲間同士で予習復習をする。私は食堂から売れ残りのパンや肉まん等を持ち込んで激励する。空腹を抱えた生徒たちは喜んで参加した。そうした努力の甲斐もあってか、全員がそれぞれ志望の大学に入学し（一浪が一人いた）、「フータ」先生も満足。

そういえば、歴史研究部の活動も意気盛んになっていた。一九七七年、高校部員は夏休みに自転車で旧東海道を往復するという大計画を立てる。これには驚き少しうろたえ、部会に出席して「これは無理だよ」と押えにかかった。だが、部員たちは承服しない。「大丈夫だよ！」の一点張り。だがどう考えても交通量の多い旧東海道（かなりの部分が国道一号と重なる）を自転車集団で往復とは危険この上ないし、体力的にも日程的にも無理がある。

さんざん話し合った末に日本橋発と京都発の二班に分け、伴走車（佐藤さんと田中、それにOB二人が運転）をつけて西下（京上り）、東上（東下り）して、袋井市の可睡斎（徳川家康懇意の寺）で合流することにした。計画を教職員会議に諮ると案の定、反対・批判の意見が出る。そこで佐藤さん（日本橋班引率）と私（京都班引率）がそれぞれの行程について状況を詳細かつ念入りに説明して了解に漕ぎ着けた。

いよいよ実行の日がやって来る。京都班は一日早く車で東名・名神高速道を走り、京都知恩寺に前泊して翌日八時に五条橋を発った。日本橋班も同日同時刻に伴走車に生徒と自転車を乗せて出発。六郷橋付近から自転車走行に移り、小田原まで走破して初日を終えた。

京都班は、途中逢坂山登り、鈴鹿峠越えで難儀を強いられたが、無事三重県亀山市に着く。国道一号は交通量が多く、神経を尖らしつつ草津からは各所で旧道を走り、歴史の旅心を満たしながら通過した。いまでも土山の大きな常夜燈が印象にくっきりと残る。その後は、亀山市内を抜け、桑名・熱田の渡し場を見学、さらに岡崎を経て（途中、赤坂の松並木が素晴らしい）、四日目には可睡斎に入り、日本橋班と合流した。

日本橋班は、箱根越えや宇津ノ谷峠の難所で苦労したらしいが、若い力でこぎ切り、ほぼ予定どおり可睡斎に到着した。夜食が肉なし・こんにゃく入りのカレーライスに驚かされ、朝は五時起きし、掃除。そして禅寺式の朝食をいただく。午前八時に出発して東名高速道を一路東京へ。正午過ぎに学校に帰着した。

一息入れながら、佐藤さんやOBのサポーターと話し合う。走行計画は生徒自身が作り、私たちは、それを確認したに過ぎない。実際の走行コース取りや宿泊所交渉も彼らが自分たちの手で進めた。生徒は賢くてたくましい、とつくづく感じ入った。佐藤さんも同感だった。

一九七七、七八年もまたかくのごとく忘れ難い歳月であったが、加えて、住いを変えたことが私自身は無論、家族全体にとっても大きな出来事となる。七七年四月に横浜市からお隣りの町田市に引っ越したのである。かねてから町田市に新居を構えた佐藤さん夫妻よりお招きの誘いがあり、冬のある日に家族そろってお宅を訪問した。そこで周囲の環境のことや子どもの教育等々に話がおよび、最後にぜひ近所に引っ越しするよう勧められ、その場で新興住宅団地の売出し家をつぎつぎと案内された。

途端に心が動く。はっきりと意識していたわけではないが、ニュータウン建設がまじかにせまり高層住宅の周辺は一段と騒々しくなった。これまでの安住感に陰りが生じていたことは否定できない。

また、子どもの教育のことも大いに気になっていた。地域の仲間と共に学ぶ状態にしてやりたい、そんな想いがあったのだ。妻に相談して移住を決断する。ばたばたのなかで新居へ。またしても金井さんが家財道具一切の運搬を引き受けてくれて、あっという間に横浜市民から町田市民に早変わりしたのである。

移転後しばらく子どもたちは従来どおりに横浜市の小学校と保育園へ通う。放課後に上の子どもは私たちが苦労して開設した学童保育に通った。妻が勤務と合せて送迎に努める。ときどき仕事で迎えの時間が狂うことも。ある時、長女と長男が迎えを待ち切れず、六キロの道を歩いて帰宅して驚かされた。二人は後々まで「怖かった」と語りつづけている。車に連れ込んで……、といった事件が起きていた頃だったから。

親としては不憫に思うと同時に、勇気を出して行動する子どもたちの成長に拍手を送りたい気持ちになった。あらためて考えると、それは結果オーライというものだろうが。こうして二年後には三人そろって近くの小学校に転入できた。

ところで、一九七七年秋から甘粕さんが新潟大学教授として赴任が決まったことにより、後を受けて近くの和光大学の非常勤講師を務めることとなる。一般教育科目一コマの授業である。考古学の研究を活かして事物を手掛かりに歴史を学ぶことの実践と意義について解説したが、百人を超す受講生で成果は期待できなかった。

それよりも甘粕さんが首都圏を離れることとなった、そのことが気がかりである。思えば、横浜市港北地域の考古学的な調査研究、文全協の創設と運営など、この人を除いては成り立ちえなかったことばかりである。温和で気品のある相貌、内面に座る不屈の精神力にはいつも感服、尊敬させられていた。比すべきもないのだが、非力で学識不足を託ちながら、果たして大先輩の後継役を務められるのか、不安や心配が先に立つ。

さらには明治大学の非常勤講師を受けたまわる羽目になった。こちらは大塚初重教授らの依頼による。考古学の専門講義として集落論を講じてとのことだったが、専攻生の諸君は集落遺跡のことなど先刻承知と考え、共同体論史を取り上げた。

私自身十分理解の届かないこともあって受講生には迷惑を掛けることになる。後で、大塚さんからは「田中さんは共同体の話ばかりで……、肝心のことが聞けなかった」と苦情めいた「お礼」をいただいた。

私生活上でも転機となる出来事に遭遇する。松江大会の翌年の八月に父が七十三歳で他界した。原爆投下の前日まで鳥取県米子市の広島陸軍病院分院に勤務、六日は休暇をとり益田に在宅し、翌日広島の本院に帰任（五月に二度目の出征）している。そして、つぎの日から凄惨極まりない世界で救援と廃墟の処理にあたり、自らも二次被爆。除隊後も放射能による白血病の後遺症に悩まされつづけた末に脳梗塞を起こし、三年間の闘病で人生を閉じた。

厳しくも優しい父であった。道楽視されてもいた時世にあって、考古学を学ぶことになんの異議もはさまないばかりか、積極的に後押ししてくれていた。「道理にかなったものの見方をするんだ」とか「世に益する人となれ」が口癖だった。私の生き様に、何か「世のため人のため」のようなものがあるとしたら、それはたぶんに父親からの遺伝子のなせる業だろう。

こうして、私も横浜の地から離れた上に研究者として一区切りをつけるべき兆候が身辺に忍び寄る。一九八一年春、生まれ故郷の島根大学から考古学の専任教員にとの誘いを受けた。少し迷ったものの渡りに船の想いもあって前のめりになる。

金井さんらに打ち明けて同意を得、家族からの「どうぞ」の声にも後押しされた。「帰りなんいざ」と決めると心は「彼の山、彼の川」へ。しかし故郷でも難しい遺跡保存問題が待ち受けていた。過疎化、少子高齢化の最先端を行く島根県での文化財問題はやや趣を異にしている。覚悟の要る帰郷になりそうだ。

註

序

＊1――「横穴古墳」とは、山や丘陵の急な斜面を崖のように削って垂直面をつくり、そこにトンネルのような穴を掘り、なかに死者を葬る墓穴のことを指す。六世紀から七世紀にかけて盛行した。古墳といえば土を盛り上げた塚を意味するので、「横穴古墳」という用語は適切とはいえないが、奈良時代に先立つ古墳時代後期の産物ということで、あえて「横穴古墳」という言い方が採用されてきた。「横穴墓」と呼ぶ研究者もある。しかし、研究史的には横穴は、古墳時代の墓の一形態と認定されてきているので、「横穴墓」とする呼び名もこれまた適切ではない。となるとたんに「横穴」とするのが妥当、ということに落ち着く。

第1章

＊1――敗戦直前の一九四五年頃のこと。松の根を掘り出し、小割して大きな五右衛門風呂のような釜で煮詰めて油を採取した。松根油ともいわれ、質のよい燃料だったらしいが、供給量が少なく沙汰止みになった。当時、農村では深刻な男手不足だったが、駆り出された老人や女性が力を合わせて懸命に松の根を掘り出していた。

＊2――太平洋戦争初期の一九四二（昭和十七）年から食糧管理制度（食管法）が敷かれ、米・麦等の主要な食糧は国家の管理統制の下に置かれることになり、全国一斉に食糧の生産統制と配給制度が始まった。とくに主食糧中の主食糧ともいえる米に対する管理支配は厳しく、敗戦後も継続され、一部にはこの制度の網を潜り抜けるヤミ米が出まわっていた。

戦後に農地解放が行われ、戦地から復員した農村男性が増えてきて米の生産力が上昇するにつれて制度の厳密さは多少緩くなってきた。しかし、大学進学等により居住地を変更しなければならない場合は、まだまだ制度の適応をまぬがれることはできない。したがって、上京する際には居住地自治体が発行する米の移動証明書を携えるか、移転先の自治体に住民登録し、そこで米の配給通帳を発行してもらい、米屋で規定の量を買うことになっていた。

というわけで、下宿のおばさんは下宿学生から米の移動証明書を預かるか、またはそれぞれの配給通帳を一括管理し、私のように住所変更をしていない下宿人は、田舎から米を移送してもらう義務があり、差し出すのは当然のことだったのである。それにしても渡した米はどこに消えたのか。臭い御飯ばかりでは良からぬ噂も立とうというものだ。

ちなみに、この食管法は一九九五年に廃止されている。初上京のおり、「農家が自らの手で作った米を自由にできないのはおかしい」と疑問を発したところ、農林省勤めの義兄が「そうではない。この法律で農家はずいぶん保護されているんだよ」と説明してくれたことを思い出した。

＊3――堀之内貝塚は千葉県市川市にある巨大な貝塚。貝層は馬蹄形に広がり、その範囲は長径約二〇〇メートル、短径約一三〇メートルにおよぶ。縄文時代後期（約四〇〇〇年前）が中心。

＊4――大阪府堺市の百舌鳥古墳群中にある大型の前方後円墳、イタスケ古墳（長軸一四六メートル）は、濠がめぐり、墳丘からは冑等の見事な埴輪が発見されている。急速な都市開発で大きな墳丘が採土の対象になり、土木工事業者が濠にコンクリートの橋をかけ、破壊が目前になった。

このことを聞きつけた在阪の若手研究者らが中心になり、古墳の破壊阻止と買い取りによる保存のスローガンを掲げて運動を展開した。その後、紆余曲折をへて堺市が買収、国の指定史跡として保存されることになった。

イタスケ古墳の保存運動は、文化財が国民的財産であるとする見地に立ち、ナショナルトラスト的運動として展開されるなど、その取り組み方は画期的であり、生み出された多くの教訓とともに以後の遺跡保存運動の模範、先駆けとなった。

＊5——「全関東大学考古学親善野球大会」は、一九五五年から五八年まで開催された。私は第一回大会のみの参加だった。後日、第一回大会には明治大学の塚田光、松島（神村）透、國學院大学の佐藤善一、松本豊胤、沢四郎、東京大学の田村晃一、大井晴男、日本大学の村越潔の各氏も参加していることを知った。詳細はつぎの小文で紹介している。田中義昭「こんな野球大会があった」（『日本考古学史研究』五、二〇一七年、日本考古学史学会）

＊6——市原壽文「武蔵国田園調布四丁目観音塚古墳発掘調査報告」（『白山史学』一—一、一九五三年）

第2章

＊1——王子亀山遺跡は、JR王子駅西方の武蔵野台地縁にある縄文・弥生・古墳時代の集落遺跡。一九五五年から五六年にかけて和島誠一、田村晃一氏らが発掘調査し、弥生・古墳時代の竪穴住居址二五棟を掘り出している。

＊2——一九五五年の南堀貝塚、翌年の市ヶ尾遺跡群の発掘調査は、市民参加による歴史学習運動の様相を色濃くもっていた。考古学におけるこうした取り組みは、一九五二年から五四年に行われた岡山県月の輪古墳の発掘運動に学びつつ、その方式を継承したものだった。

一九五一年に始まった国民的歴史学運動は、国民的科学の創造を掲げ、若い歴史学研究者を中心にして旺盛に展開された。運動の進め方では、研究者がもろもろの生産・文化活動に加わり、そこで市民の歴史意識改革、ひいては自主的・民主的な歴史主体の形成をうながそうとした。

運動は一九五五年頃に終息したとされるように、短期間に、そしてラジカルに展開された。その背景には、新憲法下で進んできたさまざまな社会の変革と民主化運動に対する急激な抑圧体制が出現したことがある。直接的契機は、一九四八年の朝鮮民主主義人民共和国（北朝鮮）、一九四九年の中華人民共和国の成立に絡むアメリカの対日政策の転換にあった。

月の輪古墳の発掘も国民的歴史学運動に呼応するかたちで進められた。その成果は、いくつかの印刷物で公表されている。発掘を主導した和島誠一、近藤義郎などの研究者、参加した学校の先生や生徒、一般市民、団体などがいみじくも語っているように、古墳発掘への参加という歴史学習体験をとおして喜びと感動をえながら共に成長を遂げていった様子が豊かに表現されている。

あるいはまた、在野で育まれた広汎な郷土意識や考古学への親和感に根ざし、かつ戦後の自主・民主・協同・公開に関する根本的な考え方と行動に共鳴する歴史学習運動として実りがあったことは大方が認めているところである。

国民的歴史学運動そのものは一般的には挫折したとされている。短兵急であったことが理由の一つとも考えられるが、清算的に評価するのは正しくないだろう。月の輪古墳の調査のように、民衆層に深く溶け込んだ運動は確かな成果を残しており、一九六〇年以降に展開される文化財保存運動もその系譜上にあると考えられるからだ。吉田晶「『国民的歴史学運動』と古代史学」（『現代と古代史学』校倉書房、一九八四年）参照。

＊3――従来の横穴の調査は、個々の穴の形と遺物の出土状態を記録する程度に止まっていた。和島先生は、横穴を墓群としてとらえることが必要かつ重要であるとして、横穴群全体の分布図作成に意欲を燃やしていた。その理由は、横穴群が古墳時代後期の群集墳の一形態であり、そこには古代農村にあらわれた有力な家父長制家族の実像が秘められている、と想定していたことにある。

そこで単体の横穴の精密な実測図を作ることはもとより、群をなして並ぶ複数の横穴の平面と立面の分布図を作成し、群のなかでの個別横穴の位置づけや群内における小グループの存在を見きわめることにした。横穴群調査としては初めての試みであった。

課題になるのは分布図作成の方法である。平面図については横浜市の三千分の一図と横穴の平面図の縮尺を合わせ、穴の位置を平板測量で確定して両図を組み合わせれば比較的容易に作ることができる。

問題は立面図だ。平面と立面の両図を組み合わせることでより立体的に横穴群をとらえることがねらいである。和島先生は二種類の図の合一図作成にこだわり、測量の方法と遺跡での実地作業を内藤先生に頼み込んだようだった。依頼を受けて内藤先生は苦闘する。学内理系の同僚先生に教えを乞いながら、とくに立面図の作成に労苦を強いられたようである。

測量の原理は数学の三角法にもとづくものでそう難しいことではない。しかし、平面図と立面図を統合するための横軸の基準線を複雑な地形に沿って設定することは口にするほど簡単ではない。室内での検討もたいへんだったが、それ以上に現場では苦労した。分けても横穴群を抱き込む丘陵の稜線を測り出すのには悪戦苦闘している。

＊4――「菅の根のねもころごろにわが思《も》へる妹に縁《よ》りては言《こと》の禁《いみ》もなくありこそと斎瓮《いはいべ》を斎《いは》ひ掘り据《す》ゑ竹珠《たかだま》を間《ま》なく貫き垂れ天地《あめつち》の神をぞわが祈《の》むいたもすべなみ」（万葉集巻十三　三二八四）

＊5――五領遺跡は埼玉県東松山市柏崎にある弥生時代後期から古墳時代中期に至る大規模な集落址。一九五七年から一九六二年にかけ五次にわたり発掘調査が行われている。掘り出された住居址は約百七十棟とされ、その八〇パーセントが古墳時代前期に属している。

注目されるのは、住居十棟前後が半円形に並んで一単位の小集落を形づくり、さらに遺跡全体ではそうした小集落が数単位で併存することも明らかになったことである。古墳時代前期の大集落の実相を伝える貴重な遺跡と言える。また、出土した当該期の土器は五領式土器と名づけられて土師器の編年大系上に確たる位置を占めた。

調査主体は東松山市教育委員会と明治大学考古学研究室。和島先生の要請で武研の会員が参加したのは一次、二次の調査である。

＊6――「島根大学敷地薬師山古墳遺物について」（『島根大学論集』五号、一九五五年）、「須恵器より見たる出雲地方石棺式石室の時期について」（『島根大学論集』六号、一九五六年）、「浜田市めんぐろ古墳遺物について」（『島根大学論集』七号、一九五七年）

＊7――梅原末治「出雲に於ける特殊古墳」上、中ノ上・中・下（『考古学雑誌』九―三、九―五・一〇―一一・一一―三、一九一八年、一九一九年、一九二〇年）。これらの報文で梅原は、出雲地方の後期古墳が家

形石棺風に造られた石室に長い羨道がつく独特な構造をもつことなどに注目し、これを特殊古墳と呼んだ。

*8——特殊壺・特殊器台は、弥生時代の終わり頃の墳墓にともなう大型の壺と器台を指し、日常器具の壺、それを載せる台が埋葬儀式用として装飾を施した大型品に転じた、とされる。吉備南部を中心に発達を遂げ、備後や出雲方面にも伝来した。古墳時代の埴輪の原形とも見られる。近藤義郎・春成秀爾「埴輪の起源」(『考古学研究』二六―三、一九六七年)参照。

*9——この件を武井則道君にたずねたら、「三上先生は、和島先生の結婚式に出ているよ」とか、和島先生が戦前に三沢章のペンネームで叙述した『日本歴史教程』を三上先生に献呈したことも教えてくれた。二人とも、重なり合う研究テーマから親近感をもたれていたこともさることながら、革新的リベラリズムともいうべき精神を自己の学問研究の支柱に据えられていたことで信頼関係を保持しておられたのでは、と推察する。武井君は、余談だが、と断りつつ、互いに「東大アウトサイダー」だったことも親交を生むもとになったのでは、と付け加えた。

*10——大阪府堺市旭ヶ丘中町にあった円墳(径約五〇メートル)で、百舌鳥ミサンザイ古墳の陪塚と見られている。墳頂からは家・短甲《たんこう》・蓋《きぬがさ》・靫《ゆぎ》などの形象埴輪が出土。埋葬部からは短甲・鎧・大刀・剣・鉾・鉄鏃・農工具(斧・槍鉋)等の鉄製品や馬具・銅鏡・金銅製帯金具が発見されている。人体の埋葬は不明で五世紀前半の築造。

第3章

*1——三殿台遺跡は横浜市磯子区岡村町にある縄文・弥生・古墳時代の集落遺跡。眺望の優れた丘陵上に位置し、貝塚をともなう。一八九八(明治三一)年に土地の医者藤田清玐が発見。その後に「岡村貝塚」の名で学界に紹介された。それ以来、鳥居龍蔵、大場磐雄、石野瑛、酒詰仲男、芹沢長介、赤星直忠らの著名な学者が相次いで訪れ、遺物採取や発掘を試みている。彼らが一様に注目したのは東西南北の斜面

にブロック状に点々と分布する縄文時代の貝塚であったが、一九四九年には吉崎昌一が北斜面の貝塚を発掘し、これが弥生時代に属することを確かめ、三殿台が縄文時代のみならず弥生時代の遺跡であることが明らかになった。そして五年後には東斜面を切り開いて滝頭小学校岡村分校が建てられ、その際にも弥生土器等がかなり出土している。さらに一九五五年には横浜市史編纂事業の一環として武研が踏査し、縄文土器、弥生土器のほかに土師器を採集して古墳時代の集落も存在することをつかんだ。

*2――一九五五年に小林行雄は、古式古墳出土の銅鏡（魏鏡、三角縁神獣鏡）の出土状態や「分有」関係の検討をとおして大和政権の成立を論じた。以来、考古学から古代国家の成立を正面に据えた画期的な論文として高く評価されている。小林行雄「古墳の発生の歴史的意義」（『史林』三八―一、一九五五年、『古墳時代の研究』一九六一年、青木書店に収録）。

*3――和島先生は三殿台遺跡の全面調査に転じた状況をつぎのように述べている。「ところが六一年度になって事態は急転し、台地の地下げが計画されたのである。文化財保護委員会では重要な遺跡ではあるが、校地として代替地のないところから、事前調査を行うことを指示し、（中略）調査主体として市教育委員会があたることになり、三殿台埋蔵文化財調査委員会が設置された。さらにここから日本考古学協会に発掘の指導が求められたので、三殿台遺跡調査特別委員会が結成され、発掘調査の立案と指導に当たったのである。」『横浜市三殿台遺跡―発掘経過概報―』（一九六二年、横浜市教育委員会、以下『概報』）。

*4――三千塚古墳群は埼玉県東松山市西方の丘陵上にある古墳時代後期中心の大規模な古墳群。約二百五十基の古墳が九支群に分かれ、主墳の雷電山古墳は中期の帆立貝形の大型前方後円墳。ゴルフ場建設による破壊が問題となり、緊急調査が行われた。

*5――加曽利貝塚は千葉県千葉市にある屈指の大貝塚。環状と馬蹄形の二つの貝塚があたかも眼鏡状に並び、その差し渡しが約三〇〇メートル。国内最大の規模を誇り縄文土器の加曽利E式、加曽利B式の標式遺跡。広大な貝塚の南半分が宅地とプレハブ工場の材料置場として買収され、六三年三月から造成工事が

始まった。

これに対し文化財保護対策協議会、日本考古学協会などが関係行政機関に保存を要請し、地元の加曽利貝塚を守る会が署名活動、国に保存請願した。その後、千葉市が貝塚の北半分を買い取り、公園にして保存活用に一歩踏み出したが、南半分は民有地のまま。そこにプレハブ工場建設による破壊危機が発生した。地元の守る会や文対協は、何回も見学会を開き、ニュースを出し、署名活動などで保存を訴えつづけた。日本考古学協会も総会において再度加曽利貝塚全域公有化による保存を決議した。その後紆余曲折を経て南・北両貝塚の買い上げ、国指定史跡化による全面保存が実現した（一九七一年に北貝塚、一九七七年に南貝塚）。

＊6――完新世初期の海進は後氷期の気候温暖化による世界的な現象である。日本列島では約六千年前の縄文時代前期に海面が最高位に達していることから縄文海進と名づけられた。それ以後、寒冷気候の影響で海退に転じ、現在に至っている。

資源科学研究所実施の調査では、最高位と最低位との海面差は二メートル前後としているが、なお、地形の変動などの要素を加味した検討が必要とされる。この調査は、貝塚の分布などを手がかりにした海進・海退論の方法的欠陥を克服するために、考古学・地質学・地理学の共同調査として行われたことに特徴がある。

後氷期にあらわれた地球規模の海進・海退は自然の営為そのものにもとづくところが大きい。しかし、現に進行している地球の温暖化、それにともなう海進現象は、主として近代産業革命以後の人類の生産活動に起因している。「自然改造」とか「地球に優しく」などと呼号して自然法則を蹂躙すれば、その営為が破壊的結果をもたらす恐れなしとしない。縄文海進に学ぶべきことは少なくないといえよう。

＊7――三殿台遺跡調査報告書編集委員会の構成と任務はつぎのとおり。委員長和島誠一、委員麻生優（縄文時代担当）、岡本勇（弥生時代担当）、小出義治（古墳・歴史時代担当）、田中義昭・井上義弘（一班代表）、寺村光晴・椙山林継（二班代表）、坂詰秀一・関俊彦（三班代表）、山内昭二・澤田大多郎（四班代表）、

森昭（写真図版作成）。

＊8——一九四七年、静岡県登呂遺跡において集落址（弥生時代後期）の南側に水田址が発見され、弥生時代に稲作農業が行われたことを確証する事実として脚光をあびた。さらに、一九六五年には遺跡の南部を東名高速道が横断する問題が持ち上がり、先の調査において水田址の発掘を担当した和島先生は、道路用地まで水田範囲がおよんでいることを強く主張し、適切な対応を求め、緊急調査の実施となった。
　調査の結果、水田址の延長部分が発見され、南北水路と交差する東西水路も検出され、弥生時代の水利灌漑技術が予想以上に高度なものであることが実証された。また、当初から一部には登呂遺跡の水田址は中世期につくられたものだという見解が流布していた。しかし、南北水路に使われた板材が住居の廃材と判明し、あらためて集落址と水田址の共存関係が確定されるに至った。道路建設側は、遺跡の重要性を認めて計画を変更し、水田址部分を橋梁により通過する措置をとっている。

第4章

＊1——長谷遺跡（横浜市都筑区茌田町長谷）は、早渕川支流の谷頭の北東斜面に位置する集落遺跡で、弥生時代後期の住居址四棟が、大型住居（小判形、長径一一・八メートル、短径八メートル）を中心に半円形にならぶ。火災で消滅。甕、壺、高坏が出土。古墳時代末期の五棟前後の住居址は、方形の住居が二棟一組をなし、二組が併存する。一棟は奈良時代に下る可能性あり。出土遺物は土器のほか石製紡錘車、鉄鎌など。石井和彦・佐藤善一・田中義昭「横浜市長谷・鹿ヶ谷両遺跡の発掘調査について」（『東横学園女子短期大学紀要』一九六七年）

＊2——鹿ヶ谷南遺跡（横浜市青葉区市ヶ尾町）では、弥生時代後期九棟、古墳時代末期約四棟、時期不明二棟の住居址を確認する。隅に丸みのある長方形の大型住居址（長径約一二メートル、短径約一〇メートル）が存在し、朝光寺原式土器が多く出土した。石井和彦・佐藤善一・田中義昭「横浜市長谷・鹿ヶ谷両遺跡の発掘調査について」（『東横学園女子短期大学紀要』一九六七年）

＊3――この件については、井上君が端なくも事の一部を漏らしていた。じつは市教委が一号墳西際の道路開削を行政指導として認めることを示唆し、会社はそのことを忖度し、巧妙に仮設道路を通常道路に変えたのだ。開発と行政の阿吽の呼吸で一号墳の命運が決まった、ともいえる。

＊4――朝光寺原遺跡（横浜市青葉区市ヶ尾町）は、谷本川中流の左岸台地上の遺跡。約三ヘクタールの広い平坦面に、縄文・弥生・古代の集落跡と三基の円墳のある流域屈指の遺跡で、注目点は二つある。

①弥生時代集落は断続型拠点集落に属し、中期、後期に分かれる。中期末（宮ノ台期）の集落は、大規模な環壕の内側に母屋・子屋からなる世帯共同体二、三箇が集住態をなし、環壕外には方形周溝墓の共同墓地がある。後期（弥生町・朝光寺原期）の集落も同様に二箇程度の世帯共同体からなる。二棟の母屋は特大。台地縁には朝光寺原式土器をともなう小集落も共存する。

②古代の集落は二、三箇の世帯共同体からなり、建物は比較的小型で竈を備える。平坦部南東には規則的に配置された大型の掘立柱建物十三棟がある。役所跡と見られ、古代都筑郡衙との関係が問題になる。

＊5――金井英三「横浜市・稲荷前古墳群保存運動」『神奈川の社会科教育』No.6、神奈川県歴史教育者協議会、一九七一年

＊6――『日本書紀』「安閑天皇条」にある話。武蔵国の豪族「笠原直使主」と同族の「小杵」が国造（政権公認の国頭《くにがしら》）の地位をめぐって争い、「使主」は大和政権の応援をえて国造になった。「小杵」は「上毛野君《かみつけぬのきみ》小熊《おぐま》」に助けを借りて対抗したが敗れた。勝利した「使主」は、武蔵南部の穀倉地帯（川崎・横浜市域）を屯倉として中央政権に差しだし、忠誠を誓ったと伝える。六世紀前半頃の出来事。考古学的には、大型古墳の分布などから「小杵」の本拠地は多摩川から鶴見川中・下流の南武蔵とされ、対して「使主」は埼玉古墳群を中心とする北武蔵を支配領域にしていたとされる。この争乱解釈については異論もある。

＊7――「雪が残る古墳の頂上で、三上次男を団長とする独自の調査団は、二月二十日最初のスコップを突き刺

した。この日に前後して保存会は調査団と話し合いの場を求め、対話を繰り返し、市民と研究者の共闘の線を手繰り寄せていた。

その結果保存会としては、いかなる理由があるにしろ、事前調査の性格が遺跡破壊の先兵の役割を免れないものである、との見解を提示しつつ、さらに精力的な活動を進め、全域保存をかちとる決意であることを伝えた。そして、具体的には見学会を受け入れ、報告会の開催、発掘ニュースの公開等を申し入れた。

これに対して調査団は、『稲荷前古墳群の調査に当たって』を発表した。その内容においては、開発会社の委嘱による発掘着手に至るまでの経過と発掘の目的、方法について団としての考え方を明らかにしている。

その主旨は、事前調査の限界に挑戦しようとするものであり、良心的研究者の苦悩がうかがわれた。そして、この限界を突破することができる唯一の路として、保存会・市民の保存運動が決定的な力になるであろうし、調査団も全力をあげて努力することを約束している。

こうして、保存会と調査団は調査終了後、いつ破壊されるかも知れない古墳群の運命を一身に背負いながら、相互に独自な形で保存の可能性をとことんまで追求していくのである。」（金井英三「横浜市・稲荷前古墳群保存運動」『神奈川の社会科教育』No.6）

*8——稲荷前の丘の上には四世紀後半から七世紀前半にかけて、前方後円墳・前方後方墳・円墳・方墳が造りつづけられた。各古墳の埋葬の仕方も、割竹形木棺、木棺直葬、横穴式石室などがあり、山腹には七世紀頃の横穴も発見された。稲荷前古墳群は、さまざまな古墳の形態、埋葬施設、その年代的変化を一カ所にまとめたような古墳群である。これを「古墳の博物館」と命名したのはまさに保存会の卓見だった。

*9——金井英三「横浜市・稲荷前古墳群保存運動」『神奈川の社会科教育』No.6

*10——私たちは、その意味合いを日頃の研究活動の現場に即して一冊の本にした。『かもしか文庫8　大地に埋もれた歴史—日本の原始・古代社会と民衆—』（新日本出版社、一九七四年）である。この書では、

私が旧石器時代から弥生時代まで、佐藤さんが古墳時代後半を、そして甘粕さんが古墳時代前半と奈良時代を記述した。三人共、あの市ヶ尾遺跡群の調査を足場にしての語りを大事にしながら、古代の民衆について懸命に説いた。

＊11――横浜市は、一九六〇年から家庭保育福祉員を設け、一定の保育条件を満たした成人女性に幼少児の有償受託を認めた。

＊12――『図説日本の歴史』（全十八巻、集英社）。集英社が創業五十周年記念企画として刊行した、カラー写真や図版を豊富に取り込んだ豪華本。第一巻『日本のあけぼの』は編集責任者三上次男、執筆者は旧石器・無土器新石器時代・佐藤達夫、縄文時代・岡本勇、弥生時代・和島誠一、古墳時代・甘粕健。

＊13――当時、東京私教連では新規の企業内組合結成はご法度とされ、その指導によってわれわれは単一労組に加盟し、その一分会として活動してきた。したがって、分会解散、教労組結成を目指すことは許されない行動となる。

しかし、職場内には教師の内向き意識に加えて経営者の「外部とつながる分会は認めない」という執拗な宣伝もあり、分会労組との共同歩調をとることには躊躇や拒否感が根強くあった。そのうえ第二組合もつくられ、職場の多数派を握られる。

こうなると、いろいろな意見対立が起こり、教育活動にさまざまな支障が生じてくる。そうした状況を克服するために多くの教師は互いを気づかい、親しい関係づくりに努力する。民主的な教師集団の形成は、職場の風通しを良くし、働きやすさをつくりだすためには不可欠であり、この想いは非組合員や第二組合員の多くの教師にも共有されていた。

課題は、東京都内、あるいは全国の私学労組との連携をどう担保するかにあった。このことについては、活動を積み上げるなかで組合員の理解を深め、意思を高めていくことで解決することになる。実際、武蔵教労組結成四年後に東京私教連加盟を果たした。

＊14――岡本勇「V. おわりに」（港北ニュータウン地域内埋蔵文化財調査報告X『全遺跡調査概要』一九九〇

年）

跋

*1——都筑郡を中心とする古代交通路については下記の著書がわかりやすく解説している。坂本彰『鶴見川流域の考古学―最古の縄文土器やなぞの中世城館にいどむ―』（百水社、二〇〇五年）

田中義昭◎たなか・よしあき

一九三五年、島根県益田市に生まれる。早稲田大学第一文学部卒業。博士（文学）。武蔵工業大学付属中学校・高等学校教諭、島根大学法文学部助教授を経て、一九八三年より同教授。一九九九年、退職。元島根県文化財保護審議会委員。現在、雲南市文化財保護審議会副会長、雲南市菅谷たたら山内保存整備審議会会長。

主な著作　『大地に埋もれた歴史——日本の原始・古代社会と民衆』（共著、新日本出版社、一九七四年）、「弥生時代以降の食料生産」『岩波講座　日本考古学3　生産と流通』（岩波書店、一九八六年）、『古代出雲文化の展開に関する総合的研究』（編著、島根大学、一九八九年）、『古代金属生産の地域的特性に関する研究』（編著、島根大学、一九九二年）、『山陰地方における弥生墳丘墓の研究』（編著、島根大学、一九九二年）、『日本の古代遺跡を掘る3　荒神谷遺跡』（共著、読売新聞社、一九九五年）、『シリーズ「遺跡を学ぶ」053　古代出雲の原像をさぐる　加茂岩倉遺跡』（新泉社、二〇〇九年）、『弥生時代集落址の研究』（新泉社、二〇一一年）

◎写真提供

帯・p.1・345：森 和子（森 昭撮影、日本考古学協会編『埋蔵文化財白書』学生社、一九七一年）

p.87・211（下）・283：和島 明

p.125・131：『横浜市史　資料編21』（横浜市、一九八二年）

p.211（上）・217：公益財団法人横浜市ふるさと歴史財団三殿台考古館

p.377・391：公益財団法人横浜市ふるさと歴史財団埋蔵文化財センター

p.409：横浜市教育委員会

p.19・23・47・257・309・339・363：著者

◎図版作成　松澤利絵

開発と考古学

市ヶ尾横穴群・三殿台遺跡・稲荷前古墳群の時代

二〇一九年七月一五日　第一版第一刷発行

著　者　田中義昭

発行所　株式会社 新泉社
東京都文京区本郷二‐五‐一二
電話 〇三‐三八一五‐一六六二
ファックス 〇三‐三八一五‐一四二二

印刷・製本　太平印刷社

ISBN978-4-7877-1909-6　C1021

ブックデザイン――堀渕伸治©tee graphics